mars 75 :

Alivar Mylonas

# LES FILMS
# DE
# MA VIE

## DU MÊME AUTEUR

Les 400 Coups (en collaboration avec M. Moussy) (Gallimard, 1960).

Le Cinéma selon Alfred Hitchcock (Robert Laffont, 1967).

Les Aventures d'Antoine Doinel (Mercure de France, 1970).

Jules et Jim (scénario et dialogue du film) (Editions du Seuil, 1971).

La Nuit Américaine et le Journal de Fahrenheit 451 (Seghers, 1974).


## SUR FRANÇOIS TRUFFAUT

L'Univers de François Truffaut par Dominique Fanne (Editions du Cerf, 1972).

# FRANÇOIS TRUFFAUT

# LES FILMS
# DE
# MA VIE

**FLAMMARION**

Pour Jacques Rivette.

« *Je crois que n'importe quelle œuvre
est bonne dans la mesure où elle exprime
l'homme qui l'a créée.* »

ORSON WELLES.


« *Ces livres étaient vivants et ils m'ont
parlé.* »

HENRY MILLER (Les Livres de ma vie).

# Sommaire

## II. — LA GENERATION DU PARLANT

## III. — *LA GENERATION DU PARLANT*

### *Les Français :*

## IV. — *QUELQUES OUTSIDERS*

## V. — MES COPAINS DE LA NOUVELLE VAGUE

# A quoi rêvent les critiques ?

Un jour de 1942, très impatient de voir le film de Marcel Carné *Les Visiteurs du Soir* qui passait enfin dans mon quartier, au Cinéma Pigalle, je décidai de manquer l'école. Le film me plut beaucoup et, le même soir, ma tante qui étudiait le violon au Conservatoire passa à la maison pour m'emmener au cinéma ; elle avait fait son choix : *Les Visiteurs du Soir* et, comme il était hors de question que j'avoue l'avoir déjà vu, je dus le revoir en feignant de le découvrir ; c'est très exactement ce jour-là que je m'aperçus à quel point il était envoûtant d'entrer de plus en plus intimement dans une œuvre admirée jusqu'au point où l'on peut se procurer l'illusion d'en revivre la création.

Un an plus tard arrivait *Le Corbeau*, de Clouzot, qui me combla davantage ; j'ai dû le voir cinq ou six fois entre la date de sa sortie (mai 1943) et la Libération qui vit son interdiction ; plus tard, quand il fut à nouveau autorisé, je le revis plusieurs fois chaque année, jusqu'à en connaître le dialogue par cœur, un dialogue très adulte par rapport à celui des autres films et comportant une centaine de mots forts dont je devinai progressivement le sens ; toute l'intrigue du *Corbeau* tournant autour d'une épidémie de lettres anonymes dénonçant des avortements, des adultères et diverses corruptions, le film fournissait une illustration assez ressemblante de ce que je voyais autour de moi, dans cette époque de guerre et d'après-guerre, avec la collaboration, la délation, le marché noir, la débrouillardise et le cynisme.

Mes deux cents premiers films, je les ai vus en état de clandes-
tinité, à la faveur de l'école buissonnière, ou en entrant dans la
salle sans payer — par la sortie de secours ou les fenêtres des
lavabos — soit encore en profitant, le soir, de l'absence de mes
parents et avec la nécessité de me retrouver dans mon lit, feignant
le sommeil, au moment de leur retour. Je payais donc ce grand
plaisir de fortes douleurs au ventre, l'estomac noué, la peur en tête,
envahi d'un sentiment de culpabilité qui ne pouvait qu'ajouter aux
émotions procurées par le spectacle.

J'avais un grand besoin d'entrer *dans* les films et j'y parvenais
en me rapprochant de plus en plus de l'écran pour faire abstraction
de la salle ; je rejetais les films d'époque, les films de guerre et
les westerns car ils rendaient l'identification plus difficile ; par élimi-
nation il me restait donc les films policiers et les films d'amour ;
contrairement aux petits spectateurs de mon âge, je ne m'identifiais
pas aux héros héroïques mais aux personnages handicapés et plus
systématiquement à tous ceux qui se trouvaient en faute. On
comprendra que l'œuvre d'Alfred Hitchcock entièrement consacrée
à la peur m'ait séduit dès le début, puis celle de Jean Renoir
tournée vers la compréhension : « *Ce qui est terrible sur cette
terre, c'est que tout le monde a ses raisons.* » (*La Règle du Jeu.*)
La porte était ouverte, j'étais prêt à recevoir les idées et les images
de Jean Vigo, Jean Cocteau, Sacha Guitry, Orson Welles, Marcel
Pagnol, Lubitsch, Charlie Chaplin évidemment, de tous ceux qui
sans être immoraux « *doutent de la morale des autres* » (*Hiroshima
mon amour*).

*
**

On me demande souvent à quel moment de ma cinéphilie j'ai
eu le désir de devenir metteur en scène ou critique et à vrai dire
je n'en sais rien ; je sais seulement que je voulais me rapprocher
de plus en plus du cinéma.

Un premier stade a donc consisté à voir beaucoup de films, un
deuxième à noter le nom du metteur en scène en sortant de la
salle, un troisième à revoir souvent les mêmes films et à déterminer
mes choix en fonction du metteur en scène. Mais le cinéma, dans
cette période de ma vie, agissait comme une drogue à tel point

que le Ciné-Club que j'ai fondé en 1947 portait le nom prétentieux mais révélateur de « Cercle Cinémane ». Il m'arrivait de voir le même film cinq ou six fois dans le même mois sans être capable d'en raconter correctement le scénario parce que, à tel ou tel moment, une musique qui s'élevait, une poursuite dans la nuit, les pleurs d'une actrice m'enivraient, me faisaient décoller et m'entraînaient plus loin que le film lui-même.

En août 1951, malade et prisonnier au Service des Détenus d'un hôpital militaire — on nous passait les menottes même pour aller sous la douche ou simplement pisser — j'enrageais du fond de mon lit en lisant dans un journal qu'Orson Welles était contraint de retirer son *Othello* de la compétition à Venise, ne pouvant se permettre vis-à-vis de ses commanditaires d'échouer devant le *Hamlet* de Laurence Olivier, super-production britannique. Heureuse époque, heureuse vie que celles qui nous voient plus soucieux du sort des personnes que nous admirons que du nôtre ! Vingt-trois ans plus tard, j'aime toujours le cinéma mais aucun film ne peut occuper mon esprit davantage que celui que je suis en train d'écrire, de préparer, de tourner ou de monter... Finie pour moi la générosité du cinéphile, superbe et bouleversante au point de remplir parfois d'embarras et de confusion celui qui en est le bénéficiaire.

Je n'ai pas retrouvé la trace de mon premier article, publié en 1950 dans le Bulletin du Ciné-Club du Quartier Latin, mais je me souviens qu'il concernait *La Règle du Jeu* dont on venait de retrouver et visionner une version intégrale comportant quatorze scènes ou plans que nous n'avions jamais vus. J'y énumérais minutieusement les différences entre les deux versions et c'est probablement cet article qui amena André Bazin à me proposer de l'aider à réunir la documentation pour le livre sur Renoir dont il avait déjà le projet.

En m'encourageant à écrire, à partir de 1953, Bazin m'a rendu un grand service car la nécessité d'avoir à analyser son plaisir et à le décrire, si elle ne nous fait pas d'un coup de baguette magique passer de l'amateurisme au professionnalisme, nous ramène au concret et nous situe quand même quelque part, à cette place mal définie où se tient le critique ; le risque à ce moment serait évidemment de perdre son enthousiasme, heureusement ce ne fut pas le cas. J'ai expliqué — dans mon texte consacré à *Citizen Kane* — comment le même film est regardé différemment selon que l'on est cinéphile, journaliste ou cinéaste et ce fut vrai également pour toute l'œuvre de Renoir et le grand cinéma américain.

Ai-je été un bon critique ? Je ne sais pas, mais je suis certain d'avoir toujours été du côté des sifflés contre les siffleurs et que mon plaisir commençait souvent où s'arrêtait celui de mes confrères : aux changements de ton de Renoir, aux excès d'Orson Welles, aux négligences de Pagnol ou Guitry, aux anachronismes de Cocteau, à la nudité de Bresson. Je crois qu'il n'entrait pas de snobisme dans mes goûts et j'approuvais la phrase d'Audiberti : « *Le poème le plus obscur s'adresse au monde entier* » ; je savais que, commerciaux ou non, tous les films sont commerciables c'est-à-dire font l'objet d'achat et de vente. Je voyais entre eux des différences de degrés mais pas de nature et je portais la même admiration à *Singin'in the Rain* de Kelly-Donen et à l'*Ordet* de Carl Dreyer.
. Je continue à trouver absurde et haïssable la hiérarchie des genres. Quand Hitchcock tourne *Psycho* — l'histoire d'une voleuse occasionnelle, en fuite, tuée à coups de couteau sous la douche par le propriétaire d'un motel qui a empaillé le cadavre de sa mère défunte — presque tous les critiques (à l'époque) s'accordent à juger le sujet trivial. La même année, sous l'influence de Kurosawa, Ingmar Bergman tourne exactement le même sujet (*La Source*) mais situé dans la Suède du XIVᵉ siècle, tout le monde s'extasie et on lui décerne l'Oscar du meilleur film étranger ; loin de moi l'idée de sous-estimer cette récompense, j'insiste seulement sur le fait qu'il s'agit du même sujet (en fait une transposition plus ou moins consciente du fameux conte de Charles Perrault : Le Petit Chaperon Rouge). La vérité est qu'à travers ces deux films, Bergman et Hitchcock ont exprimé admirablement et libéré une part de la violence qui est en eux.

Je pourrais citer encore l'exemple du *Voleur de bicyclette,* de Vittorio De Sica, dont on parlera toujours comme s'il s'agissait d'une tragédie du chômage en Italie après la guerre alors que le problème du chômage n'était pas réellement traité dans ce beau film qui nous montrait seulement — comme dans un conte arabe, avait observé Cocteau — un homme qui doit absolument retrouver sa bicyclette, exactement comme la femme du monde *Madame de* doit retrouver ses boucles d'oreilles. Alors, je refuse l'idée que *La Source* et *Le Voleur de bicyclette* seraient des films nobles, graves,

tandis que *Psycho* et *Madame de* seraient des films de « divertissement ». Tous quatre sont nobles et graves, tous quatre constituent des divertissements.

Lorsque j'étais critique, je pensais qu'un film, pour être réussi,
doit exprimer simultanément une *idée du monde* et une *idée du
cinéma ; La Règle du Jeu* ou *Citizen Kane* répondaient bien à cette
définition. Aujourd'hui, je demande à un film que je regarde
d'exprimer soit *la joie de faire du cinéma,* soit *l'angoisse de faire du
cinéma* et je me désintéresse de tout ce qui est entre les deux,
c'est-à-dire de tous les films qui ne vibrent pas.

※
※※

Le moment est venu d'admettre qu'il me semble beaucoup plus
difficile d'être critique de cinéma aujourd'hui qu'à mon époque, au
point même que le garçon que j'étais, apprenant à écrire en écrivant,
fonctionnant sur son instinct plutôt que sur une vraie culture, ne
parviendrait peut-être pas à faire imprimer ses premiers articles.

André Bazin ne pourrait plus écrire aujourd'hui : « *Tous les
films naissent libres et égaux* » car la production de films, à l'image
de l'édition littéraire, s'est complètement diversifiée et presque spé-
cialisée. Pendant la guerre, Clouzot, Carné, Delannoy, Christian-
Jaque, Henri Decoin, Cocteau et Bresson s'adressaient au même
public ; ce n'est plus vrai et peu de films, aujourd'hui, sont conçus
pour le « grand » public, celui qui entre au hasard dans une salle
de cinéma, simplement après avoir regardé les photos du film
punaisées à l'entrée.

On tourne en Amérique beaucoup de films destinés aux minorités
noires, irlandaises, et aussi des films de karaté, des films de surfs,
des films pour les enfants puis des films pour les teen agers. Une
grande différence avec la production d'autrefois est que Jack Warner,
Darryl F. Zanuck, Louis B. Mayer, Carl Laemmle, Harry Cohn
aimaient les films qu'ils produisaient et en tiraient de la fierté,
alors qu'aujourd'hui les patrons des *majors companies* sont souvent
dégoûtés par les films de sexe et de violence qu'ils lancent sur le
marché afin de ne pas se laisser distancer par les concurrents.

A l'époque où j'étais critique, les films étaient souvent plus
vivants mais moins « intelligents » et « personnels » que ceux

d'aujourd'hui. J'ai mis ces deux mots entre guillemets car pour
être exact je dirais que les metteurs en scène intelligents ne
manquaient pas mais qu'ils étaient entraînés à masquer leur personnalité afin de préserver l'universalité des films qu'ils réalisaient.
L'intelligence restait derrière la caméra, elle ne cherchait pas à se
faire évidente sur l'écran. En même temps, il faut reconnaître que,
dans la vie, il se disait autour de la table de la salle à manger
des choses plus importantes et plus profondes que ce qu'en reflé-
taient les dialogues de films et l'on faisait, dans les chambres à
coucher — ou ailleurs —, des choses autrement plus audacieuses
que dans les scènes d'amour de cinéma. Quelqu'un qui n'aurait
connu la vie que par le cinéma aurait pu croire sincèrement qu'on
donnait la naissance aux enfants en s'embrassant sur les lèvres et
encore : bouches fermées.

Tout cela a bien changé aujourd'hui ; non seulement le cinéma
en quinze ans a rattrapé son retard sur la vie mais encore nous
donne-t-il parfois l'impression de l'avoir devancée ; les films sont
devenus plus intelligents — disons plus intellectuels — que ceux qui
les regardent et nous avons souvent besoin du mode d'emploi pour
savoir si les images qu'on vient de nous projeter sur l'écran sont
données pour réelles ou imaginaires, passées ou futures, s'il s'agit
d'une action ou d'images mentales.

Quant aux films érotiques ou pornographiques, sans en être un
spectateur passionné, je crois qu'ils constituent une expiation ou à
tout le moins une dette que nous payons à soixante ans de mensonge
cinématographique sur les choses de l'amour. Je fais partie des
milliers de lecteurs dans le monde que l'œuvre d'Henry Miller a
non seulement séduits mais aidés à vivre et je souffrais alors à
l'idée que le cinéma restait tellement en retard sur les livres
d'Henry Miller donc sur la vie telle qu'elle est. Malheureusement,
je ne peux pas encore citer un film érotique qui serait l'équivalent
d'Henry Miller (les meilleurs, de Bergman à Bertollucci, ont été des
films pessimistes) mais, après tout, cette conquête de la liberté est,
pour le cinéma, bien récente et nous devons considérer également
que la crudité des images pose des problèmes plus ardus que celle
des mots.

Toujours est-il que, la production des films dans le monde
n'ayant cessé de se diversifier, la critique à son tour tend à se spé-

cialiser : tel critique ne comprend et n'analyse bien que les films politiques, tel autre que les films littéraires, tel autre que les films sans scénario, tel autre que les films marginaux, etc. La qualité des films a également progressé mais parfois moins vite que le niveau de leurs ambitions, ce qui occasionne souvent un grand écart entre les intentions d'un film et son exécution ; si le critique n'est sensible qu'aux intentions, il portera ce film aux nues, s'il est conscient de la forme et exigeant sur l'exécution, il éreintera le film à proportion de son ambition qu'il appellera alors de la prétention.

Il était donc beaucoup plus facile autrefois de faire l'unanimité de la critique et du public autour d'un film. Sur dix films, un seul avait des ambitions artistiques et il était salué par tous (mais pas toujours par le public). Les neuf autres étaient des films de pur divertissement et, parmi eux, la critique en louait deux ou trois car la demande (de plaisir ou de qualité) était plus forte que l'offre. Aujourd'hui, presque tous les films sont ambitieux au départ et souvent désintéressés car les producteurs qui n'étaient soucieux que de profits (je parle de la situation en Europe) se sont tournés vers d'autres activités (l'immobilier par exemple).

Bref, la fonction de critique est bien délicate aujourd'hui et je ne suis franchement pas fâché d'être passé de l'autre côté de la barricade, parmi ceux que l'on juge. Mais qu'est-ce qu'un critique ?

\*\*\*

On entend souvent à Hollywood cette formule : « *Chacun a deux métiers, le sien et critique de cinéma.* » C'est vrai et l'on peut, à volonté, s'en réjouir ou s'en plaindre. J'ai choisi depuis longtemps de m'en réjouir, préférant cet état de choses à l'isolement et l'indifférence dans lesquels vivent et travaillent les musiciens et surtout les peintres.

N'importe qui peut devenir critique de cinéma ; on ne demandera pas au postulant le dixième des connaissances qu'on exige d'un critique littéraire, musical ou pictural. Un metteur en scène d'aujourd'hui doit accepter l'idée que son travail sera éventuellement jugé par quelqu'un qui n'aura peut-être jamais vu un film de Murnau.

La contrepartie à cette tolérance est que chacun, à l'intérieur de la rédaction d'un journal, se sentira autorisé à contester l'opinion

du titulaire de la rubrique de cinéma. Le rédacteur en chef manifeste le plus prudent respect à l'égard de son critique musical mais
il interpelle volontiers le critique de cinéma dans un couloir :
« *Dites-moi, mon vieux, vous avez éreinté le dernier Louis Malle,
mais ma femme n'est pas du tout de votre avis, elle a adoré
ça.* »

A la différence de l'américain, le critique français se veut un
justicier ; comme Dieu ou comme Zorro s'il est laïque, il abaissera
le puissant et élèvera le faible. Il y a d'abord ce phénomène de
méfiance très européen devant le succès mais il faut voir aussi que
le critique français, toujours soucieux de justifier sa fonction, et
d'abord à ses propres yeux, éprouve fortement le désir de se
rendre utile ; il y parvient quelquefois.

Aujourd'hui, depuis la nouvelle vague et son extension, les bons
films n'arrivent plus seulement de cinq ou six pays mais de partout
dans le monde et le critique doit lutter pour obtenir une meilleure
diffusion de tous les films importants qui se tournent. Tel film sort
à Paris dans vingt salles d'exclusivité, tel autre dans un studio de
90 fauteuils, tel film dispose d'un budget de publicité de cinq cent
mille francs, tel autre de cinquante mille francs. Cette situation crée
de fortes injustices et l'on comprend que les critiques s'en préoccupent,
au risque d'irriter les gens de l'industrie.

Ce critique français rouspéteur qui part en guerre contre les
moulins à vent du circuit Gaumont, cet éternel râleur, cet empê-
cheur de danser en rond, je le connais bien et pour cause : entre
1954 et 1958, c'était moi, en tout cas j'étais l'un d'eux, toujours
prêt à défendre la veuve Dovjenko et Bresson l'orphelin. J'avais
observé, par exemple, qu'au « Festival de Cannes » les corbeilles
de fleurs disposées devant l'écran pour lui donner un air de fête,
étaient du meilleur effet pour les spectateurs officiels du balcon
mais que, pour les vrais amateurs de cinéma qui remplissent
toujours les dix premiers rangs d'orchestre, cette décoration florale
gênait la lecture des sous-titres des films étrangers ; il ne m'en
fallut pas davantage pour traiter de racistes les directeurs du
Festival qui, lassés de mes attaques incessantes, finirent par demander à mon rédacteur en chef d'envoyer un autre journaliste l'année
suivante. Or l'année suivante, en 1959, je me retrouvai à Cannes
au Festival mais assis au balcon tandis qu'on projetait *Les Quatre*

*Cents Coups* et, de là-haut, je pus enfin apprécier sans réserves le bel effet des corbeilles de fleurs devant l'écran...

Devenu metteur en scène, je me suis efforcé de ne jamais rester trop longtemps sans écrire sur le cinéma et c'est la pratique de ce double jeu, critique-cinéaste, qui me donne l'audace, aujourd'hui, d'examiner la situation d'un peu haut, à la manière d'un Fabrice qui aurait la chance de survoler Waterloo en hélicoptère.

Le critique américain me semble meilleur que l'européen, mais, en même temps que je formule cette hypothèse, je vous invite à m'empêcher de glisser vers la mauvaise foi. En effet, une loi de la vie veut qu'on adopte plus volontiers les idées qui vous conviennent, or il est de fait que la critique américaine est plus favorable à mes films que celle de mes compatriotes. Donc, méfiance ! Néanmoins, je poursuis. Le critique américain sort généralement d'une école de journalisme, il est visiblement plus professionnel que le français et on en trouvera la preuve dans sa façon méthodique de mener une interview ; le critique américain, en raison de l'énorme diffusion des journaux dans son pays, est très bien payé, ce point est important. Il n'a pas l'impression de vivre d'expédients et même s'il ne publie pas de livres, même s'il n'exerce pas une seconde activité, il est bien dans sa peau et ne se sent pas socialement séparé de l'industrie du film ; il n'est donc pas tenté de se désolidariser systématiquement d'une grande production comme *Le Parrain* ni de s'identifier automatiquement à l'auteur marginal qui lutte contre le dédain des grandes compagnies d'Hollywood. Il rend compte, avec pas mal de sérénité, de tout ce qu'il voit. Alors qu'il est devenu coutumier en France de voir le metteur en scène assister aux projections de presse de son film et se tenir imperturbablement devant la porte de sortie après le mot fin, de tels procédés seraient impensables à New York sous peine de constituer un scandale.

Ce que les gens d'Hollywood reprochent généralement aux critiques de New York, c'est de préférer, à la production nationale, les petits films qui viennent d'Europe et qui, généralement, ne toucheront, dans leur version originale sous-titrée, que le public cultivé des grandes villes et des étudiants sur les campus.

Il y a du vrai dans ce reproche mais ce phénomène est très compréhensible et bien des cinéastes américains en sont les bénéficiaires dans l'autre sens, c'est-à-dire lorsqu'ils arrivent en Europe, comme j'ai tenté de le montrer quelque part dans ce livre, en évoquant le fanatisme qui fut le nôtre, celui des cinéphiles français, au moment de l'arrivée des films américains après la Libération. Cela est encore vrai aujourd'hui et je crois que cette réaction est normale. On apprécie davantage ce qui vient de loin, non pas seulement en raison de l'attrait de l'exotisme mais aussi parce que l'absence de références personnelles renforce le prestige d'une œuvre. Un nouveau film de Claude Chabrol ne sera pas regardé de la même façon à Paris ou à New York. A Paris, on fera entrer, dans le jugement porté sur le film, des impressions extérieures au film lui-même et qu'on retirera, par exemple, de deux ou trois passages du cinéaste à la télévision ; entreront également en ligne de compte le succès ou l'insuccès, critique ou commercial, de son film précédent, sans oublier quelques informations sur sa vie privée et peut-être l'écho d'une prise de position politique. Mais, six mois plus tard, le film de Chabrol arrivera à New York, tout nu, privé du contexte que j'ai décrit et c'est ce film, rien que ce film, que les critiques américains jugeront. Il ne faut pas chercher plus loin les raisons pour lesquelles on se sent toujours mieux compris hors de son pays.

« *Les gens du monde sont si pénétrés de leur propre stupidité qu'ils ne peuvent jamais croire qu'un des leurs a du talent. Ils n'apprécient que les gens de lettres qui ne sont pas du monde* », écrivait Marcel Proust à Mme Straus.

Cela revient à dire qu'on juge avec plus de sympathie ce qu'un artiste *fait* que ce qu'il *est* — ou plus exactement, que ce qu'il est — et ce qu'on sait de lui — s'interpose défavorablement entre la projection de son travail et ceux qui auront à le juger. Il faut ajouter à cela que dans la production d'un pays un film arrive rarement seul, il participe de tout un environnement et parfois même d'une mode ou d'une série. Si dans le même mois, à Paris, sortent trois films dont l'action se déroule à la même époque, par exemple celle de l'occupation, ou au même endroit, par exemple Saint-Tropez, gare à celui qui sort après les deux autres, même s'il est le meilleur !

Inversement, il m'a fallu vivre un peu en Amérique pour comprendre pourquoi Alfred Hitchcock y avait été si longtemps sous-estimé. Du matin au soir, sur les huit ou dix chaînes de la télévision américaine, on ne voit que des meurtres, de la brutalité, du suspense, de l'espionnage, des revolvers, du sang. Bien sûr, ce matériel grossièrement manipulé n'atteint jamais le dixième de la beauté d'un film de l'auteur de *Psycho* mais c'est cependant le *même matériel* et, à cause de cela, je peux comprendre le souffle d'air frais qu'apportent dans cette Amérique violente une comédie italienne, une histoire d'amour française, un film intimiste tchécoslovaque.

Profondément, aucun artiste ne parvient à accepter la fonction de critique ; dans un premier temps il évite d'y penser, probablement parce que la critique est à la fois plus utile et plus indulgente pour les débutants. Puis, avec le temps, l'artiste et le critique s'affermissent dans leur rôle respectif, peut-être sont-ils amenés à faire physiquement connaissance et bientôt ils s'observent sinon comme des adversaires, en tout cas, cette image simpliste s'impose, comme chien et chat.

L'artiste, une fois qu'il a été reconnu comme tel, refuse sourdement d'admettre que la critique ait un rôle à jouer. S'il l'admet, il la souhaiterait toujours plus proche de lui, il la souhaiterait utilitaire mais il a tort. L'artiste reproche à la critique d'être de mauvaise foi mais n'est-il pas, lui aussi, souvent de mauvaise foi ? J'ai trouvé trop pitoyables les attaques répétées du général de Gaulle puis de Georges Pompidou contre la presse pour ne pas en avoir étendu les leçons à la critique artistique. L'attitude la plus lamentable de l'homme public consiste à jouer sur ces deux tableaux : 1°) Je méprise la presse ; 2°) Je ne la lis même pas.

A ce point de dénigrement, on voit bien que l'homme susceptible est mû par un égoïsme qui le pousse probablement à se déclarer insatisfait d'une critique qui lui est favorable mais dont l'indulgence s'étend à d'autres que lui ! Il n'y a pas un grand artiste qui n'ait cédé un jour ou l'autre à la tentation de partir en guerre contre la critique mais je crois sincèrement qu'il faut voir cela comme une défaillance, comme une faiblesse même s'il s'agit de Flaubert :

« *Il n'y a pas une critique de bonne depuis qu'on en fait* »,
ou encore d'Ingmar Bergman qui a giflé un critique de Stockholm !

Evidemment, il fallait bien de l'audace à Sainte-Beuve pour
écrire, comme nous le rappelle Sacha Guitry : « *Monsieur de Balzac
a tout l'air d'être occupé à finir comme il a commencé : par cent
volumes que personne ne lira* » mais nous voyons bien que le temps
s'est chargé de départager Sainte-Beuve et Balzac !

Je trouverais courageux un artiste qui, sans insulter la critique,
la contesterait au moment où elle lui est entièrement favorable :
ce serait une opposition de principe bien déclarée qui créerait une
situation d'une belle clarté ; ensuite, il pourrait attendre les attaques
sans broncher ou en continuant d'y répondre. Au lieu de cela,
nous assistons souvent à la situation désolante d'artistes qui ne
croient nécessaire d'entamer la polémique que le jour où ils sont
contestés ; la mauvaise foi, si mauvaise foi il y a, n'est donc
pas que d'un côté et lorsqu'un cinéaste français, par ailleurs
très doué, présente chacun de ses nouveaux films comme son
« *premier vrai film* », en spécifiant que ceux qui précédaient
n'étaient que des exercices balbutiants qui lui font honte, que peut
ressentir le critique qui a soutenu sincèrement son œuvre depuis
le début ?

La seule question qui se pose à tous ceux qui se révoltent contre
les critiques défavorables est celle-ci : préféreriez-vous prendre le
risque que la critique ne parle jamais de vous et que votre travail
ne fasse jamais l'objet d'une seule ligne imprimée, oui ou non ?

Nous ne devons pas exiger trop de la critique et surtout pas de
fonctionner comme une science exacte ; puisque l'art n'est pas
scientifique, pourquoi la critique devrait-elle l'être ?

Le principal reproche qu'on puisse formuler contre certains critiques — ou certaines critiques — est de parler rarement de cinéma ;
il faut savoir que le scénario d'un film n'est pas *le* film, il faut
admettre également que tous les films ne sont pas *psychologiques*. Le
critique doit méditer cette affirmation de Jean Renoir : « *Tout
grand art est abstrait* », il doit prendre conscience de la *forme* et
comprendre que certains artistes, par exemple Dreyer ou Von Sternberg, ne cherchent pas à *faire ressemblant*.

*
**

Rencontrant Julien Duvivier peu de temps avant sa mort, je cherchai à lui faire admettre — car il était toujours bougon — qu'il avait eu une belle carrière, variée et complète, et que, somme toute, il avait bien réussi sa vie et devait se sentir heureux. Il me répondit : « *Sûrement, je me serais senti heureux... s'il n'y avait pas eu la critique.* » Cette remarque, dont la sincérité est indiscutable, était stupéfiante pour moi qui venais de tourner mon premier film. J'ai dit à Julien Duvivier que, lorsque j'étais critique et que j'insultais Yves Allégret, Jean Delannoy, André Cayatte ou éventuellement Julien Duvivier lui-même, je n'avais jamais perdu de vue, au fond de moi, que j'étais dans la situation d'un flic qui règle la circulation place de l'Opéra tandis que les bombes tombent sur Verdun !

Si cette image m'est venue à l'esprit plutôt qu'une autre, c'est que l'expression : *connaître l'épreuve du feu* s'applique parfaitement à tous les artistes le jour exact où leur travail, exécuté souterrainement, est livré au jugement du public.

Il s'agit pour l'artiste de se produire, de se rendre intéressant et de s'exhiber ; voilà un privilège fabuleux à condition d'en accepter la contrepartie : le risque d'être étudié, analysé, noté, jugé, critiqué, contesté.

Ceux qui jugent, je peux en porter témoignage, sont conscients de l'énormité du privilège de la création, du risque encouru par celui qui s'expose et, à cause de cela, ils lui portent *en secret* une admiration, un respect que les artistes n'auraient qu'à deviner pour être, au moins partiellement, rassérénés : « *On ne peut pas faire un article formidable sur ce qu'un autre a créé ; ça reste de la critique* », a dit Boris Vian.

Dans les relations entre l'artiste et le critique, tout se passe en rapports de force et, curieusement, à aucun moment le critique ne perd de vue que le rapport de force lui est défavorable — même s'il s'efforce par la vigueur de son ton à le dissimuler — alors que l'artiste perd de vue constamment sa suprématie ontologique. Cette perte de lucidité de l'artiste peut être attribuée à son émotivité, sa sensibilité (ou sa sensiblerie) et sûrement à cette dose plus ou moins forte de paranoïa qui semble être son lot.

Un artiste croit toujours que la critique est contre lui — et surtout qu'elle *a été* contre lui — parce que sa mémoire sélective favorise volontiers son sentiment de persécution.

Quand je suis allé au Japon présenter un de mes films, beaucoup
de journalistes m'ont parlé de Julien Duvivier, son *Poil de Carotte*
étant resté à travers les années un de leurs films favoris et, lorsque
j'étais à Los Angeles l'an dernier, une grande actrice d'Hollywood
me disait qu'elle donnerait n'importe quoi pour avoir, sur une
cassette, la musique de *Carnet de Bal*, j'aimerais pouvoir dire cela
de vive voix à Julien Duvivier...

Il existe donc encore un autre élément que l'artiste devrait
prendre en considération : *la réputation*. Il ne faut en effet pas
confondre la critique reçue par un film au moment de sa sortie
et la réputation de ce film à travers les années. A part *Citizen
Kane*, tous les films d'Orson Welles ont été en leur temps sévèrement critiqués, et jugés trop pauvres ou trop baroques ou trop
fous, trop shakespeariens ou pas assez, et pourtant, en définitive,
la réputation d'Orson Welles dans le monde est considérable. De
même que celle de Buñuel ou Bergman qui ont été souvent critiqués
injustement, chez eux et hors de chez eux.

La critique quotidienne ou hebdomadaire est égalitaire et il
est finalement normal qu'elle le soit, elle fait semblant de considérer
qu'Anatole Litvak est aussi important que Charlie Chaplin et,
puisqu'ils sont égaux devant Dieu, qu'ils doivent l'être devant la
Critique ; c'est le temps qui remettra de l'ordre dans tout cela
et aussi le public du Musée d'Art Moderne à New York, celui de la
Cinémathèque à Paris, celui des milliers de salles d'Art et d'Essai
qui prolifèrent dans le monde. Donc tout est bien et je compléterai
ma défense de la critique en faisant observer que des éloges exces-
sifs, venant de toutes parts et escortant toute une carrière, peuvent
stériliser un artiste plus sûrement que la douche écossaise qui est
à l'image de la vie. C'est ce que devait penser Jean Paulhan en
écrivant : « *L'éreintement conserve un auteur, mieux que l'alcool ne
fait un fruit.* »

Jusqu'à la mort, un artiste doute de lui, profondément, même si ses
contemporains le couvrent de louanges. En cherchant à se protéger
des attaques ou simplement de l'indifférence, est-ce lui-même qu'il
défend ou son travail considéré comme un enfant menacé ? Marcel

Proust répond aussi à cette question : « *J'ai tellement l'impression qu'une œuvre est quelque chose qui, sorti de nous-même, vaut cependant mieux que nous-même que je trouve tout naturel de me démener pour elle, comme un père pour son enfant. Mais il ne faut pas que cette idée me conduise à parler ainsi aux autres de ce qui peut n'intéresser hélas que moi* ».

La vérité est donc que nous sommes tellement vulnérables au moment de mettre en circulation le résultat d'un an de travail qu'il nous faudrait des nerfs d'acier pour recevoir imperturbablement une dégelée de mauvaises critiques, même si, dans deux ou trois ans, le recul nous rapprochera de leur verdict et nous rendra conscients d'avoir manqué la mayonnaise. J'ai lancé le mot mayonnaise avec l'intention de m'en servir. Quand j'avais vingt ans, je reprochais à André Bazin de considérer les films comme des mayonnaises qui prennent ou ne prennent pas. Je lui disais : « *Ne voyez-vous pas que tous les films de Hawks sont bons et que tous ceux de Huston sont mauvais ?* », formule brutale que, plus tard, étant devenu à mon tour critique de films, je me suis efforcé de raffiner quelque peu : « *Le moins bon film de Hawks est plus intéressant que le meilleur film de Huston.* » On aura reconnu là l'essentiel de *la Politique des Auteurs*, lancée par les *Cahiers du Cinéma*, oubliée aujourd'hui en France, mais qui est souvent débattue dans les journaux américains entre *movie's fans*.

Aujourd'hui, bien des hawksiens et des hustoniens sont devenus metteurs en scène. Je ne sais pas ce que les uns et les autres pensent de *la Politique des Auteurs* mais je suis sûr que nous avons tous fini par adopter la théorie de Bazin sur la mayonnaise car la pratique du cinéma nous a appris un certain nombre de choses :

On se donne autant de mal pour faire un mauvais film qu'un bon.

Notre film le plus sincère peut apparaître comme une fumisterie.

Celui que nous faisons avec le plus de désinvolture fera peut-être le tour du monde.

Un film idiot mais énergique peut faire du meilleur cinéma qu'un film intelligent et mou.

Le résultat est rarement proportionnel à l'effort dépensé.

La réussite sur l'écran ne résultera pas forcément du bon fonctionnement de notre cerveau mais de l'harmonie entre des éléments préexistants dont nous n'étions pas même conscients : la fusion heureuse du sujet choisi et de notre nature profonde, la coïncidence imprévisible entre nos préoccupations à ce moment de notre vie et celles du public à ce moment de l'actualité.

On pourrait continuer l'énumération.

On pense que la critique devrait jouer le rôle *d'intermédiaire* entre l'artiste et le public et c'est parfois le cas, on pense que la critique doit jouer un rôle *complémentaire* et c'est parfois le cas. Pourtant, la plupart du temps, le rôle de la critique est décalé, il ne constitue qu'un élément parmi d'autres : l'affichage, les conditions atmosphériques, la concurrence, le timing.

A un certain degré de succès, un film devient un événement sociologique et la question de sa qualité devient réellement secondaire au point qu'un critique américain a pu écrire avec la logique et l'humour pour lui : « *Critiquer* Love Story *ce serait critiquer la glace à la vanille.* » Puisque décidément les meilleurs mots de cinéma nous arrivent d'Hollywood, lorsqu'un réalisateur américain vient d'obtenir un très grand succès avec un film très critiqué — *L'Exorciste* est un bon exemple — il a coutume de proclamer, comme s'il s'adressait aux critiques : « *Messieurs, j'ai lu vos articles ce matin et c'est en pleurant tout le long du chemin que je me suis rendu à la banque pour toucher mes pourcentages !* »

L'envie que les gens ont de voir un film ou de ne pas le voir, appelons cela sa valeur attractive, est plus forte que le pouvoir d'incitation de la critique. Unanimement élogieuse, la critique n'a pas pu amener le public dans les salles où l'on projetait *Nuit et Brouillard* d'Alain Resnais (sur la déportation), *Vidas Secas* de Nelson Pereira (sur la famine et la sécheresse au Brésil), *Johnny got his gun* de Dalton Trumbo (sur un soldat qui a perdu les jambes, les bras, la vue et la parole). Ces exemples de refus catégorique peuvent nous suggérer deux interprétations : le cinéaste se trompe lorsqu'il croit que son ennemi est le producteur, le directeur de salles ou le critique, chacun d'eux souhaitant sincèrement le succès de ces films ; alors, dans ce cas, le véritable ennemi du film serait le public dont il est si dur de vaincre la passivité. Cette théorie a le mérite de ne pas être démagogique car il est toujours facile de flatter le public, ce public mystérieux que personne n'a jamais vu, facile d'accabler les gens d'argent qui aiment produire, distribuer et exploiter tous les films dont ils s'occupent, y compris ceux que j'ai cités.

La seconde interprétation est celle-ci : il existe, dans l'idée même de spectacle cinématographique, une promesse de plaisir, une idée d'exaltation qui contredit le mouvement de la vie, c'est-à-dire la pente descendante : dégradation, vieillissement et mort. Je résume et je simplifie : le spectacle est une chose qui monte, la vie quelque chose qui descend et, si l'on accepte cette vision des choses, on dira que le spectacle, contrairement au journalisme, remplit une mission de mensonge, mais que les plus grands hommes de spectacle sont ceux qui réussissent à ne pas tomber dans le mensonge et qui font accepter au public leur vérité, sans toutefois heurter la loi ascendante du spectacle. Ceux-là font accepter leur vérité et aussi leur folie, car il ne faut pas oublier qu'un artiste doit imposer sa folie particulière à des auditoires moins fous que lui ou dont la folie est diversifiée.

Je me ferai mieux comprendre en citant l'exemple du film d'Ingmar Bergman, *Cris et Chuchotements* qui a été un succès mondial bien que présentant toutes les caractéristiques du film maudit : lente agonie d'une femme rongée par le cancer, tout ce que le public refuse de voir. Eh bien, dans le cas de *Cris et Chuchotements,* il me semble que la perfection formelle du film et surtout l'utilisation de la couleur rouge dans le décor de la maison, ont constitué l'élément exaltant, j'oserai dire l'élément de plaisir, grâce à quoi le public a immédiatement senti qu'il était en train de regarder un chef-d'œuvre et a décidé de le regarder avec une complicité artistique, une admiration qui ont équilibré et compensé l'effet traumatisant des cris et des râles de l'agonie d'Harriet Andersson. D'autres films de Bergman, non moins beaux, ont été boudés par ce qu'on appelle le grand public — il ne leur manquait peut-être que les murs rouges — mais il y aura toujours, pour un artiste comme Bergman, un noyau de spectateurs fidèles dans chaque grande ville au monde, donc un encouragement à poursuivre son travail.

\**\*

Il m'en faut venir à présent au contenu de ce livre. Il est constitué d'un certain nombre d'articles que j'ai écrits depuis 1954, pour différents journaux et magazines. De 1954 à 1958, il s'agit d'articles de journaliste et ensuite d'articles de metteur en scène. La différence est importante car il est bien évident que, devenu metteur en scène, je n'allais pas critiquer mes confrères mais n'écrire sur eux que lorsque j'en avais le désir et l'occasion.

Ce livre comporte environ cent mille mots et ne représente donc qu'un sixième de ce que j'ai écrit. On pourra critiquer ce choix, il est le mien. Il comporte peu d'éreintements bien que l'on m'ait fait, à l'époque, la réputation de « démolisseur du cinéma français ». Mais à quoi bon publier aujourd'hui des diatribes sur des films oubliés ? Je pourrais d'ailleurs faire miens ces mots de Jean Renoir : « *Je considérais que le monde, et surtout le cinéma, était encombré de faux dieux. Ma tâche était de les renverser. Flamberge au vent, j'étais prêt à y consacrer ma vie. Les faux dieux sont toujours là. Ma persévérance, au cours d'un demi-siècle de cinéma, a peut-être aidé à en déboulonner quelques-uns. Elle m'a également aidé à découvrir que certains de ces dieux étaient vrais et ne méritaient pas d'être déboulonnés.* »

J'ai donc préféré, même s'ils sont moins bons, publier des articles favorables ou enthousiastes, tout simplement parce qu'ils concernent des films encore montrés aujourd'hui et de grands metteurs en scène.

Certains de ces articles sont inédits car j'ai heureusement conservé l'habitude d'écrire pour mon plaisir ou pour m'éclaircir les idées, d'autres sont des synthèses de différents textes consacrés au même film, car pendant une certaine période j'écrivais régulièrement dans plusieurs journaux : des hebdomadaires comme « Arts », « Radio-Cinéma », « Le Bulletin de Paris », des mensuels : « Les Cahiers du Cinéma », « La Parisienne », un quotidien éphémère : « Le Temps de Paris », sous mon nom et sous différents pseudonymes. C'était la première heureuse période de ma vie car je faisais enfin ce qui me plaisait : voir des films, en parler et, de plus, on me payait pour ça ! Je gagnais enfin assez d'argent pour ne faire du matin au soir que ce qui me plaisait et j'appréciais cela d'autant plus que je venais de passer sept ou huit années dont chaque journée était consacrée à chercher l'argent des repas et du logement.

J'étais un critique heureux.

Voici comme j'ai construit ce livre.

La première partie s'appelle « *LE GRAND SECRET* » parce
qu'elle est consacrée à des metteurs en scène qui ont commencé
leur carrière avec le cinéma muet et l'ont poursuivie dans le
parlant. Ceux-là ont quelque chose *de plus* et Jean Renoir dans
« *Ma Vie et mes films* » a décrit la fascination qu'ils exercent sur
leurs cadets. « *... Je suis poussé par les questions insistantes de
jeunes collègues pour qui tout ce qui précède le parlant apparaît
aussi lointain et mystérieux que le déplacement des grands glaciers
dans la période préhistorique. Nous autres, les ancêtres, jouissons
chez eux d'une estime analogue à celle que les artistes modernes
accordent aux graffiti des cavernes de Lascaux. La comparaison
est flatteuse et nous apporte la satisfaction de constater que nous
n'avons pas follement gâché la pellicule.* »
Certains des textes de ce chapitre sont d'ordre nécrologique et
inédits dans leur version française : Carl Dreyer, John Ford. En ce
qui concerne ce dernier, j'ai carrément retourné ma veste, car, étant
critique, je ne l'aimais guère et je lui ai certainement consacré deux
ou trois méchants articles. Il a fallu que je devienne metteur en
scène et que j'ouvre un jour la télévision qui projetait *L'Homme
tranquille* pour mesurer mon aveuglement ; je vis alors ou je revis
un grand nombre de ses films et aujourd'hui je porte à John Ford
le même intérêt qu'à Jean Giono par exemple.
Inédits également, car il s'agissait initialement de présentations
parlées, les textes sur Jean Renoir et Buñuel. Le long texte sur
Jean Vigo était destiné à préfacer une édition de son œuvre
complète non encore publiée. Le témoignage sur Frank Capra a été
écrit pour un livre collectif américain.

## LES CINEASTES DU PARLANT (I et II)

Là encore, il s'agit d'un choix. Pour ne pas décevoir les amateurs
d'éreintements, j'en ai conservé quelques-uns, ceux qui me paraissaient suffisamment argumentés : *Monsieur Ripois, Le Ballon Rouge,
Arsène Lupin*) mais je leur préfère aujourd'hui les articles élogieux,

plus difficiles à écrire évidemment, mais plus intéressants avec le temps. Il m'arrivait, lorsqu'un film m'enthousiasmait, d'écrire dans des journaux différents — et sous divers pseudonymes — plusieurs articles dont il m'a paru intéressant de faire la synthèse ; cela explique la longueur des textes consacrés au *Condamné à mort s'est échappé, Lola Montès,* ou à Jean Cocteau.

J'ai choisi de mêler dans la deuxième partie de ce chapitre, consa-cré aux cinéastes américains admirés comme Billy Wilder, Cukor, Nick Ray, des films peu connus ou oubliés mais qui ont été importants pour moi, comme *Love me or leave me* de Charles Vidor ou *The Naked Dawn* d'Edgar G. Ulmer qui a marqué une date dans ma vie : ayant mentionné dans le cours de cet article l'existence d'un roman « Jules et Jim », son auteur, Henri-Pierre Roché, m'écrivit un petit mot, j'allai faire sa connaissance, la suite est connue.

## QUELQUES OUTSIDERS

Dans ce chapitre, j'ai groupé Ingmar Bergman (parce qu'il est suédois), Luis Buñuel (espagnol travaillant au Mexique ou en France), Norman Mac Laren, cet écossais installé au Canada et qui est l'un des plus grands cinéastes du monde même si ses films durent entre trois et sept minutes, deux grands italiens (il y en a d'autres) Fellini et Rossellini ; j'y ai placé également Orson Welles qui aurait pu figurer dans le chapitre américain mais que je considère comme un cinéaste-citoyen du monde (le texte sur *Citizen Kane* est inédit) et enfin deux portraits d'acteurs dont la mort m'avait touché : James Dean qui était déjà l'objet d'un culte de son vivant et Humphrey Bogart qui est tout le contraire mais dont la gloire posthume n'a cessé de grandir.

## MES COPAINS DE LA NOUVELLE VAGUE

Le titre de ce chapitre peut surprendre. J'ai d'abord voulu assumer, comme on dit aujourd'hui, ma condition de cinéaste nouvelle vague car sous la plume des chroniqueurs français l'expression est

pratiquement devenue injurieuse depuis dix ans et cela le plus arbitrairement du monde. Insulter la « nouvelle vague » en général, sans
citer ni noms ni titres, c'est facile, cela ne risque pas la contradiction.

Toujours est-il que la nouvelle vague, qui n'a jamais été une école
ou un club, a été un mouvement spontané important qui a rapidement
dépassé nos frontières et dont je me sens d'autant plus solidaire que
j'en avais fortement souhaité la venue à travers mes articles au
point de rédiger en mai 1957 cette sorte de profession de foi
naïve mais convaincue : « *Le film de demain m'apparaît donc
plus personnel encore qu'un roman individuel et autobiographique,
comme une confession ou comme un journal intime. Les jeunes
cinéastes s'exprimeront à la première personne et nous raconteront
ce qui leur est arrivé : cela pourra être l'histoire de leur premier
amour ou du plus récent, leur prise de conscience devant la
politique, un récit de voyage, une maladie, leur service militaire,
leur mariage, leurs dernières vacances et cela plaira presque forcément parce que ce sera vrai et neuf... Le film de demain sera un
acte d'amour.* »

Selon le point de vue qu'on adopte, on peut faire démarrer la
nouvelle vague à « *Et Dieu créa la femme* » de Vadim (en
tant que premier film du jeune cinéma français à avoir obtenu
un succès international) ou, antérieurement, aux *Mauvaises Rencontres* d'Alexandre Astruc, bon exemple d'un premier « film d'auteur ».
J'ai choisi, pour ma part, de la faire débuter ici, dans ce recueil,
avec *Nuit et Brouillard* à cause de l'importance du film et de son
auteur, Alain Resnais. C'est toutefois dans le texte consacré au film
de Jacques Rivette, *Paris nous appartient,* qu'on trouvera le plus
de renseignements sur la formation de la nouvelle vague.

J'ai donc regroupé dans ce chapitre des textes qui ne sont pas
vraiment des critiques mais des textes de circonstances, sincères, mais
écrits évidemment pour attirer l'attention sur un film difficile et
pour aider son démarrage. Il ne s'agissait pas systématiquement
de copinage car c'est après avoir écrit sur eux que je suis entré
en amitié avec plusieurs de ces cinéastes mais enfin, ces articles
se plaçant sous le signe de la complicité, il m'a paru honnête de
titrer ce chapitre : « *Mes Copains de la Nouvelle Vague* ».

J'estime que ces cinéastes, et bien d'autres sur lesquels je
n'ai pas eu l'occasion d'écrire, apportent dans une année de pro-

duction de films en France davantage de richesse et de variété
qu'il n'en existait dans la période où j'étais critique. A cette
époque, nous allions voir tous les bons films et ensuite beaucoup
de mauvais films parce que notre amour du cinéma était comme la
soif qui pousse l'explorateur à boire même de l'eau croupie alors
qu'aujourd'hui, en 1975, un amateur de cinéma est quelqu'un qui
voit peu de mauvais films et seulement une partie des bons. Je
donne ces précisions en pensant à mon ami le professeur Jean
Domarchi qui voit avec passion trois cent cinquante films par an
depuis trente ans et qui me dit, chaque fois que je le rencontre :
« *Dites-moi, mon cher ami, il n'y a pas grand-chose à se mettre
sous la dent, hein !* »


Enfin, j'ai voulu dédier ce volume à mon ami Jacques Rivette
car c'est avec lui que j'ai vu la plupart des films cités dans ce livre.

*(Janvier 1975).*

# I
# LE GRAND SECRET

# Jean Vigo

## JEAN VIGO EST MORT A 29 ANS

J'ai eu le bonheur de découvrir les films de Jean Vigo en une seule séance, un samedi après-midi de 1946, au Sèvres-Pathé grâce au Ciné-Club de *La chambre noire* animé par André Bazin et d'autres collaborateurs de « *La Revue du Cinéma* ». J'ignorais en entrant dans la salle jusqu'au nom de Jean Vigo mais je fus pris aussitôt d'une admiration éperdue pour cette œuvre dont la totalité n'atteint pas deux cents minutes de projection.

J'ai d'abord sympathisé davantage avec *Zéro de Conduite*, probablement par identification puisque je n'avais que trois ou quatre années de plus que les collégiens de Vigo. Ensuite, à force de voir et revoir les deux films, j'en suis venu à préférer définitivement *L'Atalante* qu'il me sera toujours impossible d'oublier lorsque je suis amené à répondre aux questionnaires du type : « *Quels sont, selon vous, les dix meilleurs films du monde ?* »

D'une certaine manière, *Zéro de Conduite* paraît représenter quelque chose de plus rare que *L'Atalante* parce que les chefs-d'œuvre consacrés à l'enfance en littérature ou dans le cinéma se comptent sur les doigts de la main. Ils nous bouleversent doublement car à l'émotion esthétique vient s'ajouter une émotion biographique, personnelle et intime. Tous les films d'enfants sont des

films d'époque car ils nous renvoient à nos culottes courtes, à
l'école, au tableau noir, aux vacances, à nos débuts dans la vie.

Comme presque dans tous les « premiers films », il y a dans
*Zéro de Conduite* un aspect expérimental, toutes sortes d'idées
plus ou moins bien intégrées au scénario et filmées dans l'état
d'esprit : « *Tiens, on va essayer ça pour voir ce que ça donne.* »
Je pense, par exemple, à la fête du collège où, sur une tribune
qui est en même temps un stand de foire, des mannequins sont
mêlés aux personnages réels. Cela pourrait être du René Clair de la
même période, c'est, en tout cas, une idée qui date. Mais, pour
une idée théorique de ce genre, on compte neuf inventions superbes,
cocasses, poétiques ou déchirantes, toutes d'une grande force visuelle
et d'une crudité encore inégalée.

Lorsqu'il tourne peu après *L'Atalante,* il est évident que Vigo a
tiré des leçons de *Zéro de Conduite* et cette fois il atteint la
perfection, il atteint le chef-d'œuvre. Il utilise encore le ralenti
pour en tirer des effets poétiques mais il renonce à obtenir le comique par l'accéléré, il ne recourt plus aux mannequins, ne place plus
devant son objectif que du réel qu'il transforme en féerie et, filmant
de la prose, il obtient sans effort de la poésie.

✶<br>✶✶

On peut comparer superficiellement la carrière-éclair de Vigo
à celle de Radiguet. Dans les deux cas il s'agit d'auteurs jeunes,
disparus prématurément en ne laissant que deux ouvrages. Dans
l'un et l'autre cas, le premier travail est ouvertement autobiographique et le second apparemment plus éloigné de l'auteur car
nourri d'un matériel extérieur. Mésestimer *L'Atalante* parce qu'il
s'agit d'une commande, c'est oublier que les secondes œuvres sont
presque toujours des commandes. *Le Bal du Comte d'Orgel* est
une commande de Cocteau à Radiguet ou de Radiguet à lui-
même. Toute seconde œuvre, par principe, est importante car elle
permet de déterminer si l'artiste n'était que l'homme d'une seule
œuvre, c'est-à-dire un amateur doué ou bien un créateur, s'il était
l'homme d'un coup de chance ou celui qui va évoluer. On peut
enfin observer un trajet identique chez Vigo et Radiguet, le passage
du réalisme et de la révolte à la préciosité et à l'esthétisme, ces

deux mots étant employés ici dans leur sens le plus favorable.
Même si l'on peut enfin rêver au merveilleux *Diable au Corps*
qu'aurait tourné Jean Vigo, je ne veux pas prolonger cette comparaison entre l'écrivain et le cinéaste. Notons que dans les études
consacrées à Jean Vigo on a souvent cité les noms d'Alain-Fournier,
Rimbaud et Céline et chaque fois avec d'assez bons arguments.

*
**

*L'Atalante* contient toutes les qualités de *Zéro de Conduite*
et d'autres aussi comme la maturité, la maîtrise. On y trouve,
réconciliées, deux grandes tendances du cinéma, le réalisme et
l'esthétisme. Il y a eu, dans l'histoire du cinéma, de grands réalistes
comme Rossellini et de grands esthètes comme Eisenstein, mais peu
de cinéastes se sont intéressés à combiner les deux tendances, comme
si elles étaient contradictoires. Pour moi, *L'Atalante* contient à la
fois *A Bout de Souffle* de Godard et *Nuits Blanches* de Visconti,
c'est-à-dire deux films incomparables, qui sont même aux antipodes
l'un de l'autre, mais qui représentent ce qu'on a fait de mieux dans
chaque genre. Dans le premier, il s'agit d'accumuler des morceaux
de vérité qui, noués ensemble, aboutiront à une sorte de conte de
fées moderne ; dans le second, de partir d'un conte de fées moderne
pour retrouver une vérité globale à la fin du voyage.

Enfin, je crois qu'on sous-estime souvent *L'Atalante* en y voyant
un petit sujet, un sujet « particulier » que l'on oppose au grand
sujet « général » traité par *Zéro de Conduite*.

*L'Atalante* aborde en réalité un grand thème, peu souvent traité
au cinéma, les débuts dans la vie d'un jeune couple, les difficultés
de s'adapter l'un à l'autre, avec d'abord l'euphorie de l'accouplement
(ce que Maupassant appelle : « *Le brutal appétit physique bien
vite éteint* »), puis les premiers heurts, la révolte, la fugue, la
réconciliation et finalement l'acceptation de l'un par l'autre. On
voit que, considéré sous cet angle, *L'Atalante* ne traite pas un
moins grand sujet que *Zéro de Conduite*.

Si on examine un peu ce cinéma français du début du parlant,
on s'aperçoit qu'entre 1930 et 1940, Jean Vigo s'est trouvé pratiquement seul aux côtés de Jean Renoir l'humaniste et d'Abel
Gance le visionnaire, quoique l'importance de Marcel Pagnol et de

Sacha Guitry ait été sous-estimée par les historiens du cinéma.

C'est évidemment de Renoir que Vigo se rapproche davantage mais il a été plus loin que lui dans la crudité et aussi dans l'amour de l'image. Tous deux ont été élevés à l'office, c'est-à-dire dans une ambiance à la fois riche et pauvre, aristocratique et populaire, mais le cœur de Renoir n'a jamais saigné. Jean Renoir étant le fils d'un peintre reconnu génial, son problème était de ne rien faire qui fût indigne du nom qu'il portait et l'on sait qu'il vint au cinéma après avoir renoncé à la céramique, exercice trop proche selon lui de la peinture. Jean Vigo était, lui aussi, le fils d'un homme célèbre mais contesté, Miguel Almereyda, militant anarchiste mort en prison dans des conditions mystérieuses et sordides. Orphelin baladé de collège en collège sous un faux nom, Jean Vigo a tellement souffert que son œuvre s'en trouve forcément plus criante. En lisant le livre admirable que P.E. Salès Gomès a consacré à Jean Vigo, chaque détail biographique nous apporte une confirmation de tout ce que l'on peut imaginer à propos de Vigo après avoir vu ses films. Son arrière-grand-père, Bonaventure de Vigo, était viguier à Andorre en 1882. Son fils Eugène meurt à 20 ans, tuberculeux, après avoir donné naissance à Miguel. La mère de Miguel, Aimée Salles, se remariera avec Gabriel Aubès, un photographe de Sète, puis, devenue folle, elle sera internée en 1901. L'enfant Miguel adoptera le nom d'Almereyda à la fois parce qu'il sonne comme celui d'un grand seigneur espagnol et aussi parce qu'il contient toutes les lettres du mot Merde. Miguel Almereyda va épouser Emily Clero, jeune militante anarchiste, qui d'une première union libre aura cinq enfants tous décédés en bas âge, dont l'un en tombant d'une fenêtre. En 1905 ils donneront naissance à Jean qui nous intéresse, Jean qui naît pour vivre durement, Jean qui, devenu orphelin, se retrouve seul avec pour tout héritage la devise de son arrière-grand-père paternel, Jean Vigo enfin dont les films seront justement l'illustration fidèle, drôle et triste, fraternelle et affectueuse, toujours aiguë, de cette devise : « *Je protège le plus faible.* »

Cette devise nous amène au fondamental point commun entre Vigo et Renoir : leur passion pour Chaplin. Les « Histoires du Cinéma » faisant peu de cas de la chronologie des films et des influences que différents cinéastes ont pu exercer les uns sur les autres, il m'est impossible de prouver ce que j'avance mais j'ai toujours eu la conviction que la construction de *Zéro de Conduite* (1932), sa division par des intertitres commentant drôlement la vie au dortoir, la vie au réfectoire, etc., était très influencée par le *Tire au Flanc* de Renoir (1928), lui-même directement inspiré de Chaplin et plus particulièrement bien sûr de *Shoulder Arms (Charlot Soldat)* (1918). De même, comment penser qu'en faisant appel à Michel Simon pour *L'Atalante* (1933), Vigo n'avait pas en tête la composition qu'il avait faite pour Renoir dans *Boudu sauvé des Eaux*, l'année précédente ?

⁂

Lorsqu'on lit les souvenirs des cinéastes de la génération du muet, on s'aperçoit presque toujours qu'ils sont venus au cinéma par le plus grand hasard : un copain les a emmenés faire de la figuration, un vieil oncle leur a fait visiter un studio. Rien de pareil avec Jean Vigo qui est un des premiers cinéastes *de vocation*. Il est un spectateur qui devient un cinéphile, il voit des films, de plus en plus de films, il fonde un ciné-club pour amener de meilleurs films à Nice, et bientôt il veut faire du cinéma. Il écrit à droite à gauche, sollicite une place d'assistant, « *Je suis prêt à ramasser le crottin des vedettes* », il achète une caméra et produit lui-même son premier court-métrage, *A propos de Nice*.

On a toujours remarqué dans le récit de *Zéro de Conduite* des trous que l'on met sur le compte du plan de travail effectivement tyrannique. Pourtant je crois qu'on peut également expliquer ces grosses ellipses par la fièvre de Jean Vigo, sa hâte à exprimer l'essentiel et aussi par cet état d'esprit dans lequel se trouve un cinéaste qui se voit confier sa première chance : il n'y croit pas tout à fait, c'est trop beau. Il tourne un film mais se demande s'il verra le jour. Comme spectateur il pensait savoir ce qui est bon et ce qui est mauvais, mais improvisé cinéaste il est assailli de doutes, il pense que ce qu'il fait est trop spécial, en dehors des normes et il en arrive même à se demander si son film sortira ou non. C'est pourquoi j'imagine que Vigo, lorsqu'il a appris que *Zéro de Conduite* était totalement interdit par la censure *, passé le moment d'accable-

_____

(*) Il resta interdit quatorze années.

ment, a pu y voir la confirmation de ses doutes et peut-être a-t-il pensé : je le savais bien que je n'avais pas fait un vrai film, comme les autres... etc.

Plus tard, lorsqu'il présentera *Zéro de Conduite* à Bruxelles, devançant les éventuelles critiques à propos de ces fameux « trous dans le récit », Vigo laissera s'installer un malentendu donnant à croire au public que le film a été non seulement interdit par la censure mais également tripatouillé, ce qui est inexact. Donc Jean Vigo doute de lui, mais pourtant à peine a-t-il impressionné cinquante mètres de pellicule qu'il est devenu sans le savoir un grand cinéaste, l'égal de Renoir et de Gance, celui de Buñuel aussi qui débute en même temps. A la façon dont on dit qu'un homme se forme définitivement entre sept et douze ans, on peut soutenir qu'un cinéaste donne toutes les indications de ce que sera sa carrière dans les cinquante premiers mètres de pellicule qu'il impressionne. Son premier travail c'est lui-même et ce qu'il fera ensuite, eh bien, ce sera toujours lui-même, ce sera toujours la même chose, parfois en mieux (chefs-d'œuvre), parfois en moins bien (ratages). Tout Orson Welles est dans la première bobine de *Citizen Kane,* tout Buñuel dans *Le Chien Andalou,* tout Godard dans *Une Jeune Coquette* (16 mm), donc tout Jean Vigo est dans *A propos de Nice.*

*⁂*

Les cinéastes comme tous les artistes cherchent le réalisme ou bien ils cherchent à atteindre leur réalité et ils sont généralement tourmentés par le décalage entre ce qu'ils ont voulu et ce qu'ils ont obtenu, entre la vie telle qu'ils la ressentent et ce qu'ils parviennent à en reproduire.

Je crois que Vigo aurait eu bien des raisons d'être plus content de lui que ses confrères car il a été plus loin qu'aucun d'eux dans la restitution des différentes réalités : celle des choses, des milieux, des personnages, des sentiments, plus loin aussi et surtout dans la réalité physique. Je me demande même s'il serait exagéré de parler à propos de Vigo d'un cinéma olfactif. Cette idée m'est venue après qu'un journaliste m'eut dit, un jour, en guise d'argument décisif pour démolir un film que j'aimais : *Le Vieil Homme et l'Enfant : « Et puis c'est un film qui sent les pieds. »* Je n'ai rien répondu sur le moment mais j'ai repensé à cela en me disant : voilà un argument qui « sent » fortement l'extrême-droite et qu'auraient pu employer les censeurs qui ont interdit *Zéro de Conduite ;* d'ailleurs Sales Gomès indique bien que les articles hostiles aux films de Vigo comportaient des phrases telles que « *C'est de l'eau de bidet* » ou « *On frôle la scatologie* », etc. André Bazin dans un article sur Vigo a eu un mot très heureux en parlant de son « *goût presque obscène de la chair* » car il est vrai que personne n'a filmé la peau des gens, la chair de l'homme aussi crûment que Vigo. Rien de ce qu'on a montré depuis trente ans n'a égalé, dans ce domaine précis, cette image de la main grasse du professeur sur la petite main blanche de l'enfant dans *Zéro de Conduite* ou des étreintes de Dita Parlo et Jean Dasté lorsqu'ils vont faire l'amour ou, mieux encore, lorsqu'ils se sont quittés et qu'un montage parallèle nous les montre se retournant chacun dans leur lit, lui dans sa péniche, elle dans une chambre d'hôtel, tous deux en proie au mal d'amour, dans une scène où la prodigieuse partition de Maurice Jaubert joue un rôle de première importance, séquence charnelle et lyrique qui constitue très exactement un accouplement à distance.

Cinéaste esthète et cinéaste réaliste, Vigo a évité tous les pièges de l'esthétisme et du réalisme. Il a manipulé un matériel explosif, par exemple Dita Parlo en robe de mariée sur la péniche dans la brume ou, dans le sens contraire, le déballage du linge sale accumulé dans le placard de Jean Dasté et chaque fois il s'est tiré d'affaires grâce à sa délicatesse, son raffinement, son humour, son élégance, son intelligence, son intuition et sa sensibilité.

Quel était le secret de Jean Vigo ? Il est probable qu'il vivait plus intensément que la moyenne des gens. Le travail de cinéma est ingrat par son morcellement. On enregistre cinq à quinze secondes de film puis on s'arrête pendant une heure. On ne trouve guère, sur un plateau de cinéma, l'opportunité de s'échauffer qui saisit devant sa table de travail un écrivain comme Henry Miller. A la vingtième page, une espèce de fièvre le prend, l'emporte et ça devient formidable, sublime peut-être. Il semble que Vigo travaillait continûment dans cet état de transe et sans jamais rien perdre de sa lucidité. On sait qu'il était déjà malade en tournant ses deux films et même qu'il a dirigé certaines séquences de *Zéro de Conduite* allongé sur un lit de camp. Alors l'idée s'impose naturellement d'une sorte d'état de fièvre dans lequel il se trouvait en tournant. C'est très possible et très plausible. Il est exact qu'on peut être effectivement plus brillant, plus fort, plus intense, lorsqu'on a « de la température ». A l'un de ses amis qui lui conseillait de se ménager, de s'économiser, Vigo répondit qu'il sentait que le temps lui manquerait et qu'il devait tout donner tout de suite. C'est pourquoi il semble bien que Jean Vigo, se sachant condamné, aurait été stimulé par cette échéance, par ce temps compté. Derrière la caméra, il devait se trouver dans l'état d'esprit dont parle Ingmar Bergman : « *Il faut tourner chaque film comme si c'était le dernier.* »

*(1970 — Inédit)*

# Abel Gance

## NAPOLÉON

Cette fois, « le film de la semaine » est vieux de vingt-huit ans. On n'a pas toutes les semaines l'occasion de faire la critique d'un film comme *Napoléon*. Ni tous les mois. Ni, hélas, tous les ans. C'est pourquoi il serait un peu ridicule d'en rendre compte comme on le fait de la production courante, en triant les bons éléments et les moins bons, en cherchant je ne sais quelle paille dans la poutre maîtresse d'Abel Gance. Il faut parler de *Napoléon* comme d'un bloc, un monument inattaquable. Il faut aussi — c'est essentiel — en parler avec humilité. Quel film actuel, français ou étranger, loué unanimement par la presse et le public, pourra être projeté dans vingt-huit ans et susciter — comme hier soir *Napoléon* — les applaudissements de toute une salle composée essentiellement de cinéastes et de critiques ?

C'est en 1921 que Gance pensa pour la première fois à tourner *Napoléon*. Il venait de terminer *La Roue* et se trouvait à New York pour y présenter la première version de *J'accuse,* que Griffith allait faire distribuer dans toute l'Amérique par les Artistes Associés qui groupaient Charlie Chaplin, Mary Pickford, Douglas Fairbanks et Griffith lui-même. En 1923, commencèrent les préparatifs. En 1924

fut définitivement constituée la Société Napoléon. La première
mondiale eut lieu le 7 avril 1927, à l'Opéra, sur triple écran.

*Napoléon* avait nécessité quatre ans de travail, dont trois ans de
tournage. Avant d'écrire son scénario, Abel Grance avait lu plus de
trois cents livres sur Bonaparte : le Mémorial, la correspondance,
les proclamations, les ouvrages de Thiers, Michelet, Lamartine,
Frédéric Masson, Lacour-Gayet, Stendhal, Elie Faure, Schuermans,
Aulard, Louis Madelin, Sorel, Arthur Lévy, Arthur Chuquet, etc.

Le coût du film fut de dix-huit millions, somme énorme pour
l'époque. On employa deux cents techniciens de toutes sortes :
opérateurs, photographes, architectes, décorateurs, peintres, assistants,
régisseurs, électriciens, artificiers, armuriers, maquilleurs, conseillers
historiques, etc. Quarante vedettes jouent dans le film. Pour certaines
scènes, la figuration employa jusqu'à six mille personnes. On construi-
sit en studio ou en extérieur cent cinquante décors et l'on tourna en
extérieurs réels à Brienne, à Toulon, à la Malmaison, en Corse,
en Italie, à Saint-Cloud et dans Paris. Le film devait avoir trois
épisodes : 1. La jeunesse de Bonaparte ; 2. Bonaparte et la Terreur ;
3. La campagne d'Italie. Seuls les deux premiers furent tournés.
Pendant la préparation du film, on entreposait à Billancourt des
stocks d'armes, huit mille costumes, quatre mille fusils, des tentes
et des drapeaux. On reconstituait dans le même temps tout un
quartier de Paris avec des rues s'entrecoupant.

Pour le rôle de Bonaparte, Abel Gance fit faire des essais à un
auteur dramatique : René Fauchois ; un écrivain : Pierre Bonardi ;
un chansonnier : Jean Bastia ; deux comédiens : Van Daële (qui en
définitive tint le rôle de Robespierre) et Ivan Mosjoukine. Ce dernier,
très honnêtement, refusa le rôle parce qu'il était Russe et qu'il
considérait que Bonaparte ne pouvait être interprété que par un
Français. C'est, finalement, Albert Dieudonné qui fut choisi. Abel
Gance depuis de longues années était l'ami de Dieudonné, écrivain,
acteur, metteur en scène. Antonin Artaud fut choisi pour être Marat
et périr sous le couteau d'Eugénie Buffet, jolie Charlotte Corday.

Le premier tour de manivelle de *Napoléon* fut donné à Brienne,
le 15 janvier 1925. C'est Abel Gance qui, le premier, utilisa la
vision subjective de manière originale. Il avait fait construire des
supports qui permettaient de maintenir les caméras sur des chevaux.
Quelquefois, c'étaient des travellings en traîneaux lancés à une

Abel Gance en
compagnie de sa
collaboratrice, la
réalisatrice
Nelly Kaplan (1956)

Jean Vigo à Paris (1932)

Carl T. Dreyer pendant le tournage
de son dernier film Gertrud (1967)

Ci-dessous à gauche :
Jean Renoir en 1937

Ci-dessous à droite :
Joseph Von Sternberg (1894-1969)

allure folle. Pendant les poursuites à cheval tournées en Corse, on eut à déplorer deux morts à la suite de chutes équestres. Au cours de la fameuse bataille des boules de neige à Brienne où le jeune Bonaparte enfant (le petit Roudenko) prouve ses qualités de tacticien précoce, Gance fit installer un filet et envoya en l'air des caméras chargées, dont la trajectoire figurait celle des boules de neige.

En Corse, Dieudonné, à l'issue de la poursuite, devait sauter de cheval dans une barque. Il tomba à côté, dans l'eau ; comme Bonaparte, il ne savait pas nager et Gance hurlait : « Sauvez Bonaparte, sauvez Bonaparte. » La fin du tournage en Corse coïncidant avec les élections, l'enthousiasme des gens était tel que le parti bonapartiste triompha, au détriment du parti républicain.

Pour les scènes de tempête où Bonaparte dans sa barque lutte contre les éléments avec, pour toute voile, le drapeau tricolore, on dut reconstituer la Méditerranée en studio. Le moteur, au lieu de répondre au classique commandement, n'obéissait qu'aux coups de revolvers, mugissements de sirènes ou signaux lumineux selon les cas.

Quoique le film fut muet, Gance avait choisi un chanteur pour tenir le rôle de Danton, celui-ci entonnant « La Marseillaise » en pleine Assemblée constituante. Les figurants durent chanter douze fois de suite l'hymne national. Dans « Le Temps », Emile Vuillermoz décrivit cette mémorable journée de tournage :

« *Ces artistes improvisés avaient pris leur rôle terriblement* « *au sérieux. Leurs costumes leur avaient donné une âme et une* « *mentalité. Le fluide d'Abel Gance, admirable conducteur d'hom-* « *mes, électrisait cette masse... Ces hommes et ces femmes du* « *peuple retrouvèrent instinctivement leurs sensations ancestrales...* « *Le metteur en scène jouait sur leurs nerfs comme un chef* « *d'orchestre sur ceux de ses instrumentistes... Lorsqu'il monta un* « *instant en chaire pour leur donner très simplement de sa voix* « *douce et voilée quelques explications techniques, il fut salué* « *spontanément par une clameur admirative dans laquelle ces* « *êtres domptés se donnaient tout entier à un chef.*

« *C'est en regardant mettre en scène cette petite révolution qu'on* « *comprend le mécanisme de la grande. Si Abel Gance avait eu* « *ce jour-là dix mille figurants sous ses ordres, grisés d'histoire et*

« *l'esprit chaviré par l'ivresse d'obéir, il aurait pu, à son gré,*
« *les lancer à l'assaut de n'importe quel obstacle, leur faire envahir*
« *le Palais Bourbon ou l'Elysée et se faire proclamer dictateur.* »

Un jour, Gance fut blessé par l'explosion d'une petite caisse de
cartouches dans un coin du studio. Sans mot dire, il prit un
taxi jusqu'à la clinique et huit jours plus tard, il reprenait le travail
tandis que les autres blessés étaient encore en convalescence.

Lorsqu'on tournait la prise de Toulon, la rade avait été consignée
et, pendant quelques heures, le drapeau anglais remplaça celui,
tricolore, de la France. Un soir, une infirmière dit à Gance : « *Nous
avons quarante-deux blessés aujourd'hui* » — « *C'est bon signe, ces
enfants s'en donnent à cœur joie ; le mouvement du film sera
excellent !* »

Lorsque Bonaparte passait ses troupes en revue, les figurants
devaient l'acclamer et crier : « Vive Bonaparte » au lieu de quoi
ils criaient : « Vive Abel Gance ! »

Pour le tournage de certaines scènes, il était impossible de
trouver un nombre suffisant de figurants. Alors, des secrétaires de la
production allaient dans les rues de Paris recruter des chômeurs aux
portes des usines, des étudiants au Quartier Latin, la nuit, des
vagabonds aux halles.

On sait qu'en 1934, Abel Gance effectua la sonorisation de
*Napoléon*. Il filma de nombreuses scènes supplémentaires, ce qui lui
permettait de transformer les scènes muettes en récit. Il tourna également beaucoup de plans « d'insert » des rôles « éloquents » :
ceux de Robespierre, Saint-Just et surtout Marat incarné par celui
qui aurait pu devenir le plus grand acteur français : Antonin Artaud.
Les critiques de l'époque se plurent à dénigrer la version sonore de
*Napoléon* et je me garderai bien de les suivre, car sans elle nous
aurions été privés de scènes aussi extraordinaires que le long
monologue de Théroigne de Méricourt (Sylvie Gance), de tous les
plans sur Antonin Artaud, de ceux sur Vladimir Sokoloff et bien
d'autres. Je crois même que le *don* prodigieux de Gance pour diriger
les acteurs appelait le parlant pour donner sa pleine mesure.

Lorsqu'il écrivit le scénario de *Napoléon*, Abel Gance s'aperçut
pour la première fois que l'écran était trop étroit pour l'envergure
du sujet. C'est alors qu'il inventa le « triple écran » qui n'est autre
qu'un combiné des procédés cinémascope et cinérama qui nous arri-

vent trente ans plus tard d'Amérique. Le siège de Toulon, le départ
de l'armée d'Italie furent ainsi filmés à l'aide de trois caméras,
procurant au spectateur un angle de vision de cent degrés. Il
arrive que les images de côté soient absolument différentes de
l'image centrale l'encadrant, la commentant, lui servant de support.
Dans les scènes du départ de l'armée d'Italie, nous pouvons voir
une dizaine de plans qui donnent une sensation de relief et de
proximité, telle que les douze ou quinze cinémascopes projetés à
Paris depuis un an et demi n'ont su nous procurer.

« *J'ai filmé* Napoléon, *parce qu'il était un paroxysme dans une
époque qui était elle-même un paroxysme dans le temps.* » (Abel
Gance).

En effet, le film se présente comme un long poème lyrique, une
gerbe de paroxysmes, une suite de bas-reliefs animés. Je ne vois que
Griffith avec *Orphans of the storm* et Jean Renoir avec *La Marseillaise* qui aient aussi bien reconstitué à l'écran l'épisode de la
Terreur.

Il n'est pas dans *Napoléon* une scène qui ne nous donne à
penser qu'elle est le clou du film, pas un plan qui ne soit chargé
d'émotion, pas un acteur qui ne donne le meilleur de lui-même.

Abel Gance, en dépit des années, demeure le plus jeune de nos
metteurs en scène.

*(1955)*

## LA TOUR DE NESLE

Il n'y a rien de bien original à dire sur *La Tour de Nesle*.
Tout le monde sait qu'il s'agit d'un film de commande à devis
ridicule, dont le meilleur est resté dans les tiroirs du distributeur.
*La Tour de Nesle* est, si l'on veut, le moins bon des films d'Abel
Gance. Comme il se trouve qu'Abel Gance est un génie, *La Tour de
Nesle* est un film génial. Génie, Abel Gance ne possède point *du*

génie : *il est possédé du génie,* c'est-à-dire que si vous lui donnez une caméra portative et que vous le postiez parmi vingt opérateurs d'actualité au sortir du Palais Bourbon ou à l'entrée du Parc des Princes, il vous ramènera, lui seul, un chef-d'œuvre, quelques mètres de pellicule dont chaque plan, chaque image, chaque seizième ou vingt-quatrième de seconde porteront la marque même du génie, invisible et présente, visible et omni-présente. Comment s'y sera-t-il pris ? Lui seul le sait. A vrai dire, je crois bien qu'il n'en sait rien non plus.

J'ai un peu regardé Abel Gance pendant qu'il tournait *La Tour de Nesle.* Il y croyait huit heures par jour, c'est-à-dire : en travaillant. Nul doute que sont meilleurs les films auxquels il croyait vingt-quatre heures par jour. Mais huit heures, c'est huit heures. Il me souvient du gros plan de Pampanini se regardant dans la glace, monologuant intérieurement, donc muet. Vingt centimètres séparaient la glace du visage, le visage de l'objectif. A vingt centimètres de la glace, du visage et de l'objectif se tenait, hors champ, Abel Gance. C'est lui qui, penché vers l'actrice imposée et italienne prononçait le monologue qu'à l'écran débiterait une doubleuse : « *Regarde-toi, Marguerite de Bourgogne, regarde-toi dans la glace ; qu'es-tu devenue ? Tu n'es plus qu'une salope !...* » (Je cite de mémoire). Ce monologue insensé, Gance le prononçait à mi-voix sur le ton de la confidence mais lyrique. Ce n'était plus de la direction d'acteurs, c'était de l'hypnotisme ! Sur l'écran, tonnerre, je l'attendais ce plan. Le résultat ? Magnifique. Crispée, la garce, les yeux en boules de lotos, la bouche ouverte en un rictus énorme, les plis de la débauche nocturne quotidienne inscrits un peu partout sur sa tronche royale, elle était, parole, la plus grande actrice du monde, comme autrefois Sylvie Gance dans *Napoléon,* Micheline Presle dans *Paradis perdu,* Ivy Close dans *La Roue,* Line Noro dans *Mater Dolorosa,* Jany Holt dans *Beethoven,* Viviane Romance dans *Vénus aveugle* et Assia Noris dans *Fracasse.* Allez voir Pampanini dans *La Tour de Nesle,* allez la voir ailleurs et si vous ne voyez pas en quoi Gance est génial, c'est que nous n'avons pas, vous et moi, la même idée du cinéma, la mienne étant, évidemment, la bonne. On m'a dit : « *Pampanini ? Je n'ai vu que des grimaces !* » Je laisse Jean Renoir vous répondre : « *C'est magnifique, les grimaces, quand elles sont bien faites.* »

Lorsqu'on est un grand metteur en scène et qu'on se trouve forcé, après douze ans de chômage, de tourner un tel scénario, deux solutions sont possibles : ou bien traiter le sujet en parodie ou bien le pousser à ses extrêmes limites dans le sens même du mélodrame. C'est la seconde possibilité qu'a choisie Abel Gance, solution plus difficile, mais aussi plus courageuse et, à la fin du compte, plus intelligente et profitable. « *Avec* La Tour de Nesle, *j'ai voulu tourner un western de cape et d'épée* », dit l'auteur lui-même.

A part quoi, le film est d'une santé et d'une jeunesse extraordinaires. Abel Gance mène *La Tour de Nesle* à un train d'enfer. Le rythme est très soutenu à l'intérieur des plans d'abord, entre les plans ensuite, grâce à un sens très aigu du montage et de ses possibilités. Les plans réalisés à l'aide du pictographe sont fort beaux et rappellent les miniatures de l'*Henry V* de Laurence Olivier.

La Centrale Catholique, qui se charge de donner aux films des cotes morales, est en émoi. *La Tour de Nesle,* du point de vue de l'érotisme, dépasse largement ce que l'on a l'habitude de voir. Il faut inventer une cote nouvelle, prévenir les parents qui pourraient s'y égarer, quelle histoire, mon Dieu ! A une récente enquête sur l'érotisme au cinéma, Abel Gance répondit : « *Si nous avions les coudées franches pour l'érotisme, nous ferions les plus beaux films du monde.* » Regrettons que la censure se soit montrée cette fois encore peu indulgente puisque, tel qu'il est, le film ne tient pas toutes les promesses des photos punaisées à l'entrée de la salle. Nous sommes frustrés dans notre attente, déçus de nos espérances car le cinéma c'est *aussi* l'érotisme.

On a traité Gance de « raté » et tout récemment de « raté génial ». Or, le sait-on, *raté* signifie : « *entamé et gâté par les rats* » ; les rats autour de Gance pullulèrent mais impuissants qu'ils étaient à entamer son génie, ils le furent également à le gâter. La question se pose à présent de savoir si l'on peut être à la fois génial et raté. Je crois plutôt que le ratage c'est le talent. Réussir c'est rater. Je veux finalement défendre la thèse : Abel Gance auteur raté de films ratés. Je suis convaincu qu'il n'est pas de grands cinéastes qui ne sacrifient quelque chose : Renoir sacrifiera *tout* (scénario — dialogue — technique) au profit d'un meilleur jeu de l'acteur, Hitchcock sacrifie la vraisemblance policière au profit d'une situation extrême par avance choisie, Rossellini sacrifie les

raccords de mouvements et de lumière pour une plus grande
chaleur des interprètes, Murnau, Hawks, Lang sacrifient le réalisme
du cadre et de l'ambiance. Nicholas Ray et Griffith la sobriété.
(De la notion de sacrifice dans les œuvres géniales.) Or, le film
réussi, selon l'ancestrale équipe, est celui où tous les éléments
participent *également* d'un *tout* qui mérite alors l'adjectif parfait.
Or la perfection, la réussite, je les décrète abjectes, indécentes,
immorales et obscènes. A cet égard, le film le plus haïssable est
sans conteste *La Kermesse héroïque* pour tout ce qui s'y trouve
d'inachevé, d'audaces atténuées, de raisonnable, de mesuré, de
portes entrouvertes, de chemins esquissés et seulement esquissés, tout
ce qui s'y trouve de plaisant et de parfait. Tous les grands films de
l'histoire du cinéma sont des films « ratés ». On a dit à l'époque
qu'ils l'étaient, on le dit encore pour certains : *Zéro de conduite,
L'Atalante, Faust, Le Pauvre amour, Intolérance, La Chienne,
Métropolis, Liliom, L'Aurore, Queen Kelly, Beethoven, Abraham
Lincoln, Vénus aveugle, La Règle du jeu, Le Carrosse d'Or,
I Confess, Stromboli* (je cite pêle-mêle et j'en passe de presque aussi
bons). Comparez cette liste avec celle des films réussis et vous aurez
sous les yeux toute la vieille querelle de l'art officiel. Il est bon
aussi d'aller revoir le *Napoléon* d'Abel Gance là-haut au Studio 28.
Chaque plan est un éclair et fait irradier tout autour de soi. Les
scènes parlantes sont prodigieuses et non pas, comme on l'écrit
aujourd'hui encore en 1955, indigne des muettes. « Sir Abel
Gance », comme dit Becker ! Ce n'est pas de sitôt que l'on retrouvera dans le cinéma mondial, un homme de cette envergure, prêt
à bousculer le monde, en user comme de la glaise, prendre à
témoin le ciel, la mer, les nuages, la terre, tout cela dans le
creux de la main. Pour laisser travailler Abel Gance, cherche
commanditaire genre Louis XIV. Ecrire : Cahiers du Cinéma qui
transmettront. Urgent.

                                                            *(1955)*

# Jean Renoir

## UN FESTIVAL JEAN RENOIR

Ce n'est pas le résultat d'un sondage mais un sentiment personnel :
Jean Renoir est le plus grand cinéaste au monde. Ce sentiment
personnel, beaucoup d'autres cinéastes l'éprouvent également et
d'ailleurs, Jean Renoir n'est-il pas le cinéaste des sentiments personnels ?

La division habituelle des films entre drames et comédies n'a
aucun sens si l'on pense à ceux de Jean Renoir qui sont tous des
comédies dramatiques.

Certains cinéastes pensent qu'ils doivent, en travaillant, se mettre
« à la place » du producteur, d'autres « à la place » du public.
Jean Renoir donne toujours l'impression de s'être mis « à la
place » de ses personnages et c'est pourquoi il a pu donner à
Jean Gabin, Marcel Dalio, Julien Carette, Louis Jouvet, Pierre
Renoir, Jules Berry, Michel Simon, leurs plus beaux rôles sans
oublier tant d'actrices dont nous parlerons plus loin, au terme
de cette présentation, à la façon dont on réserve le meilleur pour
le dessert.

Parmi les trente-cinq films de Jean Renoir, au moins quinze
d'entre eux sont tirés d'œuvres pré-existantes : Andersen, La Fouchar-
dière, Simenon, René Fauchois, Flaubert, Gorki, Octave Mirbeau

Rummer Godden, Jacques Perret et pourtant on retrouve chaque fois immanquablement Renoir, son ton, sa musique, son style, sans que jamais l'auteur initial original soit trahi, tout simplement parce que Renoir absorbe tout, comprend tout, s'intéresse à tout et à tous.

Notre amour pour l'œuvre entière de Jean Renoir — je parle au nom de mes amis des « Cahiers du Cinéma » — nous a fait souvent prononcer le mot *d'infaillibilité,* ce qui ne manque pas d'irriter les amateurs de « chefs-d'œuvre », ceux qui exigent d'un film une homogénéité d'intentions et d'exécution que Jean Renoir en fait n'a jamais recherchée, bien au contraire. Tout se passe comme si Renoir avait consacré le plus clair de son temps à fuir le chef-d'œuvre pour ce qu'il offre de définitif et de figé au profit d'un travail semi-improvisé, volontairement inachevé, « ouvert », en sorte que chaque spectateur puisse le compléter, le commenter à sa guise, le tirer d'un côté ou de l'autre.

Un peu comme dans le cas d'Ingmar Bergman et de Jean-Luc Godard dont il a eu la fécondité, chaque film de Renoir séparément ne marque qu'un moment de sa pensée, c'est l'ensemble des films qui forme l'œuvre, d'où la nécessité de les grouper dans un tel Festival pour les faire mieux apprécier, comme un peintre accroche et donne à regarder plusieurs toiles anciennes et récentes, plusieurs périodes, chaque fois qu'il expose.

Un faiseur de discours connaîtra de grandes réussites ou de grands échecs selon qu'il aura été en forme ou non, tel soir ou tel autre. Renoir n'a jamais filmé des discours mais des conversations. Il a souvent avoué combien il était influençable, qu'il s'agisse de l'influence d'autres cinéastes : Stroheim, Chaplin, de ses producteurs, de ses amis, des auteurs adaptés, de ses interprètes et c'est à la faveur de cet échange perpétuel que sont nés trente-cinq films naturels et vivants, modestes et sincères, simples comme bonjour. C'est pourquoi l'idée *d'infaillibilité* appliquée à cette œuvre d'où toute simulation est absente, ne me paraît pas abusive, qu'il s'agisse d'un film tâtonnant comme *La Nuit du Carrefour* ou complètement abouti comme *Le Carrosse d'Or.*

*\*\**

Les trois premiers films de cette rétrospective ont pour point commun d'être interprétés par Michel Simon qui est probablement l'acteur préféré de Jean Renoir : « *Son visage est aussi passionnant que le masque de la tragédie antique.* » C'est en regardant *La Chienne* (1931) que vous pourrez vérifier la justesse de ce jugement, mais, dans *Boudu sauvé des eaux* (1932), le même Michel Simon vous montrera comment il peut hausser le comique jusqu'au fabuleux. Tous les adjectifs qui évoquent le rire peuvent être accolés à *Boudu* : cocasse, bouffon, burlesque, ébouriffant ; le thème de *Boudu* est celui du vagabondage, de la tentation de passer d'une classe à une autre, l'importance du naturel et le personnage de *Boudu* est celui d'un hippy avant l'invention du mot ; le film étant tiré d'un assez banal vaudeville de René Fauchois, la réussite n'en est que plus étonnante.

En voyant jouer Michel Simon, les spectateurs ont toujours senti qu'ils regardaient non pas un acteur mais l'acteur ; les meilleurs de ses rôles furent des rôles doubles : *Boudu* est à la fois un clochard et un enfant qui découvre la vie, le Père Jules de *L'Atalante* de Vigo est un marinier fruste en même temps qu'un collectionneur raffiné, le grand bourgeois Irwin Molyneux de *Drôle de Drame* écrit clandestinement des romans sanguinaires et, pour revenir à Jean Renoir, son Maurice Legrand de *La Chienne* est à la fois un petit caissier soumis et, sans le savoir, un grand peintre. Je suis persuadé que si les cinéastes ont toujours confié à Michel Simon ces troublants rôles doubles qu'il a magnifiquement interprétés même quand les films étaient faibles c'est qu'ils ont senti que cet acteur grandiose incarne à la fois la vie et le secret de la vie, l'homme que nous paraissons être et celui que nous sommes vraiment. Jean Renoir aura été le premier à rendre évidente cette vérité : lorsque Michel Simon joue, nous pénétrons au cœur du cœur humain.

\*\*\*

Lorsqu'en 1934, il entreprit la réalisation de *Toni*, Jean Renoir s'était essayé au cinéma naturaliste (*Une Vie sans Joie*), romantique (*Nana*), burlesque (*Charleston, Tire au Flanc*), historique (*Le Tournoi*). Dans le même temps, laborieusement, le cinéma français tra-

vaillait dans le genre psychologique, cette psychologie à laquelle
toute sa vie Renoir devait tourner le dos.

*Toni* dans la carrière de Renoir est un film pivot, un départ
vers une tout autre direction. Dix ans avant les cinéastes italiens,
il inventait le néo-réalisme, c'est-à-dire la narration minutieuse non
d'une action mais d'un fait divers réel sur un ton objectif sans
jamais hausser la voix. Georges Sadoul, dans son *Histoire du Cinéma,*
a raison d'écrire à propos de *Toni,* que le crime « *y est un
accident, non une fin* ». Les personnages boivent un verre de
vin ou meurent de la même manière, c'est-à-dire que Renoir nous le
montre de la même façon, sans mobiliser l'éloquence, le lyrisme et
la tragédie. *Toni,* c'est la vie comme elle coule et, si les acteurs
ne peuvent s'empêcher de rire au milieu d'un jeu de scène, c'est
qu'on s'amusait beaucoup devant la caméra de Jean Renoir et
qu'à force de solliciter la vie elle finissait par arriver, au risque
même de faire terminer dans l'allégresse une séquence commencée
sur un mode grave.

Le jeu des acteurs dans *Toni* est un régal ; les petits cris de
Celia Montalvan lorsque Blavette lui suce le dos après la piqûre
d'abeille, les sentences de Delmont et les allègres crapuleries de
Dalban, tout cela participe de cette vérité que quêtait par tous les
moyens Jean Renoir, vérité des gestes et des sentiments à laquelle,
plus souvent que les autres, il atteignit.

*Partie de Campagne* (1936) est le film des pures sensations, chaque
brin d'herbe nous chatouille le visage ; adapté d'une histoire de
Guy de Maupassant, *Partie de Campagne* donne le seul vrai équivalent de l'art de la nouvelle à l'écran ; sans s'aider d'une ligne de
commentaire, Renoir nous offre quarante-cinq minutes de prose
poétique dont la vérité, à de certains moments, nous donne le
frisson ou quelque chose comme la chair de poule. Ce film, le
plus physique de son auteur, vous touchera physiquement.

*<br>* *

*La Grande Illusion* (1937), le moins contesté de tous les films
de Renoir, est construit sur l'idée que le monde se divise horizontalement, par affinités, et non verticalement, par frontières. Si la
Deuxième Guerre mondiale et surtout le phénomène concentration-

naire semblent avoir infirmé le propos exaltant de Renoir, les actuelles tentatives « européennes » montrent que la force de cette idée était en avance sur l'esprit de Munich. Mais *La Grande Illusion* est tout de même un film d'époque au même titre que *La Marseillaise,* car on y pratique une guerre empreinte de fairplay, une guerre sans bombe atomique et sans tortures.

*La Grande Illusion* était donc très exactement un film de chevalerie, sur la guerre considérée sinon comme un des beaux-arts du moins comme un sport, comme une aventure où il s'agit de se mesurer autant que de se détruire. Les officiers allemands du style Stroheim furent bientôt évincés de l'armée du IIIe Reich et les officiers français du style Pierre Fresnay sont morts de vieillesse. La grande illusion est donc celle qui consistait à croire que cette guerre serait la dernière ; Renoir semble considérer la guerre comme un fléau naturel qui comporte ses beautés, comme la pluie, comme le feu, et il s'agit, comme le dit Pierre Fresnay, *de faire la guerre poliment.* Selon Renoir c'est l'idée de frontière qu'il faut abolir pour détruire l'esprit de Babel et réconcilier les hommes que séparera toujours, cependant, leur naissance. Mais le dénominateur commun entre les hommes existe : c'est la femme et l'idée la plus forte du film est sans doute, après l'annonce de la reprise de Douaumont par les Français, de faire entonner *La Marseillaise* par un soldat anglais habillé en femme et qui se débarrasse de sa perruque en chantant.

Si, contrairement à tant de films de Jean Renoir, *La Grande Illusion* a enthousiasmé tout le monde, tout de suite et partout, c'est peut-être que Renoir l'a tourné à quarante-trois ans, c'est-à-dire à un âge qui correspondait à celui de son public. Avant *La Grande Illusion,* ses films paraissaient agressifs et juvéniles, ensuite ils semblèrent désenchantés et cinglants. Enfin, *La Grande Illusion,* il faut le reconnaître, était, en 1937, en retard sur son temps si l'on pense qu'un an plus tard, dans *The Great Dictator,* Chaplin allait déjà brosser une peinture du nazisme et des guerres qui ne respectent pas la règle du jeu.

La copie définitive de *La Marseillaise* (1938) revient de loin, très exactement de Moscou où se trouvait l'unique version intégrale. Les plus jeunes d'entre vous découvriront une œuvre qui égale *La Grande Illusion* que Renoir avait tourné l'année précédente.

*La Marseillaise* fut assez mal reçu par la critique en vertu de cette « loi de l'alternance » selon laquelle un artiste ne saurait produire deux chefs-d'œuvre consécutifs.

Le travail de Renoir a toujours été guidé par quelque chose qui ressemble à un secret et même à un secret professionnel : la familiarité. Dans *La Marseillaise,* la familiarité permet à Renoir de ne tomber dans aucun des pièges tendus par les reconstitutions historiques et cet extraordinaire don de vie qu'il a reçu lui permet de nous donner un film vivant avec des gens qui respirent et qui éprouvent des sentiments vrais.

*La Marseillaise* est construit comme un western car c'est le seul film baladeur de Jean Renoir. On suit le bataillon des cinq cents volontaires marseillais qui sont partis de chez eux le 2 juillet 1792, ont marché sur Paris où ils sont arrivés le 30, veille de la publication du Manifeste de Brunswick. Le film s'arrête peu après le 10 août, juste avant la bataille de Valmy. Pas de héros central, pas de rôles prestigieux opposés à des rôles ingrats mais une demi-douzaine de personnages tous intéressants, plausibles, nobles et humains représentant la Cour, les Marseillais, les Aristocrates, l'Armée, le Peuple.

Pour équilibrer les Marseillais, c'est-à-dire le peuple que l'on voit s'anoblir et se poétiser au contact de l'idéal révolutionnaire, Renoir insiste sur le côté prosaïque et quotidien de Louis XVI magnifiquement interprété par son frère Pierre Renoir. Le Roi, dont le comportement donne un sens concret à l'expression : « Etre dépassé par les événements », s'intéresse à l'hygiène dentaire : « *J'aimerais volontiers tâter de ce brossage.* » Deux heures avant de fuir les Tuileries, on le trouve mangeant pour la première fois de ces tomates que les Marseillais ont introduites à Paris : « *Eh bien, c'est un mets excellent...* »

J'ai parlé d'un western historique. Comme dans les bons westerns, on retrouve ici la construction des films itinérants, les scènes de jour actives alternent avec les scènes de nuit plus statiques car propices aux discussions de bivouac, idéologiques ou sentimentales. Mais qu'elles tournent autour de la nourriture, de la révolution, des pieds gonflés par la marche, de l'amour ou du maniement d'armes, toutes les scènes de *La Marseillaise* illustrent l'idée d'unité française qui paraît ici convaincante et si le plus illustre film de Griffith s'intitule *Birth of a Nation,* celui-ci pourrait s'appeler *Naissance de la Nation.*

⁂

*La Bête Humaine,* tourné en 1938, raconte l'histoire d'un sous-chef de gare, Roubaud (Fernand Ledoux), qui, s'étant querellé avec un supérieur, craint d'être renvoyé. Il demande à sa jeune femme, Séverine (Simone Simon) d'intervenir auprès d'un « grand patron », vague parrain, qu'elle connut, adolescente, et que sa mère connut mieux encore. Lorsque Séverine revient, tout est arrangé, mais Roubaud, devinant à quel prix, devient fou de jalousie et met sur pied une machination à l'issue de laquelle il tue le parrain sous les yeux de Séverine, dans le train entre Paris et Le Havre.

Dans le train, le couple meurtrier a été remarqué par Jacques Lantier (Jean Gabin), employé aux chemins de fer. Au cours de l'enquête judiciaire Roubaud envoie Séverine s'assurer du silence de Lantier et tout naturellement ces deux-là deviennent amant et maîtresse, Lantier ayant deviné, ou apprenant par bribes, la vérité. Séverine aimerait que Lantier tuât Roubaud avec qui, depuis le meurtre, la vie conjugale est devenue impossible. Lantier, décidément, ne parvient pas à tuer Roubaud mais il étrangle Séverine au cours d'une crise de folie, et se jette dans le vide, le lendemain, depuis la locomotive dont il était le chef-mécanicien.

Dans le roman d'Emile Zola, Jacques Lantier se trouvait dans la campagne, regardant passer le train et apercevait, en un éclair, le geste criminel de Roubaud, assisté de sa femme. C'est Jean Renoir qui inventa de placer Lantier dans le couloir du train et de lui faire apercevoir la complice. Cette invention de Renoir a été adoptée par Fritz Lang lorsqu'il a été amené à tourner un remake de *La Bête Humaine* en 1954 à Hollywood sous le titre de *Human Desire.* Quelques années plus tôt, Fritz Lang avait déjà chaussé les bottes de Renoir en tournant *Scarlett Street (La Rue Rouge)* remake de *La Chienne.*

A tout bien réfléchir, il semble que Jean Renoir et Fritz Lang aient en commun le goût d'un même thème : vieux mari, jeune femme et amant (*La Chienne, La Bête Humaine, The Woman on the*

*Beach* pour Renoir, *Scarlett Street, The Woman in the Window, La Femme au Portrait, Human Desire* pour Lang, etc.). Jean Renoir et Fritz Lang ont aussi en commun une prédilection pour les actrices-chattes, les héroïnes du type félin. Gloria Grahame est la parfaite réplique yankee de Simone Simon et Joan Bennett fut une héroïne de Renoir comme de Lang. Là s'arrêtent les comparaisons, car l'auteur de *La Bête Humaine* et celui de *Human Desire* ne recherchent pas la même chose. A l'égard du roman de Zola, Jean Renoir avait opéré ce qu'il est convenu de nommer une ascèse ; il s'en est récemment expliqué : « *Ce qui m'a aidé à faire* La Bête Humaine, *ce sont les explications que donne le héros sur son atavisme ; je me suis dit : ce n'est pas tellement beau, mais si un homme aussi beau que Jean Gabin disait cela en extérieur, avec beaucoup d'horizon derrière et peut-être avec du vent, cela pourrait prendre une certaine valeur. C'est la clé qui m'a aidé à faire ce film.* »

C'est ainsi que travaille Jean Renoir, à la recherche d'un équilibre constant : un détail cocasse compensera une notation tragique ; des nuages courent derrière Gabin racontant son « mal », des locomotives passent derrière la fenêtre de la petite chambre où Fernand Ledoux se prend à soupçonner sa femme.

*La Bête Humaine* est probablement le meilleur film de Jean Gabin. « *Jacques Lantier m'intéresse autant qu'Œdipe Roi* » a dit Renoir de ce drame que Claude de Givray décrit parfaitement : « *Il y a le film-triangle* (Le Carrosse d'Or), *le film-cercle* (Le (Fleuve), La Bête Humaine *est un film ligne droite, c'est-à-dire une tragédie.* »

*⁂

*La Règle du Jeu* (1939) c'est le credo des cinéphiles, le film des films, le plus haï à sa sortie, le plus apprécié ensuite jusqu'à devenir un véritable succès commercial depuis sa troisième reprise en exploitation normale et en version intégrale. A l'intérieur de ce « drame gai », Renoir brasse sans en avoir l'air une masse d'idées générales, d'idées particulières et exprime surtout son grand amour pour les femmes. *La Règle du Jeu* est certainement avec *Citizen*

*Kane* le film qui a suscité le plus grand nombre de vocations de metteurs en scène, on regarde ce film avec un très fort sentiment de complicité, je veux dire qu'au lieu de voir un produit terminé, livré à notre curiosité, on éprouve l'impression d'assister à un film en cours de tournage, on croit voir Renoir organiser tout cela en même temps que le film se projette, pour un peu on se dirait : « Tiens, je vais revenir demain pour voir si les choses se passent de la même façon » et c'est ainsi qu'à regarder souvent *La Règle du Jeu* on passerait nos meilleures soirées de l'année.

Après l'échec de *La Règle du Jeu,* d'abord amputé d'un quart d'heure à la demande des exploitants, puis interdit par les autorités comme susceptible de démoraliser les Français — nous étions à la veille de la déclaration de guerre — Jean Renoir probablement très déprimé est parti pour Hollywood où il a tourné cinq films en huit ans. *The Woman on the Beach (La Femme sur la Plage)* (1946) est le dernier de ses films hollywoodiens. C'est un film très curieux et très intéressant dans lequel on ne retrouve pas exactement les qualités le plus souvent vantées de l'œuvre française de Renoir, la familiarité, la fantaisie et disons l'humanisme car il semble que Renoir ait voulu délibérément s'adapter à Hollywood et y tourner un film complètement américain.

La grande différence entre les films européens et les films d'Hollywood — et cela vaut pour l'œuvre double de Jean Renoir — est que les films de chez nous sont d'abord des films de personnages, alors que les productions américaines sont d'abord des films de situations. En France, on respecte beaucoup la vraisemblance, la psychologie, que les Américains bousculent, préférant traiter la situation avec force, sans dévier du point de départ. Un film n'étant, en fin de compte, qu'un ruban de celluloïd de deux mille mètres qui défile sous nos yeux, il est permis de le comparer à un trajet. Je dirais donc qu'un film français avance comme une carriole le long d'un chemin tortueux tandis qu'un film américain roule comme un train sur des rails. *The Woman on the Beach* est un film-train. C'est, dans la volonté de Jean Renoir, un film sur le sexe, sur l'amour physique, sur le désir, tout cela exprimé sans une seule image de nudité. Et pourtant, ce serait trop peu de dire que Joan Bennett est sensuelle, elle est sexuelle. Ce que j'aime dans *The Woman on the Beach,* c'est qu'on y regarde deux films en même temps. Le dialogue ne parle jamais d'amour, les personnages échangent des propos courtois, polis. L'essentiel n'est donc pas dans le dialogue qu'ils prononcent mais dans les regards qu'ils échangent, et qui expriment des choses troubles, secrètes et pourtant très précises.

Le cinéma n'est jamais plus pur, il n'est jamais autant lui-même que lorsqu'il parvient, en utilisant le dialogue comme une musique de contrepoint, à nous faire entrer dans les pensées des personnages. C'est sous cet angle que je vous invite à regarder les trois prodigieux acteurs de *The Woman on the Beach,* Joan Bennett, Robert Ryan, Charles Bickford, regardez-les comme des animaux, comme des bêtes farouches qui déambulent dans la jungle crépusculaire de la sexualité refoulée.

*⁂*

*Le Carrosse d'Or* (1952) est l'un des films-clés de Renoir puisqu'il rassemble les thèmes de plusieurs autres, principalement celui de la sincérité en amour et celui de la vocation artistique ; c'est un film construit selon le « jeu des boîtes » qui s'encastrent les unes dans les autres, un film *sur* le théâtre *dans* le théâtre.

Il est entré beaucoup d'injustice dans l'accueil réservé par la critique et le public au *Carrosse d'Or* qui est peut-être le chef-d'œuvre de Jean Renoir. C'est en tout cas le film le plus noble et le plus raffiné jamais tourné. On y trouve toute la spontanéité et l'invention du Renoir d'avant-guerre jointes à la rigueur du Renoir américain. Tout y est race et politesse, grâce et fraîcheur. C'est un film tout de gestes et d'attitudes. Le théâtre et la vie s'entremêlent dans une action suspendue entre le rez-de-chaussée et le premier étage d'un palais comme la commedia dell'arte oscille entre le respect de la tradition et l'improvisation. Anna Magnani est l'admirable vedette de ce film élégant où la couleur, le rythme, le montage et les acteurs sont à la mesure d'une bande sonore dans laquelle Vivaldi se taille la part du lion. *Le Carrosse d'Or* est d'une beauté absolue mais la beauté est son sujet profond.

J'ai décrit l'autre chef-d'œuvre de Renoir, *La Règle du Jeu,* comme une conversation ouverte, un film auquel on nous invite

En 1966, Charlie Chaplin dirige son dernier film La Comtesse de Hong Kong
à Pinewood studios à Londres.

John Ford, v
fauteuil et c
au tournage d'
ses derniers

Charlie Chaplin

à participer ; il en va différemment du *Carrosse d'Or* qui est fermé, un travail fini qu'il faut regarder sans le toucher, un film qui a trouvé sa forme définitive, un objet parfait.

*French Cancan* (1955) a marqué le retour de Renoir dans les studios français. Je ne vais pas raconter le scénario mais sachez seulement qu'il est question d'un épisode de la vie d'un certain Danglard qui fonda le Moulin Rouge et créa le french cancan. Danglard consacre sa vie au music-hall, découvre des jeunes talents, danseuses ou chanteuses et en « fait » des vedettes. Qu'il devienne, pour un temps, leur amant et les voilà qui se révèlent exclusives, possessives, jalouses, capricieuses, insupportables. Mais Danglard ne s'attache pas, il est marié au music-hall et seule compte la réussite de ses spectacles.

Cet amour exclusif du métier, l'inculquer aux jeunes artistes qu'il découvre et révèle, est sa raison de vivre.

On aura reconnu la parenté de ce thème avec celui du *Carrosse d'Or* : la vocation du spectacle triomphant des péripéties sentimentales. *French Cancan* est un hommage au music-hall comme *Le Carrosse d'Or* en était un à la commedia dell'arte mais je crois devoir faire l'aveu de ma préférence pour *Le Carrosse d'Or* ; pour être extérieures à Jean Renoir, les faiblesses de *French Cancan* n'en sont pas moins dommageables car elles affectent en premier lieu la distribution. Si Giani Esposito, Philippe Clay, Pierre Olaf, Jacques Jouanneau, Max Dalban, Valentine Tessier et Anik Morice sont excellents, par contre, Jean Gabin et Maria Félix ne paraissent pas donner le « maximum » d'eux-mêmes.

Mais il faut noter également les éléments plus positifs de l'entreprise : *French Cancan* a marqué une date dans l'histoire de la couleur au cinéma. Jean Renoir n'a pas voulu faire un film pictural et sous ce rapport *French Cancan* se présente comme un anti-*Moulin Rouge* dans lequel John Huston avait procédé à des mélanges de couleurs obtenus par l'emploi de filtres de gélatine ; ici rien que des couleurs pures. Dans *French Cancan* chaque plan est une gravure populaire, une « image d'Epinal » en mouvement. Ah ! les beaux noirs, les beaux marrons, les beaux beiges !

Le french cancan final est un véritable tour de force, un long morceau de bravoure qui emporte régulièrement l'adhésion de la salle. Si *French Cancan* n'a pas, dans l'œuvre de Renoir, l'importance de la *Règle du Jeu* ou du *Carrosse d'Or,* c'est néanmoins un film très brillant, très enlevé où l'on retrouve la puissance de Jean Renoir, sa belle santé et sa jeunesse.

*⁂*

*Elena et les Hommes* (1956) est un Renoir des grands jours ; Jacques Jouanneau y est magnifique aux côtés d'Ingrid Bergman, Jean Marais et Mel Ferrer. On peut voir dans *Elena* la réalisation de l'idéal de Jean Renoir : retrouver l'esprit des primitifs, le génie des grands pionniers du cinéma : Mack Sennet, Larry Semon, Picratt et, disons-le, Charlot. Avec *Elena,* le cinéma retourne à ses origines et Renoir à sa jeunesse.

A ceux qui croient pouvoir reprocher aux derniers films de Jean Renoir de s'éloigner des réalités du monde dans lequel nous vivons, je résume *Elena et les Hommes :* à la veille de la Grande Guerre, les fêtes du 14 juillet sont célébrées par une foule en délire qui acclame le général Rollan ; un stupide incident diplomatique ayant créé une psychose de guerre, l'entourage du général profite de l'occasion pour tenter de renverser le gouvernement ; on chante dans la rue : « *Et c'est ainsi que le destin, l'a placé sur notre chemin...* », etc.

Deux ans après la sortie d'*Elena,* à la faveur de l'agitation algérienne entretenue par ses partisans, de Gaulle lançait son « *Je vous ai compris* » tant il est vrai qu'il y a toujours un général quelque part... Celui de Jean Renoir (c'est Jean Marais qui joue le général Rollan) présente au moins deux avantages, celui de préférer les femmes au pouvoir et aussi celui de nous faire rire.

*Elena* dit la vérité sur les princes qui nous gouvernent, qui ont décidé de nous gouverner et de faire notre bonheur éventuellement malgré nous et, s'il vous semble surprenant que ce film réaliste soit en même temps un conte de fées, écoutez la réponse de Jean Renoir : « *La réalité est toujours féerique. Pour arriver à rendre la réalité non féerique, il faut que certains auteurs se donnent beaucoup de mal, et la présentent sous un jour vraiment bizarre. Si on la laisse telle qu'elle est, elle est féérique.* »

\*\*\*

*Le Testament du Docteur Cordelier* (1959) est l'un des films maudits de Jean Renoir tout comme son *Journal d'une Femme de Chambre* (version de 1946) dont il égale la férocité. L'expression dont on abuse, « directeur d'acteur », prend ici son sens réel, lorsque Jean-Louis Barrault, méconnaissable dans un rôle quasiment dansé, agresse frénétiquement les passants dans la rue.

Animer un être humain que l'on a inventé, lui demander de glisser au lieu de marcher, lui donner une gesticulation imaginée, le charger d'une brutalité abstraite et délirante, voilà un rêve d'artiste, un rêve de cinéaste. *Le Testament du Docteur Cordelier* est ce rêve réalisé, tout comme *Le Déjeuner sur l'Herbe* (tourné la même année) est né, je le parierais, de cette simple et forte idée visuelle : tiens, ce serait amusant de montrer dans la campagne une tempête de vent soulevant les jupes des femmes !

Il faut bien dire ici pour conclure que les femmes sont au centre de toute l'œuvre de Renoir. A coups de simplifications désordonnées, frayons-nous un chemin dans la jungle à la fois bienveillante et cruelle de Renoir. Un brave homme faible et sensuel est sous l'emprise d'une belle femme (légitime ou non), de tempérament vif, de caractère difficile et plus ou moins adorable garce, vous avez reconnu *Nana, Marquitta, Tire au flanc, La Chienne, La Nuit du Carrefour, Boudu sauvé des Eaux, Toni, Madame Bovary, Les Bas-Fonds, La Marseillaise, La Règle du Jeu, The Diary of a Chambermaid, The Woman on the Beach, Le Carrosse d'Or, French Cancan, Elena et les Hommes.*

Le « ménage à trois » retient rarement l'intérêt de Jean Renoir qui a inventé le « ménage à quatre ». Dans son univers une femme aime, est aimée de *trois* hommes ou un homme aime, est aimé de *trois* femmes. Sur le premier principe sont construits : *Un Vie sans Joie, La Fille de l'Eau, Nana, La Nuit du Carrefour, Boudu, Toni, Madame Bovary, Monsieur Lange, la Bête Humaine, La Règle du Jeu, The Diary of a Chambermaid, French Cancan* et *Le Carrosse d'Or* qui porte le système à la perfection, les trois personnages masculins représentent les trois sortes d'hommes qu'une femme rencontre dans sa vie. Sur le second principe reposent :

*Marquitta, Monsieur Lange, La Bête Humaine* (la 3ᵉ femme ici est la Louison, la locomotive), *La Règle du Jeu, French Cancan* et *The River* qui — symétriquement au *Carrosse* — porte le système à la perfection.

Les films de Renoir puisent dans la vie leur propre vie ; on sait avec qui les personnages principaux font l'amour, précision dont l'absence se faisait dans le cinéma jusqu'en 1960 cruellement sentir. Renoir n'aime guère la mort dans les films pour ce qu'elle est truquée : on peut exciter un comédien pour lui faire jouer un excité, mais tuez-le et vous aurez le Syndicat des Acteurs sur le dos. Il fallait bien faire mourir cependant Nana, Mado, Emma, la jolie Madame Roubaud et tant d'autres, mais à leur mort, chaque fois, Renoir a opposé ce qu'il y a de plus vivant, les chansons. Les femmes que Renoir tue avec regrets, agonisent aux accents populaires d'un refrain des faubourgs : le petit cœur de Ninon est si petit...

Quelqu'un a pu dire, attaquant sottement *Amore* de Rossellini, que « *c'est l'interprète qui doit se soumettre à l'œuvre et pas l'œuvre à l'interprète* ». Depuis *Une Vie sans Joie,* qui est un film en forme de bague de fiançailles offerte à Catherine Hessling, toute l'œuvre de Jean Renoir s'inscrit en faux contre cette affirmation. Pour Jannie Mareze, Valentine Tessier, Nadia Sibirskaïa, Sylvia Bataille, Simone Simon, Nora Gregor, Aïn Baxter, Joan Bennett, Paulette Goddard, Anna Magnani et Ingrid Bergman, il a fait des films sur mesure soumettant son œuvre aux interprètes... et ce sont parmi les plus beaux films de l'histoire du cinéma.

Jean Renoir ne filme pas des situations mais plutôt — et je vous demande ici de vous remémorer l'attraction foraine qui s'appelle le « Palais des Miroirs » — des personnages qui cherchent la sortie de ce Palais et se cognent aux vitres de la réalité. Jean Renoir ne filme pas des idées mais des hommes et des femmes qui ont des idées et ces idées, qu'elles soient baroques ou illusoires, il ne nous invite ni à les adopter ni à les trier, mais simplement à les respecter.

Quand un homme nous paraît ridicule par son obstination à imposer une certaine image solennelle de son existence, qu'il s'agisse d'un politicien ou d'un artiste mégalomane, on se dit qu'il perd de vue le bébé râleur qu'il était dans son berceau et le vieux débris râlant qu'il sera sur son lit de mort. Il est clair que le travail cinématographique de Jean Renoir ne perd jamais de vue cet homme démuni, soutenu par la Grande Illusion de la vie sociale, l'homme tout court.

*(1967)*

(Présentation d'un Festival Renoir à la Maison de la Culture de Vidauban — 1967).

# Carl Dreyer

## LA BLANCHEUR DE CARL DREYER

Si je pense à Carl Dreyer, ce qui me vient tout d'abord à l'esprit, ce sont des images blanches, les splendides gros plans silencieux de *La Passion de Jeanne d'Arc* dont la succession sur l'écran est l'équivalence exacte du dialogue serré, échangé entre Jeanne et ses juges à Rouen.

Ensuite me revient en mémoire la blancheur du *Vampyr,* celle-ci escortée de sons, de cris et surtout des gémissements atroces du Docteur (Jean Hieromniko), dont l'ombre recroquevillée disparaît dans le réservoir de farine, là-bas dans ce moulin imperturbable où personne ne viendra le délivrer. Autant la caméra de Dreyer était sage pour filmer *Jeanne d'Arc,* autant elle se libère et devient un porte-plume de jeune homme pour suivre, précéder ou deviner les mouvements du *Vampyr* le long des murs gris.

Après le désolant insuccès commercial de ces deux chefs-d'œuvre, Carl Dreyer attendra onze ans, onze ans d'une vie, onze ans de sa vie, avant de pouvoir à nouveau dire : Moteur ! et ce sera *Jour de Colère* qui, traitant de sorcellerie et de religion, sera comme la synthèse des deux autres films, *Jour de Colère* dans lequel on peut voir le plus beau nu féminin de l'histoire du cinéma, le nu le

moins érotique et le plus charnel, je veux parler du corps blanc de
Marthe Herloff, la vieille femme brûlée comme sorcière.

Dix ans après *Jour de Colère*, voici à la fin de l'été 1956,
*Ordet* qui bouleverse les spectateurs de la Biennale, au Lido.
Jamais, dans l'histoire du Festival de Venise, un Lion d'Or ne fut
plus justement attribué que celui qui couronna *Ordet*, un drame de
la foi, ou plus exactement une fable métaphysique qui prend pour
sujet essentiel l'égarement où peuvent conduire les rivalités dogma-
tiques.

Le héros du film, Johannès est un illuminé qui se prend pour
Jésus-Christ et c'est seulement lorsqu'il aura compris son erreur
qu'il semblera en avoir « reçu » le pouvoir spirituel.

Chaque image d'*Ordet* est d'une perfection formelle qui atteint
au sublime mais on sait que Dreyer est davantage qu'un « plasti-
cien » ; le rythme est très lent, le jeu des acteurs hiératiques, mais
ce rythme et ce jeu sont extraordinairement contrôlés ; pas un
centimètre carré de pellicule n'a échappé à la vigilance de Dreyer
qui fut certainement, après la mort d'Eisenstein, le metteur en scène
le plus exigeant, celui dont les films terminés ressemblaient le plus
précisément à ce qu'ils étaient dans le cerveau qui les avait
conçus.

Aucune mimique chez les acteurs d'*Ordet*, dont le jeu consiste
seulement à incliner le visage de telle ou telle façon et à adopter
dès le départ de la scène une attitude dont ils ne se départiront plus.
L'essentiel de l'action se déroule dans la pièce commune de la maison
d'un riche fermier et la mise en scène par plans-séquences très
mobiles semble s'inspirer de l'expérience qu'Alfred Hitchcock tenta
avec *The Rope*. (Dreyer, dans diverses interviews, a mentionné
son admiration pour l'auteur de *Rear Window*). Avec *Ordet*,
le blanc triomphe à nouveau, un blanc laiteux, un blanc de rideaux
ensoleillés, jamais vu auparavant ni depuis. Le son, dans *Ordet*,
est splendide. Vers la fin du film, le centre de l'écran est occupé
par le cercueil dans lequel repose l'héroïne, Inger, que Johannès, le
fou qui se prend pour le Christ, a promis de *ressusciter*. Le
silence de la maison endeuillée n'est rompu que par les pas du
maître du logis sur le plancher, un bruit caractéristique, celui des
chaussures neuves, des chaussures du dimanche...

La carrière de Carl Dreyer a été difficile et, s'il a pu vivre de

son art, c'est grâce aux revenus du « Dagmar », la salle de cinéma
qu'il dirigeait à Copenhague. Cet artiste, profondément religieux et
passionné par le cinéma, a poursuivi tout au long de sa vie, deux
rêves qu'il n'a pu réaliser : tourner un film sur la vie du Christ,
*Jesus* et travailler à Hollywood, comme son maître D.W. Griffith.

Je n'ai rencontré Carl Dreyer que trois fois mais je suis fier
d'écrire ces lignes dans le fauteuil de cuir et de bois qui était le
sien lorsqu'il travaillait et qui me fut offert après sa mort. Carl
Dreyer était un homme petit, très doux dans sa façon de parler,
formidablement obstiné, apparemment sévère mais en réalité sensible
et chaleureux. Voici son dernier acte public : trois semaines avant
sa mort, il réunit les huit principaux hommes du cinéma danois et,
avec eux, il rédigea une lettre protestant contre l'éviction d'Henri
Langlois de la Cinémathèque française.

Carl Dreyer est mort, il a rejoint Griffith, Stroheim, Murnau,
Eisenstein, Lubitsch, les rois de la première génération du cinéma,
celle qui a d'abord maîtrisé le silence puis la parole. Nous avons
beaucoup à apprendre d'eux et beaucoup à apprendre de la
blancheur de Carl Dreyer.

*(1969)*

# Lubitsch

## LUBITSCH ETAIT UN PRINCE

Il y a d'abord l'image, particulièrement lumineuse, des films d'avant guerre, je l'aime beaucoup. Les personnages sont de petites silhouettes sombres sur l'écran. Ils entrent dans les décors en poussant des portes trois fois hautes comme eux. Il n'y avait pas de crise du logement à cette époque-là et dans les rues de Paris, sur la façade des immeubles, à cause des banderoles « appartements à louer », c'était le 14 juillet toute l'année.

Les grands décors des films de cette époque disputaient la vedette aux vedettes, le producteur les payait cher, il fallait qu'on les voie, c'est que, l'homme aux cigares, il en voulait pour son argent et je crois bien qu'il aurait foutu à la porte le metteur en scène qui aurait eu le culot de tourner tout un film en gros plans.

A cette époque, quand on ne savait pas très bien placer la caméra on la mettait trop loin ; aujourd'hui, dans le doute, on la flanque sous le trou de nez des acteurs. On est passé de l'insuffisance modeste à l'insuffisance prétentieuse.

Cet avant-propos nostalgique n'est pas déplacé pour introduire Lubitsch qui pensait fermement qu'il vaut mieux rire dans un palace que pleurer dans l'arrière-boutique au coin de la rue. Je sens bien, comme disait André Bazin, que je ne vais pas avoir le temps de faire court.

Comme tous les artistes de stylisation, Lubitsch, consciemment

ou non, retrouvait la narration de grands auteurs de contes pour
enfants. Dans *Angel,* un dîner pénible et embarrassant va réunir
Marlène Dietrich, Herbert Marshall son mari et Melwyn Douglas son
amant d'un soir, qu'elle pensait bien ne plus revoir et que son
mari a ramené par hasard à dîner. Comme souvent chez Lubitsch
la caméra déserte le côté jardin au moment où la situation devient
brûlante, pour nous entraîner côté cour où nous pourrons encore
mieux jouir des conséquences. Nous sommes dans la cuisine. Le
maître d'hôtel va et vient, il ramène d'abord l'assiette de Madame :
« *C'est curieux, Madame n'a pas touché à sa côtelette.* » Puis
l'assiette de l'invité : « *Tiens, lui non plus.* » (En fait, cette seconde
côtelette est coupée en cent petits morceaux mais inentamée). La
troisième assiette arrive, vide : « *Pourtant Monsieur semble avoir
apprécié la côtelette.* » On a reconnu « Boucle d'Or » dans la
maison des trois ours : la bouillie de Papa Ours était *trop chaude,*
celle de Maman Ours *trop froide,* celle de Bébé Ours *tout juste
bien.* Connaissez-vous une littérature plus nécessaire que celle-là ?

Alors ceci, c'est le premier point commun entre la *Lubitsch touch*
et la *Hitchcock touch* et le second c'est probablement leur manière
d'aborder le problème du scénario. Apparemment, il s'agit de
raconter une histoire en images et c'est sur ce point qu'ils insisteront
eux-mêmes dans leurs interviews. Ce n'est pas vrai. Ils ne mentent
pas pour le plaisir ou pour se foutre de nous, non, ils mentent
pour *simplifier* parce que la réalité est trop compliquée et qu'il
vaut mieux consacrer son temps à travailler et à se perfectionner,
car nous avons à faire à des perfectionnistes.

La vérité dans ce genre de travail est qu'il s'agit de *ne pas*
raconter l'histoire et même de chercher le moyen de ne pas la
raconter *du tout.* Il y a, bien sûr, le principe du scénario, résumable
en quelques lignes, généralement la séduction d'un homme par une
femme qui ne veut pas de lui ou inversement ou encore l'invitation
au péché d'un soir, au plaisir, les mêmes thèmes que Sacha Guitry,
l'essentiel étant de ne jamais traiter le sujet *directement.* Alors, si
nous restons derrière les portes des chambres quant tout se passe à
l'intérieur, si nous restons à l'office quand tout se passe dans le
salon et dans le salon quand ça se passe dans l'escalier et dans la
cabine de téléphone quand ça se passe à la cave, c'est que
Lubitsch, modestement, s'est cassé la tête pendant les six semaines

d'écriture pour finalement permettre aux spectateurs de construire le scénario eux-mêmes, avec lui, en même temps que le film se déroule sur l'écran.

Il y a deux sortes de cinéastes, c'est pareil pour les peintres et les écrivains, il y a ceux qui travailleraient même sur une île déserte, sans public, et ceux qui renonceraient, au nom du à quoi bon ? Donc pas de Lubitsch sans public mais, attention, le public n'est pas *en plus* de la création, il est *avec,* il fait partie du film. Dans la bande sonore d'un film de Lubitsch, il y a le dialogue, les bruits, la musique et il y a nos rires, c'est essentiel, sinon il n'y aurait pas de film. Les prodigieuses ellipses de scénario ne fonctionnent que parce que nos rires établissent le pont d'une scène à l'autre. Dans le gruyère Lubitsch, chaque trou est génial.

Employée à tort ou à travers, l'expression « mise en scène » signifie enfin quelque chose, ici elle est un jeu qui ne peut se pratiquer qu'à trois et seulement pendant la durée de la projection. Qui sont les trois ? Lubitsch, le film et le public.

Alors, plus rien à voir avec le cinéma du genre *Docteur Jivago.* Si vous me dites : « *Je viens de voir un Lubitsch dans lequel il y avait un plan inutile* », je vous traite de menteur. Ce cinéma là, c'est le contraire du vague, de l'imprécis, de l'informulé, de ter celle qu'on n'avait jamais utilisée avant, l'impensable, l'énorme, avait lui-même passé en revue les solutions pré-existantes pour adop- l'incommunicable, il ne comporte aucun plan décoratif, rien qui soit là « pour faire bien » : non, du début à la fin, on est dans l'essentiel jusqu'au cou.

Sur le papier, un scénario de Lubitsch n'existe pas, il n'a aucun sens non plus après la projection, tout se passe *pendant* qu'on le regarde. Une heure après l'avoir vu, ou peut-être revu pour la sixième fois, je vous mets au défi de raconter le scénario de *To be or not to be,* c'est rigoureusement impossible.

Nous, le public, nous étions là, dans l'ombre, la situation sur l'écran était claire, elle se tendait jusqu'à rompre au point que, pour nous rassurer nous-mêmes, nous anticipions la scène suivante en recourant évidemment à nos souvenirs de spectateur, mais Lubitsch justement, comme tous les génies habités par l'esprit de contradiction, exquise et déroutante. Eclats, oui, éclats de rires, car en découvrant la « solution Lubitsch » le rire, réellement, éclate.

On pourrait, en décrivant cette discipline de travail, parler du
« respect de Lubitsch pour le public » mais cette notion servant trop
souvent d'alibi pour justifier les pires documentaires ou les fictions
purement incompréhensibles, laissons-là de côté et introduisons plutôt
un exemple bien venu.

Dans *Trouble in Paradise,* Edward Everett Horton au cours d'un
cocktail regarde Herbert Marshall d'une manière soupçonneuse. Il se
dit qu'il a vu cette tête-là quelque part. Nous savons, nous, que
Herbert Marshall est le pick-pocket qui, au tout début du film,
a assommé pour le voler le pauvre Horton dans une chambre de
palace à Venise. Alors il faut bien qu'à un certain moment, Horton
se souvienne et dans ce cas neuf cinéastes sur dix, tas de feignants,
que faisons-nous presque toujours ? On montre le type qui dort
dans son lit et, la nuit, au milieu de son sommeil, il se réveille,
se tape sur le front : « *Ça y est ! Venise ! Ah, le salaud !* ».
Qui est le salaud ? Celui qui se contente d'une solution aussi arbitraire. Ce n'est pas le cas de Lubitsch, qui se donne un mal de
chien, qui se saigne aux quatre veines et qui va mourir vingt ans
trop tôt. Voilà ce que fait Lubitsch, il nous montre Horton fumant
une cigarette, se demandant visiblement où il a bien pu rencontrer
précédemment Herbert Marshall, tirant encore sur sa cigarette,
réfléchissant, puis écrasant son mégot dans un cendrier argenté en
forme de gondole... Plan sur le cendrier-gondole, retour sur le
visage... regard vers le cendrier... Gondole... Venise ! Nom de Dieu,
Horton a compris, bravo et maintenant c'est le public qui se
gondole et Lubitsch est peut-être là, debout dans l'ombre au fond
de la salle, surveillant son « audience » redoutant le moindre retard
de rire, comme Frederich March dans *Design for living,* ou bien
jetant un œil vers le souffleur qui voit Hamlet s'avancer vers la
rampe et s'apprête, à tout hasard, à lui souffler : « To be or not
to be ! »

J'ai parlé de ce qui s'apprend, j'ai parlé du talent, j'ai parlé
de ce qui au fond, éventuellement, peut s'acheter en y mettant le
prix, mais ce qui ne s'apprend ni ne s'achète c'est le charme et la
malice, ah, le charme malicieux de Lubitsch, voilà qui faisait de lui
vraiment un Prince.

*(1968)*

# Charlie Chaplin

## THE GREAT DICTATOR

The Great Dictator (*Le Dictateur*), que Charlie Chaplin réalisa en 1939-1940 et que le public européen vit pour la première fois en 1945, a-t-il « vieilli » ou non ? La question est presque absurde à laquelle on ne peut que répondre : oui, bien sûr, naturellement. *The Great Dictator* a vieilli et c'est heureux. Il a vieilli comme un éditorial politique, comme *J'accuse* de Zola, comme une conférence de presse ; c'est un admirable document, une pièce rare, un objet utile devenu objet d'art et que Chaplin a bien raison de rééditer si cela lui permet de réunir les millions qui financeront son prochain film, *Charlot sur la Lune*.

Ce qui frappe aujourd'hui, en 1957, à revoir *The Great Dictator*, c'est la volonté d'aider son prochain à voir plus clair. Je déteste l'état d'esprit qui conduit à rejeter comme inopportune toute œuvre ambitieuse venant d'un amuseur réputé. Le premier mouvement est le bon, même si généralement déclenché par le snobisme ; c'est souvent à partir du moment où les snobs brûlent ce qu'ils ont adoré que cette adoration est enfin justifiée.

Chaque fois que j'entends : « *Maintenant, Chaplin se prend au sérieux son œuvre est terminée* », je ne puis m'empêcher de penser que son œuvre *commence*. Un artiste peut œuvrer pour lui, pour se

« faire du bien » ou pour « faire du bien » à autrui, les plus grands étant peut-être ceux qui résolvent simultanément leurs problèmes et ceux du public. On commence forcément par naître puis on se fait connaître et enfin reconnaître. L'artiste comique n'attend pas que l'on vienne à lui, c'est lui qui vient à nous, clown, mime, bouffon ou chansonnier.

Ce public dont il a réussi à faire battre le cœur au rythme du sien, l'artiste comique désormais lui doit tout, y compris ses idées d'homme ; je n'aime pas que l'on dise de Chaplin : « *On a trop répété qu'il était ceci ou cela, à force il l'a cru* », car si on a répété qu'il était poète ou philosophe, c'est que c'était vrai et il a eu bien raison de croire ce qu'on lui disait. Sans le vouloir et qu'il sera applaudi ou boudé par des jeunes spectateurs de douze ans qui n'ont peut-être jamais vu de portraits de Hitler, Mussolini, Goering et Goebbels.

Dans un de ses plus fameux articles, André Bazin a pu voir, dans *The Great Dictator* un règlement de comptes avec Hitler, lequel méritait bien cette leçon pour avoir commis la double impudence de confisquer la moustache de Charlot et de s'être haussé au rang des dieux. En contraignant la moustache de Hitler à réintégrer le mythe de Charlot, Chaplin anéantissait le mythe du Dictateur. Effectivement, en 1939, Hitler et Chaplin devaient être les deux hommes les plus célèbres au monde, le premier en incarnant sans le savoir, Chaplin a aidé les hommes à vivre ; plus tard, le sachant, n'eût-il pas été criminel de ne plus vouloir les aider, et toujours davantage ?

L'extraordinaire audience que Chaplin par son génie parvint à acquérir lui donna une énorme responsabilité ; il ne se crut pas dès lors investi d'une mission, il était réellement chargé d'une mission et, à mon avis, peu d'hommes publics, politiciens ou brasseurs d'idées, se sont acquittés de la leur avec cette probité et cette efficacité.

*The Great Dictator* était certainement le film qui en 1939 pouvait concerner le plus de spectateurs possible dans le plus grand nombre de pays ; c'était véritablement le film de l'époque, le cauchemar à peine prémonitoire d'un monde en folie dont *Nuit et Brouillard* devait constituer le plus exact compte rendu ; jamais un film ne se démoda plus noblement que *Le Dictateur* puisque l'on peut imaginer les forces mauvaises et l'autre les forces bénéfiques, d'où la nécessité de les réunir tous deux dans un film pour les mieux opposer et rééditer dix-sept ans après *The Pilgrim (Charlot Pèlerin),* la merveilleuse pantomime de David et Goliath.

Pierre Leprohon et Jean Mitry ont publié deux passionnants ouvrages auxquels il faut toujours se référer lorsqu'on s'occupe de Chaplin. Le livre de Leprohon, un « Essai de chronologie », nous apprend le refus de Chaplin, séjournant à Venise en mars 1931, de se rendre à Rome où Mussolini lui ménage pourtant une réception. Un mois plus tôt, à Londres, au cours d'une soirée chez Lady Astor, Chaplin expose ses idées sur la crise économique : « *Le monde souffre d'une ingérence du gouvernement dans le secteur privé et des dépenses exagérées de l'Etat. Je préconiserais une nationalisation des banques et je réviserais un grand nombre de lois ainsi que celles du Stock Exchange. Je créerais un Office gouvernemental des Affaires économiques qui contrôlerait les prix, intérêts et profits... Ma politique favoriserait l'internationalisme, la coopération économique mondiale, l'abolition de l'étalon-or et l'inflation générale...* » En 1934, Chaplin retient un scénario sur Napoléon que lui a proposé un jeune journaliste italien. En 1935, il parle d'un Cyrano moderne et tourne finalement *Modern Times (Les Temps Modernes).* En 1937, il annonce son renoncement définitif à son Napoléon et déclare : « *Ce qui est aussi certain, c'est que je ne serai plus jamais Charlot, plus jamais le petit vagabond.* »

Chaplin a tenu parole puisque dès lors il écrit et prépare *The Great Dictator.* Durant toute l'année 1938, les démarches se multiplient pour empêcher Chaplin de tourner ce film ; les agents diplomatiques allemands et plusieurs organisations américaines font pression sur lui. Au printemps 1940, le film est terminé mais ne sera présenté que six mois plus tard. Entre-temps, Chaplin est mis en cause par la Commission des Activités anti-américaines (Commission Dies). Oui, déjà, en 1940 ! On peut dater de cette époque le début d'une guerre américaine contre Chaplin et qui se poursuivra sans trêve jusqu'en 1952.

*The Great Dictator* n'est pas seulement une farce défensive mais également un essai extrêmement précis sur le drame juif et les délirantes ambitions racistes de l'hitlérisme ; un peu comme dans

*La Marseillaise* de Jean Renoir, deux séries de croquis alternent,
le palais hitlérien et le ghetto ; aussi objectivement qu'on puisse
le faire quand on défend sa peau, Chaplin oppose les deux univers, se
moquant férocement du premier, tendrement du second et respecte
scrupuleusement la vérité ethnique ; les séquences du ghetto sont
glissantes, malicieuses, rusées, presque dansées ; celles du palais
hitlérien sont saccadées, automatiques, forcenées jusqu'à la dérision.
Du côté des persécutés, un furieux appétit de vivre, une débrouillardise qui peut frôler la lâcheté (la scène du tirage au sort pour le
sacrifice), du côté des persécuteurs un fanatisme imbécile.

Lorsqu'à la fin du film, dans la plus pure tradition du spectacle,
le petit barbier juif est amené à remplacer *The Great Dictator* dont
il était le sosie — sans qu'une seule allusion à l'intérieur de
l'œuvre ait été faite à ce sujet, ellipse géniale — il pleut, au moment
du fameux discours, des vérités premières dont je serai le dernier
à me plaindre, les préférant aux vérités secondes ; les événements
qui ont déchiré notre continent peu après la sortie de ce film
prouvent assez que si Chaplin y enfonçait des portes ouvertes, elles
ne l'étaient pas pour tout le monde.

Les exégètes et surtout Bazin ont remarqué que le discours
final de *The Great Dictator* marque le moment crucial de toute
son œuvre puisque l'on y voit progressivement disparaître le masque
de Charlot auquel se substitue, non maquillé, le visage de l'homme
Charlie Chaplin dont les cheveux déjà grisonnent. Il lance au
monde un message d'espoir, cite l'Evangile et ses paroles, de toute
évidence, concernent la race opprimée qui attend le bonheur dans
la réalisation du rêve messianique.,

Chaplin n'a pas voulu que la fin s'inscrive sur son visage mais sur
l'image de Paulette Goddard à qui il a donné le nom de sa
propre mère, Hannah, prénom palindromique (qui peut se lire dans
les deux sens) et qui résume magnifiquement l'esprit de tout le
film puisque Hitler est le barbier juif à rebours. C'est donc sa
mère qu'il invoque au terme de son discours tandis que Paulette
Goddard, dans une image sublime, couchée sur la terre se relève
pour entendre son appel : « *Elève ton regard, Hannah. Regarde
vers le ciel, Hannah, as-tu entendu ? Ecoute !* »

                                                           (1957)

## UN ROI A NEW YORK

C'est entendu : Charlot ne nous fait plus rire. Mais les critiques, par contre, n'ont pas fini de m'amuser ! Ce qu'il y a de plus cocasse dans leur compte rendu, comme dans tous ceux défavorables au *Roi à New York,* ce sont les allusions à la faiblesse du scénario. Autant reprocher au « Nouveau Testament » de manquer de suspense. Ce n'est pas tout à fait par hasard que je cite le « Nouveau Testament » : le roi Shahdow, monarque détrôné, arrive à New York, ayant réussi à sauver sa tête et les fonds de la Trésorerie royale. Il apprend le lendemain que son premier ministre s'est fait la malle en emportant l'argent. Le roi est complètement ruiné. L'auteur de cette scène est-il Charlie Chaplin ou bien saint Matthieu qui nous rapporte la *Parabole des talents ?* Un homme, sur le point de faire un voyage, confie sa fortune à ses serviteurs : l'un d'eux lui joue un tour identique et l'homme le sermonne ainsi : « *Méchant et lâche serviteur ! Que n'avez-vous donc mis à la banque l'argent que je vous donnai en partant ?* »

C'est ensuite un dîner chez une dame très Elsa Maxwell, au cours duquel le roi est trahi par un « judas » dans le mur, derrière lequel une caméra de télévision enregistre clandestinement le dîner et les pitreries royales ; c'est ainsi que malgré lui Shahdow devient une vedette de la télévision. En visitant une école progressiste, il fait la connaissance d'un enfant de douze ans qui, par ses réponses, étonne et confond les adultes que nous appellerons si vous le voulez bien les « Docteurs ». Un soir d'hiver, en rentrant chez lui, Shahdow rencontre le gosse crevant de froid dans ses vêtements trempés. Le gamin, Ruppert, apprend à Shahdow que ses parents ont été arrêtés comme communistes et qu'ils ont été condamnés pour avoir refusé de dénoncer leurs amis. Chez le roi, Ruppert se déshabille pour prendre un bain et Shahdow va lui acheter d'autres vêtements. On peut évoquer alors une autre figure du « Nouveau Testament », celle du « Possédé guéri » : « *Cet homme était alors sans vêtements pour figurer que nous avions perdu la foi et la justice originelles, qui étaient comme un vêtement de lumière qui nous couvrait dans notre état d'innocence.* » Mais bientôt, les hommes de McCarthy viennent s'emparer du gosse pour le mener à Hérode : « *Ce prince hypocrite, couvrant le dessein qu'il avait conçu de tuer cet enfant qu'il était forcé de reconnaître pour un Dieu dit aux Mages qu'ils cherchassent cet enfant afin qu'ensuite ils en vinssent dire des nouvelles.* »

Bientôt, Shahdow est à son tour convoqué devant la Commission des Activités anti-américaines ; les marchands de ce temple-là sont indélogeables mais, imitant Jésus qui renversa les tables et les chaises, Shahdow débarque devant les mauvais juges, empêtré dans une lance d'incendie dont il les inonde bien vite. Grâce à l'eau purificatrice, Shahdow est acquitté et c'est probablement Dieu qui, en songe, conseille à ce nouveau roi mage « *d'emprunter un autre chemin pour retourner dans son pays* » afin d'échapper à Hérode qui aurait vite fait de lui retirer son passeport. Mais le plus triste de l'affaire et ce qui importe plus que tout, c'est que le gosse, pour que ses parents soient libérés, a accepté de donner aux enquêteurs les « renseignements demandés ». La morale de tout ceci n'est point aussi naïve que celle du film de Jules Dassin *Le Christ Recrucifié (Celui qui doit mourir)* : c'est que, si le Christ revenait de nos jours au pays des mouchards, il serait amené à collaborer avec McCarthy.

Je ne prétends pas que mon interprétation du scénario soit décisive mais faute de pouvoir prouver la beauté, il faut souvent feindre d'expliquer pour convaincre.

Le malentendu est toujours le même : ayant arbitrairement collé une étiquette sur une œuvre, on n'aime guère avoir à changer l'étiquette. Si Chaplin continuait à son âge à faire le pitre sous sa défroque célèbre, ce serait d'une inefficacité consternante, cela n'est pas difficile à comprendre. Par ailleurs, il est bien évident qu'un homme qui a tourné soixante-quinze films parmi les plus fameux et les plus admirés de l'histoire du cinéma n'a de conseil à recevoir de personne quant à la construction d'une histoire.

Je n'ai pas trouvé, moi, de différence entre la première et la seconde partie du *Roi à New York* tout simplement parce que je n'ai pas commis l'erreur de m'apprêter à rire. Comme tout le monde, je lis les journaux et je suis au courant des mésaventures de Chaplin avec l'Amérique ; je connaissais le sujet de son nouveau film et la profonde tristesse de ses films précédents. Il était prévisible qu'*Un Roi à New York* serait le plus triste de ses films, le plus personnel aussi. Il faut bien se dire que l'homme qui a fait *La Ruée vers l'or* est capable, s'il le veut, de faire rire ou pleurer son public à volonté ; il connaît tous les trucs, c'est un as, nous le savons. Si nous ne pleurons pas plus que nous rions en voyant *Un Roi à New York,* c'est que Chaplin a jugé qu'il fallait nous atteindre à la tête plutôt qu'au cœur. La terrible douceur de son film m'a fait penser à *Nuit et Brouillard,* qui refusait également les facilités du pamphlet et de la vengeance.

Deux exemples : si Chaplin avait voulu faire pleurer, cela lui était très facile en développant et en articulant *dramatiquement* la scène au cours de laquelle le petit Ruppert avoue à Shahdow qu'il a dénoncé les amis de ses parents ; il lui suffisait de refaire une bobine du *Kid.* Si Chaplin avait voulu faire rire, lorsqu'il nous montre les préparatifs de la Commission d'enquête, il aurait développé le moment où l'investigateur se poudre le visage et se maquille pour la caméra de TV. Il suffisait de trois gags sur la houppette pour susciter les rires. C'eût été détruire son film qui vise plus haut ; en nous montrant une seule image très brève de ce maquillage vue dans un récepteur, il verse simplement, à l'état brut, un document au dossier.

Ce n'est pas un film qui s'étale, qui s'installe, qui se répartit en scènes amusantes, ironiques ou amères, mais une *démonstration rapide, sèche, d'un seul trait, presque un documentaire.* Ces plans de New York, ces deux images d'avions que Chaplin a insérées ici et là font penser à une sorte de montage de documents. *Un Roi à New York,* ce n'est pas un roman ni un poème, mais un article de journal, quelques pages d'un bloc-notes dans lequel « *Charlie Chaplin commente librement l'actualité politique* ».

S'il a choisi d'incarner un roi, c'est que sa vie est celle d'un roi. Partout on le reçoit comme tel et il n'a pas eu besoin d'inventer pour nous montrer ces photographes abusifs, ces journalistes indiscrets, ces réceptions grotesques. Dans la vie, Chaplin est constamment obligé de faire des « numéros » pour ne pas décevoir l'idée que ses « hôtes » du Tout-Paris, du Tout-Londres, du Tout-New York se font de lui. Il montre bien que ces numéros sont drôles pour tout le monde, sauf pour lui, d'où la monstrueuse tirade d'Hamlet qui est là pour faire grincer plutôt que pour nous faire rire. Dans le dialogue, quelqu'un dit à peu près : « *Il est quelconque, mais si on le chauffe un peu, il devient assez drôle.* » J'aime cette lucidité ironique que l'on retrouve dans tout le film.

Au tout début, avec cette scène sur l'argent disparu, Chaplin se moque de lui-même, de son âpreté fameuse, de sa hantise de se faire voler. Autant Charlot était sentimental, autant Chaplin l'est peu et il nous montre, pour la première fois, des rapports précis et vrais entre le roi et les femmes ; il n'y a plus de romance, plus de bouquets de fleurs sur la poitrine, mais Dawn Adams, une poupée américaine tellement excitante et allumeuse que le Roi lui saute dessus, littéralement. Tout ce qu'on connaît de la vie amoureuse de Chaplin aux Etats-Unis, les fillettes que des mères abusives lui jetaient dans les bras pour ensuite l'attaquer en justice et se procurer des rentes à vie, est résumé là en trois minutes.

Si *Un Roi à New York* n'est pas un film amusant, c'est que l'Amérique de McCarthy représente le monde où l'on s'ennuie. C'est un film autobiographique et sans complaisance, une tranche de vie plus douloureuse que d'autres car Chaplin a compris que le problème le plus angoissant de cette époque n'est pas la misère ou les méfaits du progrès, mais cette destruction organisée de la liberté dans le monde entier, bientôt acculé au mouchardage obligatoire.

« *L'œuvre d'art,* explique quelque part Jean Genet, *doit résoudre le drame et non l'exposer.* » Charlie Chaplin résout le drame, grâce à son secret qui s'appelle la lucidité.

*(1957)*

## QUI EST CHARLIE CHAPLIN ?

Charles Chaplin est le cinéaste le plus célèbre du monde, mais son œuvre a failli devenir la plus mystérieuse de l'histoire du cinéma. Au fur et à mesure qu'expiraient les droits d'exploitation de ses films, Chaplin en interdisait la diffusion, échaudé il faut le préciser, par d'innombrables rééditions-pirates et cela depuis le début de sa carrière ; les nouvelles générations de spectateurs arrivaient qui ne connaissaient *Le Kid, Le Cirque, Les Lumières de la Ville, Le Dictateur, Monsieur Verdoux, Limelight,* que de réputation *.

Depuis 1970, Chaplin a décidé de remettre en circulation la quasi-totalité de son œuvre et ce groupement permettra de suivre, exactement comme on marche sur les traverses d'une voie ferrée, le cheminement de sa pensée.

Pendant les années qui ont précédé l'invention du parlant, des gens dans le monde entier, principalement des écrivains, des intellectuels ont boudé et méprisé le cinéma dans lequel ils ne voyaient qu'une attraction foraine ou un art mineur. Ils ne toléraient qu'une exception, Charlie Chaplin, et je comprends que cela ait paru odieux à tous ceux qui avaient bien regardé les films de Griffith, de Stroheim, de Keaton. Ce fut la querelle autour du thème : le cinéma est-il un art ? Mais ce débat entre deux groupes d'intellectuels ne concernait pas le public qui d'ailleurs ne se posait même pas la question. Par son enthousiasme, dont les proportions sont difficiles à imaginer aujourd'hui — il faudrait transposer et étendre au monde entier le culte dont Eva Peron a été l'objet en Argentine —, le

(*) Ce texte est une variante de la préface au recueil de textes d'André Bazin : « Charlie Chaplin » (Editions du Cerf.)

public faisait de Chaplin au moment où se terminait la première guerre mondiale l'homme le plus populaire au monde.

Si je m'émerveille de cela, soixante ans après la première apparition de Charlot sur un écran, c'est que j'y vois une grande logique et dans cette logique une grande beauté. Dès ses débuts le cinéma a été pratiqué par des gens privilégiés même s'il ne s'agissait guère jusqu'en 1920 de pratiquer un art. Sans entonner le couplet, fameux depuis Mai 1968, du « cinéma art bourgeois » je voudrais faire remarquer qu'il y a toujours eu une grande différence, non seulement culturelle mais biographique, entre les gens qui font les films et ceux qui les regardent.

Charlie Chaplin, abandonné par son père alcoolique, a vécu ses premières années dans l'angoisse de voir sa mère emmenée à l'asile puis lorsqu'on l'y emmenait, dans la terreur de se faire rafler par la police ; c'est un petit clochard de neuf ans qui rasait les murs de Kennington Road, vivant ainsi qu'il l'écrit dans ses Mémoires « ...*dans les couches inférieures de la société.* » Si je reviens là-dessus qui a été si souvent décrit et commenté, à tel point peut-être qu'on a perdu de vue la crudité, c'est que l'on doit voir ce qu'il y a d'explosif dans la misère lorsqu'elle est totale. Quand Chaplin va entrer à la Keistone pour y tourner des films de poursuite, il courra plus vite et plus loin que ses collègues du music-hall car s'il n'est pas le seul cinéaste à avoir décrit la faim, il est le seul à l'avoir connue et c'est ce que ressentiront les spectateurs du monde entier lorsque les bobines vont commencer à circuler à partir de 1914.

Je ne suis pas éloigné de penser que Chaplin dont la mère est morte folle a frôlé lui-même l'aliénation et qu'il ne s'est tiré d'affaires que grâce aux dons de mime (qu'il tenait justement de sa mère). Depuis quelques années, on étudie plus sérieusement le cas des enfants qui ont grandi dans l'isolement, dans la détresse morale, physique ou matérielle et les spécialistes décrivent l'autisme comme un mécanisme de défense. Or, tout est mécanisme de défense dans les faits et gestes de Charlot. Lorsque Bazin explique que Charlot n'est pas anti-social mais asocial et qu'il aspire à entrer dans la société, il définit, presque dans les mêmes termes que Kanner, la différence entre le schizophrène et l'enfant autistique: « *Alors que le schizophrène essaie de résoudre son problème en*

*quittant un monde dont il faisait partie, nos enfants arrivent*
*progressivement au compromis qui consiste à tâter prudemment un*
*monde auquel ils ont été étrangers dès le début.* »

Pour m'en tenir à un seul exemple de décalage (le mot décalage
revient constamment sous la plume de Bazin comme sous celle de
Bruno Bettelheim lorsqu'il parle des enfants autistiques dans « La
Forteresse Vide »), je rapprocherai deux citations à propos du
rôle de l'objet :

« *L'enfant autistique a moins peur des choses et agira peut-être*
*sur elles puisque ce sont les personnes et non les choses qui*
*semblent menacer son existence. Cependant l'utilisation qu'il fait*
*des choses n'est pas celle pour laquelle elles furent conçues.* »
(BETTELHEIM).

« *Il semble que les objets n'acceptent d'aider Charlot qu'en*
*marge du sens que la société leur avait assigné. Le plus bel exemple*
*de ces décalages est la fameuse danse des petits pains où la*
*complicité de l'objet éclate dans une chorégraphie gratuite.* » (ANDRÉ
BAZIN).

Dans le vocabulaire d'aujourd'hui, on dirait de Charlot qu'il est
un « marginal » et, dans son genre, le plus marginal des marginaux.
Devenu l'artiste le plus célèbre et le plus riche du monde, il se
sent contraint par l'âge ou par la pudeur, en tout cas par la
logique, d'abandonner le personnage du vagabond mais il comprend
que les rôles d'hommes « installés » lui sont interdits ; il doit changer
de mythe mais rester mythique : alors il prépare un Napoléon, une
vie du Christ, renonce à ces deux projets et tourne *Le Dictateur,*
puis *Monsieur Verdoux* et *Le Roi à New York* via le Calvero de
*Limelight,* clown tellement déchu qu'il propose à un certain moment
à son impresario : « *Et si je continuais ma carrière sous un faux*
*nom ?* »

Charlie Chaplin a dominé et influencé cinquante ans de cinéma
au point qu'on le distingue nettement en surimpression derrière le
Julien Carette de *La Règle du Jeu* comme on distingue Henri Verdoux derrière *Archibald de la Cruz* et le petit barbier juif qui
regarde brûler sa maison dans *Le Dictateur* comme vingt-six ans
plus tard le vieux Polonais dans *Au Feu les Pompiers* de Milos
Forman.

Son œuvre se divise clairement en deux parties : a) le vagabond
b) l'homme le plus célèbre du monde. La première pose la question : est-ce que j'existe ? La seconde s'efforce de répondre à
celle-ci : qui suis-je ? Dans sa totalité, l'œuvre de Charlie Chaplin
tourne autour du thème majeur de la création artistique : l'identité.

*(1974)*

# John Ford

## QUE DIEU BENISSE JOHN FORD

John Ford était l'un des plus célèbres metteurs en scène du monde et cependant tout en lui, dans son comportement et ses propos, donne l'impression qu'il n'a jamais cherché cette célébrité ni même qu'il l'ait acceptée. Cet homme, qu'on nous décrit toujours comme bourru et secrètement tendre, était sûrement plus proche des personnages secondaires qu'il faisait jouer à Victor MacLaglen que des rôles principaux qu'interprétait John Wayne.

John Ford faisait partie de ces artistes qui ne prononcent jamais le mot art et de ces poètes qui ne prononcent jamais le mot poésie.

Ce que j'aime dans le travail de John Ford, c'est qu'il accorde toujours la priorité aux personnages. Pendant longtemps, étant journaliste, j'ai critiqué sa vision des femmes — que je trouvais trop dix-neuvième siècle — puis, devenu metteur en scène, je me suis rendu compte que, grâce à John Ford, une splendide actrice comme Maureen O'Hara a pu jouer quelques-uns des meilleurs rôles de femme du cinéma américain entre 1941 et 1957.

John Ford pourrait recevoir — ex aequo avec Howard Hawks — le prix de « la mise en scène invisible », je veux dire que le travail de la caméra chez ces grands raconteurs d'histoires n'est pas discernable pour l'œil du spectateur : très peu de mouvements d'appareils — seulement pour accompagner un personnage — une majorité de plans fixes, toujours filmés à la distance exacte, ce style créant une écriture souple et fluide que l'on peut comparer à celle de Guy de Maupassant ou de Tourgueniev.

Avec une aisance royale, John Ford savait faire rire le public et savait le faire pleurer ; la seule chose qu'il ne savait pas faire, c'est l'ennuyer !

Et puisque John Ford croyait en Dieu : God bless John Ford.

*(1974)*

# Fritz Lang

## FRITZ LANG EN AMERIQUE

A ceux qu'irrite l'admiration que les jeunes cinéphiles portent au cinéma américain, il faut faire remarquer que les meilleurs films hollywoodiens sont quelquefois signés de l'Anglais Hitchcock, du Grec Kazan, du Danois Sirk, du Hongrois Benedek, de l'Italien Capra, du Russe Milestone, des Viennois Preminger, Ulmer, Zinneman, Wilder, Sternberg et Fritz Lang !

Comme notre *Quai des Brumes* et beaucoup de films d'avant-guerre, *You only live once (J'ai le droit de vivre)* tourné en 1936, repose sur l'idée de destin et de fatalité. Lorsque l'action commence, nous trouvons Henry Fonda à sa sortie de prison, bien décidé à suivre le droit chemin après deux ou trois écarts véniels du genre vol de voiture. Il épouse la secrétaire de son avocat ; celui-ci lui a même procuré un travail comme chauffeur de camion.

*You only live once* est le récit d'un engrenage ; tout semble aller bien mais en vérité tout va mal et si Fonda, contre sa volonté, « repique au truc », s'il « tombe » à nouveau, ce n'est pas parce que « qui vole un œuf vole un bœuf », mais plutôt que la société a décrété que qui vole un œuf *DOIT* voler un bœuf. Autrement dit, les honnêtes gens, s'obstinant à ne voir en Fonda qu'un ancien bagnard, le renvoient au bagne, d'abord en le chassant d'un hôtel, puis de son emploi. Accusé d'un hold-up qu'il n'a pas commis, condamné à la chaise électrique, il s'évade au moment même où son innocence est enfin reconnue ; il tue le prêtre qui lui barrait le chemin, s'enfuit avec sa femme dans la forêt où tous deux mourront, tués par des policiers.

On voit que ce film est tout à la fois révolté et généreux, construit sur ce principe : les honnêtes gens sont des salauds. C'est en effet le premier devoir de l'artiste que de prouver la beauté de ce que l'on croyait laid et inversement. Fritz Lang, tout au long de *You only live once,* souligne la bassesse des personnages « sociaux » et la noblesse du couple « asocial ». N'ayant plus d'argent, Eddie et Joan feront le plein d'essence sans payer, sous la menace du revolver. Aussitôt après leur départ, le pompiste téléphone à la police faisant croire qu'ils ont emporté également le tiroir-caisse. Lorsque la voiture forcera un premier barrage de police, une balle qui aurait atteint Joan vient percer une boîte de lait condensé : le lait, c'est la pureté et leur pureté protège momentanément nos héros.

Joan accouche dans la forêt d'un enfant auquel ils ne songent pas à donner un prénom : « *Nous l'appelons le bébé.* » En effet, l'état civil est une invention de la société.

Tout cela ne va pas évidemment sans un certain romantisme mais, si le canevas de *You only live once* a vieilli, le film lui n'a pas une ride, grâce à son extraordinaire dépouillement, sa rigueur et aussi la sincérité de sa violence, surprenante aujourd'hui encore.

Depuis toujours, Fritz Lang règle ses comptes avec la société. Ses personnages principaux sont toujours en dehors, à côté. Le héros de *M (Le Maudit)* déjà était montré et filmé comme une victime. Lang en 1933 quitte brusquement l'Allemagne devant le nazisme ; dès lors toute son œuvre, y compris les westerns et les thrillers, se ressentira de cette cassure et, au thème de la persécution, viendra bientôt s'adjoindre celui de la vengeance. Plusieurs films hollywoodiens de Fritz Lang brodent sur ce canevas : un homme s'engage dans un combat de portée générale, en tant que policier, savant, soldat ou résistant ; la mort de quelqu'un de proche, une femme aimée, un enfant, rend le conflit individuel, affectif, et la cause s'éloigne dans l'arrière-plan au profit de la seule vengeance personnelle : *Man Hunt, Cloak and Dagger (Cape et Poignard), Rancho Notorious, The Big Heat,* etc.

Fritz Lang est obsédé par le lynchage, la justice sommaire, la bonne conscience et, son pessimisme gagnant à chaque film du terrain, son œuvre est devenue ces dernières années la plus amère de l'histoire du cinéma. D'où l'insuccès de ses derniers films. Il y eut le héros-victime, puis le héros-vengeur, il n'y a plus à présent que l'homme marqué par le péché. Il n'y a plus de personnages sympathiques dans les derniers Fritz Lang : *While the City Sleeps (La Cinquième Victime), Beyond a Reasonable Doubt (L'Invraisemblable Vérité);* tous sont des combinards, des arrivistes, des dépravés pour qui la vie est une piste de roller-catch.

Dans *Beyond a Reasonable Doubt,* Fritz Lang semble plaider en faveur du maintien de la peine de mort : Dana Andrews, journaliste, se laisse accuser d'un crime pour mener à bien une campagne journalistique contre la peine capitale. Il accumule tous les indices contre lui, se laisse condamner à mort. La veille de l'exécution, on reconnaît son innocence ; il est libéré mais, en parlant avec sa fiancée, il se trahit et celle-ci comprend qu'il avait effectivement tué une chorus-girl. L'idée de l'enquête journalistique lui était venue pour échapper au châtiment et brouiller les pistes. Sa fiancée n'hésite pas alors à le dénoncer ! On comprend que l'ensemble de la critique se soit indignée de ce scénario peu commun qui pourtant correspond assez bien aux préoccupations d'un homme que les événements mondiaux, le nazisme, la guerre, la déportation, le maccarthysme ont renforcé dans une révolte qui est devenue un immense dégoût.

A travers les histoires extravagantes qu'on lui propose et qu'il améliore, non pas dans le sens d'une plus fine psychologie, ni d'une plus grande vraisemblance, mais en les menant dans une direction propice à l'intrusion de ses obsessions, Fritz Lang s'exprime avec liberté et j'en sais davantage sur lui, ce qu'il est, ce qu'il pense, après avoir vu *While the City Sleeps* qui est une commande, que je n'en sais sur René Clément au sortir de *Gervaise,* film réussi et de qualité, mais dans lequel le décorateur, la vedette ou les dialoguistes ont la même importance que le réalisateur.

*While the City Sleeps* nous montre les faits et gestes d'une dizaine de personnages qui gravitent autour d'un grand journal.

Le directeur brusquement décédé, son fils, snob dégénéré et incompétent offre le poste à celui des trois candidats qui découvrira un étrangleur de jeunes femmes que Fritz Lang, qui cette fois rejette l'énigme policière, nous présente avant même le générique, en pleine activité. Ce qui est passionnant dans ce film, c'est le regard de Lang sur ses personnages : une dureté extrême, tous sont damnés ! Rien de moins mièvre et de moins sentimental, rien de plus cruel qu'une scène d'amour dirigée par Fritz Lang. Dana Andrews est ici un journaliste de valeur, le seul qui refuse de participer à la peu reluisante compétition ; vaut-il mieux, pour cela que les autres personnages ? Non pas. Voyez ses rapports avec sa fiancée, Sally Forrest. Elle est vierge et soucieuse de trouver un mari ayant une bonne situation ; Dana Andrews fait l'affaire, mais il est plus désireux d'en faire sa maîtresse que sa femme ; d'où son comportement fait de chantage sexuel implicite ; dans ses caresses, Andrews va un peu plus loin chaque fois. De son côté, Sally se laisse toucher les jambes parce qu'il ne faut tout de même pas le décourager complètement, mais pour le reste on verra ça après le mariage ! Finalement, Dana Andrews cédera, non sans avoir préalablement flirté assez vivement avec Ida Lupino, la commère du journal, femme « libre » celle-là qui n'aspire qu'à hausser son standing. Quant à la femme du patron, elle est censée rendre visite à sa mère chaque fois qu'elle va chez son amant. Au cours d'une scène de massage, elle doit mentir à son mari, à tel point qu'elle chausse des lunettes noires pour lui parler !

Fritz Lang multiplie les notations féroces sur chacun des personnages non dans un but satirique ou parodique mais par pessimisme. De tous les cinéastes allemands qui fuirent le nazisme en 1932, il est celui qui ne s'en « remettra » jamais, d'autant que l'Amérique, qui l'a cependant accueilli, semble lui répugner.

Pour Fritz Lang, il ne fait aucun doute que l'homme naît mauvais, et l'abominable tristesse qui se dégage de ses derniers films peut nous faire penser au *Nuit et Brouillard* d'Alain Resnais : « *Voilà tout ce qui nous reste pour imaginer cette nuit coupée d'appels, de contrôles de poux, nuit qui claque des dents. Il faut dormir vite. Réveils à la trique, on se bouscule, on cherche ses effets volés...* » Dans ce film extraordinaire, Resnais nous dit encore : « *On arrive même à s'organiser politiquement, à disputer*

aux droits communs *le contrôle intérieur de la vie du camp.* »
C'est notre plus grand écrivain, notre unique moraliste en tout cas,
Jean Genet lui-même, qui expliquera le mieux cette revanche du
« droit commun » sur l'honnête homme dans une conférence inter-
dite à la radio : L'ENFANT CRIMINEL : « *Les journaux montrent
encore des photographies de cadavres débordant des silos ou jonchant
les plaines, pris dans les ronces des barbelés, dans les fours crématoires ; ils montrent des ongles arrachés, des peaux tatouées, tannées
pour des abat-jour : ce sont les crimes hitlériens. Mais personne
ne s'est avisé que depuis toujours, dans les bagnes d'enfants, dans
les prisons de France, des tortionnaires martyrisent des enfants et
des hommes. Il n'est pas important de savoir si les uns sont innocents
et les autres coupables au regard d'une justice plus qu'humaine ou
seulement humaine. Aux yeux des Allemands, les Français étaient
coupables... Ces braves gens applaudissaient, qui sont aujourd'hui
un nom doré sur le marbre, quand nous passions menottes aux poi-
gnets et qu'un flic nous bourrait les côtes.* »

C'est très précisément cette idée, personne ne peut juger personne,
tout le monde est coupable, tout le monde est victime, qu'illustre,
avec quel génie obstiné, l'œuvre de Fritz Lang dont *You only live
once* est l'une des plus importantes charnières.

Le style de Fritz Lang ? Un mot pour le qualifier : inexorable.
Chaque plan, chaque mouvement d'appareil, chaque cadrage, chaque
déplacement d'acteur, chaque geste a quelque chose de décisif et
d'inimitable. Un exemple ? Ce plan de *You only live once* où Fonda
en prison demande à sa femme, derrière la vitre d'un judas, de
lui procurer un revolver. Feutrant sa voix, mimant en l'exagérant
l'articulation de la bouche, crispant les mâchoires, Fonda ne nous
laisse entendre que les consonnes de la phrase : « *Get me a
gun* » ; on perçoit seulement le cliquetis que font dans cette phrase
les deux *g* et le *t,* tout cela avec un regard d'une intensité extraordinaire.

Il faut donc voir ou revoir *You only live once* et plus impérieusement encore les derniers films de Fritz Lang à la lumière de
celui-là, car cet homme n'est pas seulement un artiste génial, mais
aussi le plus isolé et le plus incompris des cinéastes contemporains.

*(1958)*

# Frank Capra

## FRANK CAPRA, LE GUERISSEUR

Metteur en scène des admirables films muets d'Harry Langdon, Frank Capra a trouvé la gloire avec *It happened one night (New-York-Miami)*, film cent fois copié par la suite. L'œuvre complète de Capra est malheureusement mal connue en France à cause de la mauvaise circulation des copies mais je garde cependant un assez fort souvenir de *Mr Deeds goes to town, You can't take it with you, Mr Smith goes to Washington* (déjà Watergate, trente-cinq ans avant !), *Meet John Doe* et *It's a wonderful life,* pour me rendre compte que ce grand cinéaste a exercé une influence considérable à travers le monde, influence dont on peut retrouver la trace dans le travail de mise en scène du young boy director anglais Alfred Hitchcock (avant 1940), dans celui du jeune Suédois Ingmar Bergman (dans sa période de comédies conjugales avant 1955).

Frank Capra est le dernier survivant du carré d'as de la comédie américaine : Leo Mac Carey, Lubitsch et Preston Sturges. Cet Italien, natif de Palerme, a su amener dans les studios hollywoodiens les secrets de la commedia dell'arte, il est le navigateur qui connaissait le mieux l'art d'entraîner ses personnages au plus profond des situations humaines désespérées (j'ai souvent pleuré en regardant les moments tragiques des comédies de Capra) avant de redresser

la barre et de faire s'accomplir le miracle qui nous permettait de
quitter la salle en reprenant confiance dans la vie.

Le durcissement de la vie sociale après la fin de la guerre, la
généralisation de l'égoïsme, l'obstination des milliardaires à croire
qu'ils « l'emporteront avec eux », ont rendu ces miracles de plus en
plus improbables mais, face à l'angoisse humaine, au doute, à
l'inquiétude, à la lutte pour la vie quotidienne, Capra avait été une
sorte de guérisseur, c'est-à-dire un adversaire de la médecine offi-
cielle et ce bon docteur était aussi un grand metteur en scène.

*(1974)*

# Howard Hawks

## *SCARFACE*

Si *Scarface* n'est pas un film méconnu et figure en bonne place dans les histoires du cinéma, son auteur, Howard Hawks, n'en est pas moins devenu le plus sous-estimé des cinéastes hollywoodiens. Non, *Scarface* ne fut pas un « coup de chance » et ses beautés évidentes ne doivent pas nous faire oublier celles plus secrètes de *Big Sleep* ou de *Red River* ou de *Big Sky*. Entrepris en 1930, *Scarface* abonde en trouvailles sonores. Il s'agit de la biographie romancée d'Al Capone et de ses acolytes.

N'oublions pas que Howard Hawks est un moraliste ; loin de marquer de la sympathie pour ses personnages, il les accable de tout son mépris ; pour lui, Tony Camonte est un abruti, un dégénéré et, très délibérément, il a dirigé Paul Muni de manière à le faire ressembler à un singe, les bras en demi-cercles, le visage grimaçant. On remarquera dans la mise en scène de *Scarface* le thème des croix (sur les murs, sur les portes, par les éclairages, etc.), obsession visuelle qui, à la manière d'un motif musical, « orchestre » la balafre de Tony en évoquant la mort. Le plus beau plan de l'histoire du cinéma est sans doute celui de la mort de Boris Karloff dans ce film ; pour lancer une boule dans le jeu de quilles, il fléchit les jambes mais ne se relèvera pas puisqu'une rafale de mitraillette achève son affaissement ; la caméra alors rattrape la boule que l'on voit renverser toutes les quilles *sauf une* qui tournoie longtemps avant de tomber à son tour, exactement comme Boris Karloff qui était le dernier survivant d'une bande rivale décimée par Paul Muni. Ce n'est pas de la littérature, c'est peut-être de la danse, peut-être de la poésie, du cinéma sûrement.

*(1954)*

## GENTLEMEN PREFER BLONDES

Les gens qui ont pour métier, ou pour passion, de voir des films et d'en parler, ont depuis deux semaines un sujet de préoccupation qui les divise : *Gentlemen Prefer Blondes (Les Hommes préfèrent les Blondes),* film américain en technicolor de Howard Hawks, est-il une œuvre intellectuelle ou une pochade ?

Pour mémoire, je citerai d'abord quelques titres jalons de la carrière de ce cinéaste au prestigieux passé et au présent contesté : *Scarface, Only Angels have wings (Seuls les Anges ont des ailes), Sergeant York, Bringing Up Baby (Mademoiselle et son Bébé), I Was a Male War Bride (Allez coucher ailleurs), Red River (La Rivière Rouge), The Big Sky (La Captive aux Yeux Clairs), Monkey Business (Chérie, je me sens rajeunir).* Howard Hawks est le seul metteur en scène avec qui William Faulkner ait accepté de travailler. Son œuvre se divise en films d'aventures et en comédies. Les premiers font l'éloge de l'homme, célèbrent son intelligence, sa grandeur physique et morale. Les seconds témoignent de la dégénérescence et de la veulerie de ces mêmes hommes au sein de la civilisation moderne. Howard Hawks est donc, à sa manière, un moraliste et *Gentlemen Prefer Blondes,* bien loin d'être un divertissement cynique et aimable, est une œuvre méchante et rigoureuse, intelligente et impitoyable.

On connaît l'anecdote, sa minceur apparente : Lorelei la blonde (Marilyn Monroe) et Dorothy la brune (Jane Russell) avancent

dans la vie, entraînant dans leur sillage une brochette de milliardaires dévotement admiratifs. Lorelei aime par-dessus tout les diamants et Dorothy les muscles masculins. Après bien des péripéties,
elles épouseront, sur le bateau qui les ramène en Amérique, l'une
un milliardaire quelque peu abruti, l'autre un viril mais désargenté
serviteur de la loi. On ne rit guère à ce film. Non que le scénario
ou la mise en scène soient faibles, bien au contraire, mais le rire
se bloque dans la gorge, l'amusement devient gêne et c'est ici que
la thèse « film intellectuel » risque bien de triompher. A travers
tous ses films, drames ou comédies, westerns ou thrillers, Howard
Hawks a pour principe « d'aller toujours jusqu'au bout », et bien
des scènes qui peuvent sembler mièvres au départ, poussées ici
à leur ultime aboutissement logique, deviennent du même coup
monstrueuses.

C'est alors que Lorelei et Dorothy cessent d'être des personnages pour devenir plus encore que des symboles, des entités : elles
sont *la* blonde et *la* brune, la rapacité et la luxure, la frigide et la
nymphomane. Les intentions réelles des auteurs (Charles Lederer,
scénariste habituel de Hawks et Hawks lui-même) deviennent assez
visibles dans deux scènes centrales qui atteignent un tel délire, une
telle abstraction, que deux ballets et deux chansons ne suffisent pas à
justifier leur irréalité. C'est d'abord une longue séquence dans la
piscine du navire où Jane Russell chante au milieu d'une vingtaine
d'athlètes en slip, tendant à l'adresse de Dorothy les muscles de leurs
bras, faisant valoir leur personne physique sous le prétexte de
tractions des bras, etc. La seconde scène représente Marilyn Monroe
chantant « *Le meilleur ami de la femme c'est le diamant* »,
entourée de cinq éphèbes en smoking, tenant dans leur main droite
une rivière de diamants et dans la main gauche un revolver dont ils
se tireront une balle dans la tête après que Marylin les a souffletés
de son éventail diamanté. C'est au cours de la même scène que les
éclairages rouges s'estompent brutalement pour laisser la place à
un unique projecteur diffusant une lumière d'église, et qu'aussitôt
les vingt messieurs se jettent à genoux dans une pose extatique.
Je citerai enfin comme significatif ce plan où Lorelei, qui vient de
se faire offrir une tiare de diamants, la cache dans son dos en la
tenant bien horizontalement comme pour couronner du même coup
l' « objet » de ses efforts ou plutôt son instrument de travail.

Cet éclatement des genres, à quoi s'emploient bien des artistes modernes, nul mieux que Hawks dans le domaine du cinéma ne le réussit et je n'en donnerai pour preuve que ce sketch burlesque adapté d'O'Henry que la « Century-Fox » retira de l'exploitation parce qu'il ne faisait rire personne. L'anecdote en était singulièrement riche et typique de Hawks par les thèmes qui lui sont chers de l'enfant-monstre et des adultes infantiles : des kidnappers s'emparaient d'un gosse, lequel se révélait si odieux qu'ils offraient vainement de l'argent à ses parents pour le restituer.

En conclusion, le comique de Hawks, quelle que soit l'étiquette qu'on lui colle, apparaît donc comme neuf et original, régi par des lois qui relèvent davantage d'une bonne mécanique de l'absurde que des impératifs commerciaux. Que l'on rie à ce film ou que l'on y grince des dents, on ne peut en tout cas s'y ennuyer.

*(1954)*

## LAND OF THE PHARAOHS

L'action se déroule 2 800 ans avant Jésus-Christ, sous la VI$^e$ dynastie ; Chéops, le grand Pharaon, entreprend de faire construire la pyramide qui sera son tombeau. Le film fait le récit de ce travail qui n'exigea pas moins de vingt années. Plusieurs générations d'ouvriers y consacrèrent leur existence et les « accidents du travail » ne se comptèrent pas.

Si *Land of the Pharaohs (La Terre des Pharaons)* n'est pas le meilleur film de Howard Hawks, c'est en tout cas le premier qui aborde un tel sujet, un tel cadre, une telle époque, sans tomber dans le ridicule inhérent à l'égyptomanie hollywoodienne.

Au générique, un nom prestigieux : celui de William Faulkner, qui a participé à l'élaboration du scénario et à l'écriture des dialogues. Le point fort de ce scénario c'est que tous les thèmes, toutes les incidences se ramènent d'une manière ou d'une autre à la construction de la pyramide, évitant ainsi le double piège de la dispersion et du pittoresque facile. Ici, pas de coupes empoisonnées, pas d'orgies et pas de mièvrerie. L'architecte Valsthar invente de disposer les blocs de pierre de la pyramide de telle façon qu'une fois Chéops mort, enfermé, au centre, avec les siens, (bien vivants, eux !), il suffira de briser deux poteries pour que s'écoule le sable qui libèrera l'ensemble. Cette idée, éventuellement faulknérienne, du travail de vingt années qui se parachève en quelques instants par une vague de sable, montre assez bien qu'il ne s'agit pas, avec *Land of the Pharaohs* d'une variante de *The Egyptian* ou de *The Ten Commandments*.

Le procédé Warnercolor n'est pas ici très satisfaisant, mais le Cinémascope une fois de plus nous comble ; ne serait-ce qu'en nous restituant, lors des scènes à grandes figurations, un peu des fresques célèbres qui nous montrent les « ouvriers » taillant la pierre à petits coups, le corps de face, les membres et le visage de profil.

Dans un genre que l'on a souvent à juste titre décrié, *Land of the Pharaohs* apporte de la nouveauté et de l'intelligence.

*(1955)*

# Joseph Von Sternberg

## JET PILOT

*Jet Pilot (Les Espions s'amusent)* est un film de propagande antisoviétique réalisé en 1950 par Joseph von Sternberg, le prestigieux metteur en scène de *L'Ange Bleu, Underworld (Les Nuits de Chicago), Shanghaï Gesture, The Saga of Anathan,* etc.

C'est une comédie américaine classique sur le thème de *Ninotchka :* l'idylle entre un aviateur américain et une aviatrice russe, la conversion de celle-ci aux joies du monde capitaliste ; c'est un film antipathique parce qu'il n'est inspiré par aucune idéologie, il vise simplement à démontrer que l'aviation américaine est la meilleure et que la vie en Russie est cauchemardesque ; voilà donc de l'antisoviétisme, le pire, destiné à flatter le portefeuille des habitués de night-clubs. Pour l'austère et précieux von Sternberg, ce fut une « commande » qu'il renie à présent puisque le « montage » fut effectué sans lui et contre lui, plusieurs années après le tournage, le producteur Howard Hughes, passionné d'aviation, étant le plus capricieux et le plus tyrannique des financiers hollywoodiens. Et cependant ce film est réussi, ce film est beau.

Il s'agissait, pour le producteur Howard Hughes, de satisfaire essentiellement trois de ses passions du moment : l'aviation, Janet Leigh et l'anticommunisme. On peut dire que ces trois vœux furent exaucés — et sans doute au-delà de ses espoirs — car *Jet Pilot* est l'un des meilleurs films d'aviation réalisés à ce jour, Janet Leigh y est sublime et l'anticommunisme d'une rare perfidie.

Janet Leigh, grande aviatrice soviétique, atterrit chez les Américains et feint d'avoir choisi la liberté. John Wayne, grand pilote américain, est chargé de la courtiser et de lui soutirer toutes sortes de renseignements militaires. Deuxième acte : Janet Leigh n'était qu'une espionne ; on s'apprête à l'expulser des Etats-Unis, John Wayne, réellement amoureux, l'épouse et s'enfuit avec elle en Russie. Troisième acte : là-bas c'est l'enfer ou guère mieux. John Wayne, ne voulant pas donner les renseignements sur l'aviation U.S., subit un lessivage de cerveau comparable à celui décrit par Lajos Ruff dans « *L'Express* ». Avant qu'il ne soit trop tard, Janet et John s'enfuient vers l'Amérique, pourchassés par toute l'aviation soviétique, mais le dernier plan nous rassure qui nous les montre amoureux, à Palm Spring, attablés devant un hamburger steak.

Pourquoi *Jet Pilot* est-il un bon film, *quand même ?* Parce que les scènes entre Janet Leigh et John Wayne sont conduites avec un art, une invention, une intelligence de toutes les images ; parce que l'érotisme de ce film est le plus insidieux, le plus subtil, le plus efficace et le plus raffiné qui soit. Je n'oublierai pas la scène au cours de laquelle John Wayne doit fouiller Janet Leigh emmitouflée dans une combinaison molletonnée avec poches obliques sur la poitrine et sur le bas ventre, je n'oublierai pas le moment où, balançant son pied, l'aviatrice envoie par l'entrebâillement de la porte sa petite culotte à inspecter, je n'oublierai pas Janet en chemise de nuit, en avion, en Russie, partout Janet au meilleur de ses formes. Mais, on le savait déjà, les femmes c'est l'affaire de Sternberg ; contraint de filmer *aussi* des avions et pendant la moitié du film, il a su les « humaniser » avec une maîtrise par moment bouleversante ; lorsque l'appareil piloté par Janet Leigh apparaît dans le ciel, volant à côté de l'avion piloté par John Wayne, et que l'on entend intelligiblement en plein ciel le dialogue amoureux qu'ils échangent par radio, nous sommes envahis par une émotion parfaitement pure, créée par des moyens poétiques ; tant d'invention et de beauté nous prennent à la gorge. Le propos du film, je le répète, est imbécile et propagandiste mais Sternberg le contourne constamment et les larmes nous viennent aux yeux devant tant de beauté, quand, par exemple, l'avion mâle et l'avion femelle se cherchent, se trouvent, se superposent, s'agitent, se calment et volent enfin côte à côte ; oui, dans ce film, réellement, les avions font l'amour.

*(1958)*

(P.S.) L'année suivante (1951), Howard Hughes fit de nouveau appel à Von Sternberg pour diriger, dans *Macao*, l'actrice Jane Russell, que le producteur-aviateur avait découverte, dirigée et lancée avec *The Outlaw (Le Banni)*. Mécontent des premières prises de vues — Von Sternberg sera éliminé et remplacé par Nick Ray — et paraphrasant sans le savoir Guillaume Apollinaire : « Tes seins sont les seuls obus que j'aime », Hughes montre, dans le Memo suivant (révélé par Noah Dietrich dans son livre : « Howard, the amazing Mr. Hughes ») que les soutiens-gorge d'une actrice exigent la même précision qu'un moteur d'avion :

« J'estime que les toilettes de (Jane) Russell, telles qu'elles apparaissent dans l'essai, sont bougrement affreuses. Peu seyantes, elles cachent tout et, dans l'ensemble, un mot les qualifie : horribles.

« Une exception cependant : la robe en tissu métallisé qui est vraiment formidable. On doit à tout prix l'utiliser.

« Mais sur la poitrine, elle ne va pas du tout et laisse croire — Dieu me pardonne ! — que les seins sont rembourrés ou faux. C'est simple, leur ligne ne paraît pas du tout naturelle. On dirait qu'elle porte un soutien-gorge en tissu rigide qui n'épouse pas leur forme. Plus particulièrement autour des mamelons, cela donne l'impression qu'on a placé une espèce de toile raide sous la robe, et le contour paraît artificiel et non naturel.

« Je ne recommande pas la suppression du soutien-gorge, car je sais que cette pièce de lingerie est très nécessaire à Russell. Mais je pense qu'un demi-soutien-gorge lui maintiendrait les seins tout en restant invisible sous la robe ou encore un soutien-gorge très léger, en tissu très fin, qui laisserait voir la forme naturelle de la poitrine sous la robe aurait beaucoup plus d'efficacité...

« D'autre part, il serait très utile de placer dans le soutien-gorge ou dans la robe quelque chose qui pointe à l'endroit où se trouvent les mamelons car, je le sais bien, chez Russell, ils n'apparaissent pas naturellement. Là, ses seins semblent tout ronds, ou plats, si bien qu'un artifice se révélerait souhaitable à cet endroit, si on peut l'incorporer sans détruire la ligne générale de la poitrine. L'ennui, dans l'état actuel des choses, est qu'à l'emplacement théorique de ces mamelons, on en voit saillir plusieurs, ce qui n'est pas du tout naturel. De même, la silhouette du sein, de la pointe aux attaches sur le corps, est trop conique, elle fait songer à un objet fabriqué mécaniquement.

« C'est difficile à expliquer, mais en voyant le film, je crois que vous comprendrez ce que je veux dire.

« Vous avez compris que toutes les observations ci-dessus se rapportent à la robe en tissu métallisé. Elles valent cependant pour toutes les autres toilettes qu'elle porte dans le film et je voudrais que l'on suive ces directives pour toute sa garde-robe... Néanmoins, je veux que, dans la mesure du possible, toutes les autres soient décolletées (et par là, j'entends aussi bas que la loi le permet) afin que les clients qui paient pour voir cette partie de Russell puissent la regarder autrement que couverte d'étoffe, métallisée ou non. »

# Alfred Hitchcock

## *REAR WINDOW*

Il y a deux sortes de metteurs en scène : ceux qui tiennent compte du public en concevant puis en réalisant leurs films et ceux qui n'en tiennent pas compte. Pour les premiers, le cinéma est un art du spectacle, pour les seconds, une aventure individuelle. Il n'y a pas à préférer ceux-ci ou ceux-là, c'est ainsi. Pour Hitchcock comme pour Renoir, comme d'ailleurs pour presque tous les metteurs en scène américains, un film n'est pas réussi s'il n'a pas de succès, c'est-à-dire s'il ne touche pas le public à qui l'on a constamment pensé depuis le moment où l'on a choisi le sujet jusqu'au terme de la réalisation. Alors que Bresson, Tati, Rossellini, Nicholas Ray, tournent les films à leur manière et demandent ensuite au public de vouloir bien entrer « dans leur jeu », Renoir, Clouzot, Hitchcock, Hawks font leurs films pour le public, en se posant continuellement des questions afin d'être certains d'intéresser les futurs spectateurs.

Alfred Hitchcock, qui est un homme remarquablement intelligent, s'est habitué très tôt, dès le début de sa carrière anglaise, à envisager tous les aspects de la fabrication des films. Il s'est appliqué toute sa vie à faire coïncider ses goûts avec ceux du public, forçant sur l'humour dans sa période anglaise, forçant sur le « suspense »

dans sa période américaine. C'est ce dosage de suspense et d'humour
qui a fait d'Hitchcock un des metteurs en scène les plus commerciaux au monde (ses films rapportent régulièrement quatre fois
ce qu'ils ont coûté) mais c'est sa grande exigence vis-à-vis de lui-
même et de son art qui fait de lui, également, un grand metteur
en scène.

Ce n'est pas en résumant l'intrigue de *Rear Window* que l'on
peut faire apparaître la totale nouveauté de l'entreprise, irracontable
en sa complexité. Cloué sur sa chaise longue à la suite d'une
jambe cassée, le reporter-photographe Jeffrie (James Stewart)
observe, par la fenêtre, le comportement de ses voisins. Un beau
jour, il acquiert la conviction que l'un d'eux a tué sa femme
irascible, odieuse et malade. L'enquête qu'il mène, bien qu'immo-
bilisé dans le plâtre, est un peu le sujet du film. Il faudrait parler
aussi d'une prestigieuse jeune femme (Grace Kelly) qui aimerait
bien épouser Jeffrie et aussi des voisins d'en face un par un. Il y a
le ménage sans enfant que vient bouleverser la mort d'un petit
chien « empoisonné », la demoiselle quelque peu exhibitionniste,
une esseulée et un compositeur maudit qui sur la fin uniront leurs
deux tentations de suicide et fonderont peut-être un foyer, les jeunes
époux qui font l'amour à longueur de journée et enfin l'assassin et
sa victime.

Je vois bien qu'ainsi résumé, le scénario doit sembler plus astucieux que profond et cependant j'ai la conviction que ce film est
l'un des plus importants des dix-sept que Hitchcock a tournés à
Hollywood, l'un des rares en tout cas à ne contenir aucune faille,
aucune faiblesse, aucune concession. Par exemple, il est évident
que tout dans le film tourne autour de l'idée de mariage. Lorsque
Grace Kelly s'introduira dans l'appartement du criminel présumé,
la preuve qu'elle est venue y chercher est une alliance, celle de la
femme assassinée ; Grace Kelly se la passe au doigt tandis que,
de l'autre côté de la cour, James Stewart suit ses mouvements
avec les jumelles. Mais rien n'indique à la fin du film qu'ils s'épouseront et *Rear Window*, au-delà du pessimisme, est un film cruel.
Stewart, en effet, ne braque ses jumelles sur ses voisins que pour
les saisir dans leurs moments de déchéance, lorsqu'ils se trouvent
dans des postures ridicules, lorsqu'ils apparaissent grotesques ou
même odieux.

La construction du film est très nettement musicale où plusieurs thèmes s'imbriquent et se répondent parfaitement, ceux du mariage, du suicide, de la déchéance et de la mort, baignés dans un érotisme très raffiné (la sonorisation des baisers est extraordinairement précise et réaliste). L'impassibilité de Hitchcock, son « objectivité » ne sont qu'apparentes ; c'est dans le traitement du scénario, la mise en scène, la direction d'acteurs, les détails et surtout un ton très insolite participant du réalisme, de la poésie, de l'humour macabre et de la pure féerie que se révèle une idée du monde qui frôle la misanthropie.

*Rear Window* est le film de l'indiscrétion, de l'intimité violée et surprise dans son caractère le plus infâmant, le film du bonheur impossible, le film du linge sale qui se laverait dans la cour, le film de la solitude morale, une extraordinaire symphonie de la vie quotidienne et des rêves détruits.

On a souvent parlé de sadisme à propos de Hitchcock. Je crois que la vérité est plus complexe et que *Rear Window* est le premier film où notre auteur se trahit à ce point. Pour le héros de *Shadow of a Doubt,* le monde était une porcherie. Il me semble aujourd'hui que c'est Hitchcock lui-même qui s'exprimait ainsi derrière son personnage. Qu'on ne dise pas que j'extrapole, la sincérité dans *Rear Window* éclate à chaque plan, d'autant que le ton, toujours plus grave des films de Hitchcock, va exactement à l'encontre de leur intérêt spectaculaire, donc commercial. Oui, il s'agit bien de l'attitude morale d'un auteur qui regarde le monde avec la sévérité excessive d'un puritain sensuel.

Alfred Hitchcock a acquis une telle science du récit cinématographique qu'il est devenu en trente années beaucoup plus qu'un bon conteur d'histoires. Comme il aime passionnément son métier, qu'il n'arrête plus de tourner et qu'il a résolu depuis longtemps les problèmes de la mise en scène, il doit, sous peine de s'ennuyer et se répéter, s'inventer des difficultés supplémentaires, se créer des disciplines nouvelles, d'où l'accumulation dans ses films récents de contraintes passionnantes et toujours brillamment surmontées.

Ici, le défi c'est d'avoir tourné le film en unité de lieu, du seul point de vue de James Stewart. Nous ne voyons que ce qu'il voit, d'où il le voit, en même temps que lui. Ce qui pourrait être un pari austère et théorique, un exercice de froide virtuosité, est en réalité un spectacle fascinant par l'invention constante qui nous cloue sur notre fauteuil aussi solidement que James Stewart bloqué par sa jambe plâtrée.

Cependant, devant un tel film, si étrange et si neuf, on oublie un peu cette virtuosité étourdissante ; chaque plan est, à lui seul, une gageure victorieusement tenue ; l'effort de renouvellement, de nouveauté affecte aussi bien les mouvements d'appareils, les trucages, les décors, que la couleur. (Ah ! les lunettes dorées de l'assassin, éclairées dans le noir par la lueur intermittente d'une cigarette !)

Qui a parfaitement et totalement compris *Rear Window* (c'est impossible en une seule vision) peut s'indigner et refuser d'entrer dans un jeu dont la noirceur des personnages est la règle, mais il est si rare de trouver dans un film une idée du monde aussi précise qu'on doit s'incliner devant la réussite qui est indiscutable.

Pour clarifier *Rear Window,* je propose cette parabole : la cour c'est le monde, le reporter-photographe c'est le cinéaste, les jumelles figurent la caméra et ses objectifs. Et Hitchcock dans tout cela ? Il est l'homme dont on aime se savoir haï.

*(1954)*

## TO CATCH A THIEF

John Robie (Gary Grant) cambrioleur américain installé en France avant la guerre, avait mis au point une technique du cambriolage tellement personnelle qu'on reconnaissait sur chaque hold up la griffe de celui que, faute de pouvoir l'identifier, on avait surnommé *Le Chat.* Finalement emprisonné, Robie mit à profit le bombardement accidentel de la prison pour s'évader, gagner le maquis et devenir un héros de la Résistance.

L'action du film commence quelques années plus tard, lorsque John Robie s'est définitivement retiré des affaires pour vivre —

confortablement — du produit de ses anciens vols dans une villa de Saint-Paul-de-Vence.

Sa tranquillité, bientôt, se trouve compromise par des vols de bijoux dans les palaces de la Côte d'Azur, commis par une main aussi experte que la sienne et dans le style qui fut le sien.

Soupçonné, dérangé dans sa retraite et dans ses habitudes, *l'ex-Chat*, pour retrouver la paix, entreprend de démasquer lui-même le voleur plagiaire qui tient la police en échec ; pour mener à bien sa chasse à l'imitateur, il doit recourir à une dialectique que n'eût pas désavouée Arsène Lupin : « Pour démasquer le nouveau Chat, je dois le prendre la main dans le sac sur les lieux de son prochain vol ; pour deviner quelle sera sa première victime et puisqu' « il » raisonne en s'imaginant « à ma place », il me suffit de réfléchir à ce que j'aurais fait autrefois, à ce que je ferais maintenant si j'étais à sa place, c'est-à-dire, en somme, à la mienne. »

Bien entendu John Robie triomphera.

Si j'ai cru utile de raconter dans son détail l'intrigue policière de *To Catch a Thief (La Main au Collet)*, c'est pour montrer qu'en dépit des apparences, Alfred Hitchcock, une fois de plus, reste absolument fidèle aux thèmes qui lui sont propres de la réversibilité, du délit échangé, de l'identification morale et presque physique entre deux êtres.

Sans rien vouloir révéler du dénouement policier de *To Catch a Thief,* je suis convaincu que ce n'est pas par hasard que Brigitte Auber, dans ce film, ressemble à Gary Grant, et qu'elle porte un maillot identiquement rayé ; bleu et blanc pour Gary Grant, rouge et blanc pour Brigitte Auber ; Gary Grant est coiffé avec la raie à droite et Brigitte Auber avec la raie à gauche. Ils sont semblables tout en étant le contraire l'un de l'autre, pour la bonne symétrie de l'œuvre, symétrie qui se prolonge jusque dans les détails de l'intrigue.

*To Catch a Thief* n'est pas un film noir, le « suspense » y a peu de place ; le cadre change mais le fond reste le même et les mêmes rapports lient les uns aux autres les personnages comme ceux de *I Confess* ou de *Strangers on a Train (L'Inconnu du Nord-Express).*

Ce n'est pas par hasard que j'ai mentionné plus haut Arsène Lupin car le nouveau film d'Hitchcock est élégant, humoristique, sentimental jusqu'à l'amertume un peu à la manière de *813* ou de *L'Aiguille Creuse*. Bien sûr, il s'agit d'une comédie policière dont les répliques font rire, mais il n'en demeure pas moins que l'idée directrice de Hitchcock l'a conduit à adopter la formule de Jacques Becker pour *Touchez pas au Grisbi* : les voleurs sont fatigués. Le personnage admirablement joué par Gary Grant est désabusé, fini. Son dernier travail, qui le contraint à utiliser sa technique de voleur à des fins quasi policières, comble sa nostalgie de l'action. On pourra s'étonner de ce que je vois dans *To Catch a Thief* un film pessimiste ; il suffit, pour s'en rendre compte, d'écouter la musique tristement mélodique de Georgie Auld et Lyn Murray, et d'observer le jeu très inhabituel de Gary Grant.

Comme dans *Dial M for Murder (Le Crime était presque parfait)* et *Rear Window (Fenêtre sur Cour)*, Alfred Hitchcock utilise Grace Kelly dans un sens critique ; elle compose ici le personnage d'une superbe Marie-Chantal yankee et c'est elle qui finalement met la main au collet de Gary Grant en se faisant épouser de force.

J'ai lu qu'on reproche ici ou là le manque de réalisme de *To Catch a Thief* mais justement, sur les rapports d'Alfred Hitchcock avec le réalisme, André Bazin a écrit ces lignes remarquables : « *Hitchcock ne triche pas avec le spectateur ; du simple intérêt dramatique à l'angoisse, notre curiosité n'est pas requise par l'imprécision des menaces. Il ne s'agit pas d'une « atmosphère » mystérieuse d'où tous les périls peuvent sortir comme l'orage, mais d'un déséquilibre comme serait celui d'une lourde masse d'acier qui commence à glisser sur une pente trop lisse, et dont on pourrait aisément calculer l'accélération future. La mise en scène serait alors l'art de ne montrer la réalité que dans ces moments où la perpendiculaire abaissée du centre de gravité dramatique va sortir du polygone de sustentation, en dédaignant aussi bien l'ébranlement initial que le fracas final de la chute. Je verrais volontiers, quant à moi, la clef du style d'Hitchcock, ce style si indiscutable qu'on reconnaît au premier coup d'œil le plus banal photogramme de ses films, dans la qualité admirablement déterminée de ce déséquilibre.* »

Pour maintenir tout au long d'un film ce déséquilibre qui engendre une tension nerveuse, Hitchcock doit naturellement sacrifier toutes les scènes indispensables à un film psychologique (scènes de liaison, d'exposition et de dénouement), d'autant qu'il s'ennuierait mortellement à les tourner. Hitchcock se trouve ainsi amené à négliger la vraisemblance des intrigues et même à haïr cette vraisemblance surtout, depuis qu'il se trouve toute une génération de spectateurs faussement évolués qui n'admettent de scénarios que crédibles « historiquement », « sociologiquement » et « psychologiquement ».

Alfred Hitchcock a ceci de commun avec Renoir, Rossellini, Orson Welles et quelques autres grands cinéastes que la psychologie est le cadet de ses soucis. Mais où le maître du suspense rejoint le réalisme, c'est dans la réalité, l'exactitude et la justesse des effets à l'intérieur de scènes invraisemblables. Dans *To Catch a Thief,* trois ou quatre invraisemblances de base sautent aux yeux de qui veut les voir et cependant jamais il n'y eut une telle précision dans chaque image !

Versons une belle pièce au dossier : alors que Hitchcock était rentré à Hollywood pour diriger les scènes en studio de *To Catch a Thief,* ses assistants, demeurés en France, filmaient sur la Côte d'Azur les « transparences ». Voici le texte d'un télégramme qu'il expédia de Hollywood à son assistant, resté à Nice, pour lui faire recommencer un plan qui, sur l'écran, dure deux secondes, trois au maximum :

« *Cher Herby. Vu plan où auto évite autobus arrivant. Ai peur*
« *cela ne fasse pas effet pour raisons suivantes : parce que nous la*
« *caméra prenant le virage l'autobus débouche si soudainement*
« *qu'il est déjà passé avant que réalisation danger. Deux corrections*
« *à faire. — Première : nous devrions avancer le long route droite*
« *avec virage au bout de façon à être avertis du virage avant y*
« *arriver. Quand nous atteignons virage, nous devrions être cho-*
« *qués de trouver autobus apparaissant et venant droit sur nous*
« *car le virage étant serré, l'autobus devrait être déporté sur sa*
« *gauche mais nous la caméra ne devrions jamais prendre le*
« *virage à la corde. — Seconde : dans le plan projeté, seule la*
« *moitié autobus apparaît sur écran. Je réalise que ceci est dû*
« *à ce que vous faites une embardée. Cette erreur peut être*
« *corrigée en gardant caméra braquée bien sur la gauche de façon*
« *que en même temps qu'auto-travelling prend virage la caméra*

« *panoramique de gauche à droite. Tout le reste de la projection*
« *est beau à couper le souffle. Amitiés à toute l'équipe.*
— « *HITCH.* — »

Film peut-être mineur dans la carrière de l'homme qui sait le
mieux ce qu'il veut obtenir et comment l'obtenir, *To Catch a Thief*
satisfait pleinement tous les publics — et le plus snob comme le
plus populaire — tout en étant l'un des plus cyniques que Hitchcock
ait tournés. La dernière scène du film, entre Gary Grant et Grace
Kelly est un modèle du genre. C'est un curieux film qui renouvelle
Hitchcock et le prolonge tout à la fois, un film divertissant, attachant
et décidément très méchant à l'égard de la police française et des
touristes américains.

*(1955)*

## THE WRONG MAN (LE FAUX COUPABLE)

Il y a deux ans et demi de cela, mon ami Claude Chabrol et
moi avons fait la connaissance d'Alfred Hitchcock en tombant tous
deux dans le bassin gelé du Studio Saint-Maurice, sous le regard
narquois puis compatissant du maître de l'angoisse.

Quelques heures plus tard, détrempés, nous l'allions retrouver
avec un nouveau magnétophone, l'autre littéralement noyé étant à
jamais inutilisable.

Ce fut un interrogatoire serré ; il s'agissait de faire reconnaître à
Hitchcock que ses films américains d'aujourd'hui étaient bien meilleurs que ses films anglais d'hier ! Ce ne fut pas trop difficile :
« *A Londres, certains journalistes veulent que je leur dise que
tout ce qui vient d'Amérique est mauvais. Ils sont très anti-américains
à Londres ; je ne sais pourquoi, mais c'est un fait.* » Hitchcock nous
ayant parlé du film idéal, celui que l'on tournerait pour son
propre agrément et que l'on se projetterait sur le mur de son

salon, comme on détient un beau tableau, nous le « travaillâmes »
là-dessus.

« *Mais ce film idéal serait-il plus près de* I Confess *(La Loi du
silence) ou de* The Lady Vanishes *(Une Femme disparaît)* ?

— *Oh ! de* I Confess !

— I Confess ?

— *Oui, bien sûr ; par exemple, je pense à une idée de film qui
me séduit terriblement. Il y a deux ans, un musicien du Stork Club
de New York rentrait chez lui et, à sa porte, vers 2 heures du
matin, il se fait héler par deux hommes qui le trimbalent dans
différents endroits, tels que, par exemple, un saloon, et le montrent
aux gens en disant :* « Est-ce cet homme ? Est-ce cet homme ? »
*Bref, il est arrêté pour des hold-ups. Il était complètement inno-
cent ; il doit subir un procès et tout et, à la fin, sa femme en
perdit la tête ; on l'enferma dans un asile où elle doit être encore.
Et au procès, il y avait un juré, convaincu de la culpabilité de
l'accusé ; et tandis que l'avocat interrogeait l'un des témoins de
l'accusation, ce juré se leva et dit :* « Monsieur le Juge, est-il nécessaire que nous écoutions tout ceci ? » *Petite entorse au rituel, mais
on dut renvoyer le procès et, tandis qu'on attendait le nouveau
procès, le vrai coupable se fit prendre et avoua. Je crois que cela
ferait un film intéressant en montrant toujours les événements du
point de vue de cet homme innocent, ce qu'il doit souffrir de
risquer sa tête pour un autre. D'autant que tout le monde est
avec lui très amical, très gentil ; il dit :* « Je suis innocent » *et les
gens répondent :* « Mais oui, c'est cela, bien sûr. » *Tout à fait
affreux. Et je crois que j'aimerais faire un film de ce fait divers.
Ce serait très intéressant. Voyez-vous, dans ce genre de films,
l'innocent est toujours en prison mais jamais sur l'écran. C'est
toujours un reporter ou un détective qui travaille à le faire sortir
de prison ; on ne fait jamais de films du point de vue de l'homme
accusé. J'aimerais faire cela.* »

Il y a un an, nous avons appris par les journaux américains que
Hitchcock était en train de réaliser un film intitulé *The Wrong Man*
et il ne fut pas sorcier de découvrir qu'il s'agissait précisément du
fait divers en question.

Jamais Hitchcock ne fut plus près de lui-même qu'avec ce film
qui risque cependant de décevoir les amateurs de suspense et

d'humour anglais tant il y entre peu de suspense et d'humour, anglais ou autre. *The Wrong Man* est le film d'Hitchcock le plus pur depuis *Lifeboat,* c'est le rôti sans la sauce, le fait divers à l'état brut et, comme dirait Bresson, « sans ornements ». Hitchcock n'est pas fou et si *The Wrong Man* est son premier film en noir et blanc depuis *I Confess,* tourné économiquement dans les rues, dans le métro, dans les lieux mêmes de l'action enfin, c'est qu'il sentait bien qu'il faisait un film difficile et relativement moins commercial que les précédents. Son film terminé, Hitchcock fut sans doute inquiet puisqu'il renonça à son habituelle apparition en cours de film pour nous montrer sa silhouette avant le générique et nous avertir qu'il nous offre cette fois un film différent et dont les faits sont authentiques.

On ne manquera pas de comparer *The Wrong Man* au film de Robert Bresson, *Un Condamné à mort s'est échappé* et il serait stupide que ce fût au détriment d'Hitchcock dont le film a d'emblée la noblesse de ne point jouer la carte de la noblesse. La comparaison n'en est pas moins passionnante entre les deux films à condition de la pousser le plus loin possible, jusqu'au point où les divergences éclairent davantage l'un et l'autre.

Le point de départ est identique : reconstitution scrupuleuse d'un fait divers, seule la fidélité à la lettre étant respectée puisque le film de Bresson est en réalité aussi loin du récit du commandant Devigny que celui d'Hitchcock l'est du fait divers rapporté dans « Life ». Je veux dire que la réalité, pour Hitchcock comme pour Bresson, ne fut qu'un prétexte, un tremplin vers une réalité seconde qui *seule* les intéresse.

Puisque nous en sommes aux points communs, remarquons que s'étant trouvés l'un et l'autre devant un problème identique, quoique visant à des solutions différentes, Bresson et Hitchcock se sont rencontrés sur plus d'un point. Par exemple, le jeu des acteurs. Tout comme Leterrier dans le film de Robert Bresson, Henry Fonda ici est impassible, rigoureusement inexpressif, presque immobile. Fonda n'est qu'un regard et si son attitude est plus accablée, plus humble que celle du condamné à mort, c'est qu'il n'est pas, lui, un détenu politique sachant acquise à sa cause la moitié du monde qui pense comme lui, mais un simple détenu de droit commun qui a toutes les apparences contre lui et, à mesure que le film

avance, de moins en moins de chances de prouver son innocence.
Jamais Fonda ne fut si beau, si grand et si noble que dans ce film
où il n'a pourtant rien d'autre à faire que de prêter son visage
d'honnête homme qu'illumine à peine un regard triste et clair jusqu'à
la transparence.

Un autre point commun, le plus frappant, c'est que Hitchcock a
rendu impossible lui aussi l'identification du spectateur avec le héros
du drame en nous bornant au rôle de témoins ; nous sommes aux
côtés de Fonda tout du long, dans sa cellule, chez lui, dans la
voiture et dans les rues, mais nous ne sommes jamais à sa place et
cela, dans l'œuvre d'Hitchcock, est une innovation puisque le suspense des films précédents était fondé précisément sur l'identification.

Hitchcock, le metteur en scène le plus soucieux de renouvellement, a donc cette fois voulu faire éprouver au public un choc
émotionnel d'une nature différente et plus rare évidemment que le
fameux frisson habituel. Ultime point commun : Hitchcock et
Bresson ont construit leur film sur une de ces coïncidences qui font
hurler les scénaristes consciencieux ; le lieutenant Fontaine s'évade
miraculeusement, l'intervention stupide d'un juré impitoyable sauve
Henry Fonda ; à ce miracle authentique, Hitchcock en a ajouté un
autre de son cru et qui choquera certainement mes confrères :
Henry Fonda (dans le film, il est d'origine italienne et s'appelle
Balestrero) est perdu ; il attend son second procès mais il n'a pu
trouver aucune preuve de son innocence ; sa femme est à l'asile et
sa mère lui dit : « Tu devrais prier. »

Alors, Fonda, devant une image pieuse, devant Jésus-Christ, va
prier : « Mon Dieu, seul un miracle peut me sauver. » Gros plan
du Christ, enchaîné, un plan de rue nous montrant un homme qui
ressemble vaguement à Fonda et qui avance jusqu'à ce que la
caméra le cadre en gros plan, son visage ne faisant plus qu'un
avec celui de Fonda. Ce plan est certainement le plus beau de toute
l'œuvre d'Hitchcock et la résume : c'est le transfert de culpabilité,
le thème du double, déchiffrable en clair depuis ses premières
œuvres anglaises jusqu'aux toutes dernières, amélioré, enrichi, appro-
fondi de film en film. C'est avec cette affirmation de la croyance
en la Providence — dans l'œuvre d'Hitchcock aussi, le vent souffle
où il veut — que culminent et cessent les similitudes.

Bresson, c'était un dialogue entre l'âme et les objets, les rapports de l'une aux autres. Hitchcock est plus humain, obsédé depuis toujours par l'innocence et la culpabilité, réellement angoissé par l'erreur judiciaire. En exergue à *The Wrong Man*, il aurait pu placer cette « Pensée » de Pascal : « *La justice et la vérité sont deux pointes si subtiles que nos instruments sont trop émoussés pour y toucher exactement. S'ils y arrivent, ils en cachent la pointe et appuient tout autour, plus sur le faux que sur le vrai.* »

Hitchcock nous offre un film sur la fonction d'accusé, sur le rôle d'accusé, sur l'homme accusé et sur la fragilité des témoignages humains et de la justice ; ce film n'a de documentaire que l'apparence et dans son pessimisme, son scepticisme, je le crois plus proche de *Nuit et Brouillard* que des films de Cayatte. De toute manière, c'est probablement son meilleur film, celui qui va le plus loin dans une direction que Hitchcock a choisi de suivre il y a bien longtemps.

*(1957)*


## THE BIRDS


Dans *8 1/2*, un type s'efforce de happer Guido sur son passage pour lui proposer un scénario contre les armes nucléaires. Comme Fellini, je crois que le cinéma « généreux » est le piège des pièges, l'escroquerie la plus sournoise de notre industrie. Pour un vrai cinéaste, rien n'est plus ennuyeux à filmer que *The Bridge on the River Kwaï*. Alternance de scènes de bureaux avec discussions entre vieilles badernes et scènes de mouvements, filmées généralement par une autre équipe. Balivernes, pièges à gogos, machines à Oscars.

Hitchcock, lui, n'a jamais obtenu d'Oscar, même s'il est le seul cinéaste dont les films, réédités vingt ans après leur sortie, font

autant de recettes qu'un film nouveau. Son dernier film, *The Birds*
*(Les Oiseaux)*, n'est sans doute pas parfait. Rod Taylor et Tippi
Hedren s'accouplent imparfaitement et l'histoire sentimentale
— presque toujours la même : la chasse au mari — s'en ressent, mais
quelle injustice dans l'éreintement général ! Ce qui m'attriste :
qu'aucun critique n'admire le principe même du film, « les oiseaux
attaquent les gens ». Le cinéma, j'en suis convaincu, a été inventé
pour que soit tourné un tel film. Des oiseaux de tous les jours,
moineaux, mouettes et corbeaux vont attaquer des gens de tous les
jours : la population d'un village côtier. Voilà un rêve d'artiste, et
pour le mener à bien il faut beaucoup d'art et être le plus grand
technicien du monde.

De la short story de Daphné du Maurier, Alfred Hitchcock, avec
la collaboration d'Evan Hunter *(Asphalt Jungle)*, n'a conservé que
le principe : des oiseaux, au bord de la mer, entreprennent de
s'attaquer aux humains, d'abord dans la campagne puis dans la
ville, à la sortie des écoles, et même dans les maisons.

Aucun film de Hitchcock n'eut jamais une plus exemplaire
progression, puisque les oiseaux, au fur et à mesure du déroulement
de l'action, deviennent : a) de plus en plus noirs, b) de plus en
plus nombreux, c) de plus en plus méchants.

Quand ils attaquent les gens, ils s'en prennent, de préférence,
aux yeux. Au fond, agacés d'être capturés et mis en cage — sinon
bouffés — par les gens, tout se passe comme s'ils avaient décidé
un beau jour de renverser les rôles.

Hitchcock pense que *The Birds* est son film le plus important
et c'est aussi mon avis d'une certaine façon, sinon d'une façon
certaine. Partant d'une idée plastique aussi forte, Hitch a compris
qu'il fallait soigner l'intrigue, de manière à ce qu'elle soit davantage
qu'un prétexte à relier entre elles les nombreuses scènes de bravoure
ou de suspense : il a créé un personnage très réussi, celui d'une
jeune femme de San Francisco, sophistiquée et très snob, qui
traverse toutes ces épreuves sanglantes et découvrira ainsi la simplicité, le naturel.

On peut considérer que *The Birds* est un film de truquages,
certes, mais de truquages réalistes. En vérité, Hitchcock dont la
maîtrise est plus grande de film en film a besoin sans cesse

d'affronter de nouvelles difficultés : il devient l'athlète complet du cinéma.

En vérité,. on ne pardonne pas à Hitchcock de nous faire peur et de ne viser qu'à cela. Je crois pourtant que la peur est une émotion « noble » et qu'il peut être « noble » de faire peur. Il est « noble » d'avouer que l'on a eu peur et que l'on y a pris du plaisir. Un jour ou l'autre, seuls les enfants auront encore cette noblesse.

*(1963)*

# FRENZY

A Londres, de nos jours, un maniaque sexuel étrangle des femmes à l'aide d'une cravate. A la quinzième minute, Hitchcock nous révèle l'identité de cet assassin dont il nous fait faire la connaissance lors de la deuxième scène du récit. Un autre homme, dont nous suivons l'histoire, va être accusé de ces meurtres, il sera repéré, poursuivi, arrêté et condamné ; nous le regarderons pendant une heure trente se débattre pour survivre à la manière d'une mouche prise dans une toile d'araignée.

*Frenzy* est la combinaison de deux sortes de films : ceux dans lesquels Hitchcock nous invitait à suivre l'itinéraire d'un assassin *Shadow of a Doubt (L'Ombre d'un Doute), Stage Fright (Le Grand Alibi), Dial M for Murder (Le Crime était presque parfait), Psycho (Psychose)* et ceux dans lesquels il décrivait les tourments d'un innocent pourchassé : *The Thirty-Nine Steps (Les Trente-Neuf Marches), I Confess (La Loi du Silence), The Wrong Man, (Le Faux Coupable). North by Northwest, (La Mort aux Trousses).* On retrouve dans *Frenzy* ce cauchemar, où tout le monde se connaît : l'assassin, l'innocent, les victimes, les témoins, ce monde où chaque conversation de boutique ou de bistrot porte sur les meurtres, un monde fait de coïncidences si rigoureusement ordonnées qu'elles se recoupent verticalement et horizontalement : *Frenzy* offre très exactement l'image d'une grille de mots croisés sur le thème de l'assassinat.

Hitchcock, qui est de six mois l'aîné de Luis Buñuel (ils ont soixante-douze ans), a commencé sa carrière à Londres où il est né et où il a tourné la première moitié de son œuvre ; ensuite il est devenu dans les années quarante un citoyen américain en même temps qu'un cinéaste hollywoodien. Longtemps, la critique s'est divisée à propos de Hitchcock entre les admirateurs de son œuvre américaine : *Rebecca, Notorious (Les Enchaînés), The Rope (La Corde), Strangers on a Train (L'Inconnu du Nord-Express), Rear Window (Fenêtre sur Cour), The Birds (Les Oiseaux)* et ceux qui préféraient son œuvre anglaise : *The Thirty-Nine Steps (Les Trente-Neuf Marches) The Lady Vanishes (Une Femme disparaît) Jamaica Inn (La Taverne de la Jamaïque).* Le cinquante-deuxième film d'Hitchcock, *Frenzy,* en triomphant au Festival de Cannes, devait réconcilier la critique pour une fois unanime, peut-être parce qu'il s'agit de son premier film tourné en Grande-Bretagne depuis vingt ans. Hitchcock dit souvent : « *Certains metteurs en scène filment des tranches de vie, moi je filme des tranches de gâteau.* » Et *Frenzy* apparaît effectivement comme un gâteau, un gâteau fait « à la maison » par un gastronome septuagénaire qui est resté le « young boy director » de ses débuts londoniens.

Tout le monde a loué la performance de John Finch qui joue l'innocent et de Fooster l'étrangleur, mais je voudrais insister sur la qualité de l'interprétation féminine ; pour la première fois dans *Frenzy,* Hitchcock renonce aux héroïnes « glamourous » et sophistiquées, dont le meilleur spécimen reste Grace Kelly, pour recourir à des femmes de la vie de tous les jours et qui sont admirablement choisies : Barbara Leigh-Hunt, Anna Massey, Vivien Merchant et Billie Whitelaw qui amènent un nouveau réalisme dans l'œuvre d'Hitchcock. La formidable ovation dont le festival de Cannes a gratifié *Frenzy* rachète le dédain qui accompagna la présentation dans les mêmes circonstances de *Notorious* en 1946, de *The Man who knew to much (L'Homme qui en savait trop)* en 1957 et de *The Birds* en 1963. Le triomphe de Hitchcock est celui d'un style de récit qui a trouvé sa forme définitive dans une narration vertigineuse et poignante, jamais en repos, un récit haletant dont les images se suivent aussi impérieusement et harmonieusement que des notes de musique frénétiques sur une partition imperturbable.

On a longtemps jugé Hitchcock sur les fleurs qu'il mettait dans le vase. On s'aperçoit aujourd'hui que les fleurs ont toujours été les mêmes, que ses efforts portent sur la forme du vase, sa beauté, et l'on sort de *Frenzy* en disant : « Vivement le cinquante-troisième Hitchcock ! »

*(1973)*

# II

# LA GÉNÉRATION
# DU PARLANT
## Les Américains

# Robert Aldrich

## KISS ME DEADLY

Sur une route, la nuit, une fille nue sous un imperméable tente vainement d'arrêter une voiture. En désespoir de cause, elle se précipite au-devant d'une Jaguar qui fait une embardée pour l'éviter : « Montez ! » Et sur ce trajet de la voiture, se déroule *à l'envers* le générique le plus original depuis des années, ponctué par le halètement de la fille.

Il est inutile de chercher à raconter le scénario de *Kiss me deadly (En quatrième vitesse)* d'autant qu'il faut voir le film plusieurs fois avant de s'apercevoir qu'il est construit solidement et qu'il raconte une histoire, en définitive, assez logique.

La jolie auto-stoppeuse est assassinée. Mike Hammer, détective privé et propriétaire de la Jaguar, mène l'enquête ; aux trois quarts du film, il est tué d'une balle de revolver mais *ressuscite* trois minutes plus tard. Si *Kiss me deadly* est le film américain le plus original depuis *The Lady from Shangaï* d'Orson Welles, il ne possède point ses multiples résonances et ne gagne guère à être analysé sur le plan de la signification de l'intrigue.

Le roman de Mickey Spillane d'où a été tiré le film est évidemment assez médiocre. Une dizaine de personnages s'y entretuent pour quelques milliers de dollars enfermés dans une boîte en fer blanc. L'astuce des auteurs du film est d'avoir gommé tout ce qu'il y avait de trop sottement précis dans le livre au profit d'éléments purement abstraits, voire féeriques. C'est ainsi que la boîte en fer blanc — dans le film — renferme non plus des billets de banque, mais une sorte de boule de feu qui irradie et brûle quiconque la regarde en face. Lorsque le héros du film, après avoir entrouvert la boîte, se retrouve avec le poignet brûlé, comme la peau des survivants d'Hiroshima, un policier, considérant la brûlure, lui adresse quelques mots et l'histoire, tout à coup, devient très grave : « *Ecoutez Mike, écoutez-moi bien ! Je vais prononcer quelques mots inoffensifs mais très importants. Essayez d'en deviner la signification : Plan Manhattan... Los Alamos... Trinity.* » Tel est le subterfuge imaginé par Aldrich pour que le mot *atomique* ne soit pas prononcé une seule fois au cours de ce film qui s'achève sur une sorte de cataclysme : la boîte de Pandore est ouverte par une gamine trop avide et curieuse, le « soleil » se met à tout brûler autour de soi tandis que le héros et sa maîtresse se réfugient dans la mer et qu'apparaît le mot FIN.

Pour apprécier *Kiss me deadly,* il faut aimer passionnément le cinéma et conserver un souvenir ému des soirées au cours desquelles nous furent révélés des films tels que *Scarface, Under Capricorn, Le Sang d'un poète, Les Dames du Bois de Boulogne* ou *The Lady from Shangaï.* Nous avons aimé des films qui reposaient sur une, vingt ou cinquante idées. Dans les films de Robert Aldrich, il n'est pas rare de saluer une idée par plan. Ici la richesse d'inventions est telle qu'il nous arrive de ne plus savoir quoi regarder dans l'image, trop pleine et trop généreuse. A regarder un film de ce genre, on vit si intensément que l'on voudrait le voir durer plusieurs heures. On devine facilement l'auteur, un homme débordant de vitalité, qui se trouve aussi à l'aise derrière une caméra qu'Henry Miller devant sa page blanche. Voilà bien le film d'un jeune cinéaste doué qui ne songe pas encore à s'encombrer de contraintes, qui œuvre avec une liberté, une gaieté qui devaient être celles de Jean Renoir lorsque, ayant le même âge qu'Aldrich, il tournait dans la forêt de Fontainebleau un *Tire au flanc* échevelé.

Il est certain que l'événement cinématographique pour 1955 sera pour nous la révélation de Robert Aldrich ; au 1er janvier, nous ignorions jusqu'à son nom. Il y a eu *World for Ransom (Alerte à Singapour)*, petit film cocasse tourné dans les conditions du cinéma d'amateur, *Bronco Apache* poétique et délicat, *Vera Cruz* farce violente, *The Big Knife* qui vient de décrocher une grosse timbale à Venise et enfin *Kiss me deadly* qui, en dépit d'un scénario imposé, cumule les qualités des précédents.

Il faut voir *Kiss me deadly* car, si l'on connaît les conditions dans lesquelles se tournent les films d'aujourd'hui, on ne pourra qu'admirer l'extraordinaire liberté dont a bénéficié celui-ci, que l'on se surprend à maintes reprises à comparer au *Sang d'un poète* de Jean Cocteau, classique favori des ciné-clubs.

*(1955)*

# VERA CRUZ

*Vera Cruz* est d'abord une éblouissante leçon de construction d'une histoire. Il me faut ici tenter de résumer le scénario le plus clairement possible.

1. — Gary Cooper, au Mexique, en 1866, seul au milieu des cactus, se retrouve sans cheval.

2. — Il rencontre Burt Lancaster qui lui en vend un.

3. — Comme des soldats de l'empereur Maximilien arrivent, Lancaster détale. Cooper, qui n'a rien à se reprocher, reste sur place.

4. — Un des soldats tire sur lui.

5. — Cooper détale à son tour et rejoint Lancaster qui lui avoue : « *Tu es sur son cheval !* »

6. — Cooper est à terre, touché par une balle impériale. Lancaster, le croyant mort, lui vole son portefeuille. Mais Cooper reprend le dessus, prend le cheval de Lancaster, lui laisse le cheval volé et s'en va : « *Chez moi en Louisiane, on pend les voleurs de chevaux !* »

7. — Cooper arrive à la ville ; dans un troquet, il est pris

« à partie » par des bandits à la solde de Lancaster : « *Si tu es sur son cheval, c'est que tu l'as tué et si tu l'as tué c'est qu'il tournait le dos.* » Un tesson de bouteille va envoyer Cooper au paradis des aventuriers quand...

8. — ... Lancaster arrive et tire une balle qui fait voler le tesson en éclats. Borgnine : « *Je ne savais pas que c'était un ami à toi.* — *Je n'ai pas d'ami, imbécile, même toi !* »

9. — Sur la place de la ville, le marquis de Labordère (César Roméro) vient proposer à Lancaster et ses hommes de combattre pour l'Empereur contre les Juaristes. Tractations et pourparlers. Arrive le général des Juaristes qui leur propose le marché contraire : « *Nous sommes moins riches que l'Empereur mais notre cause est meilleure.* » Hésitations. « *D'ailleurs,* poursuit le général, *vous n'avez pas le choix car vous êtes tous mes prisonniers y compris le marquis et ses hommes.* » Panoramique sur les remparts : la place est cernée par les Juaristes prêts à tirer. La population entre s'enfermer dans les maisons.

10. — Sur la place il reste un groupe d'enfants. Cooper propose de les mettre à l'abri. Lancaster, ravi, fait signe à deux de ses hommes de s'occuper des enfants, ce qu'ils font en les faisant entrer sous une porte cochère...

11. — ... Et eux avec. Les gosses sont devenus des otages. Si le général fait tirer les Juaristes, les gosses seront massacrés. Le général renonce : « *On se retrouvera !* »

12. — Cooper, Lancaster et ses hommes sont arrivés à la cour impériale. Un dialogue entre l'Empereur et le marquis nous révèle que Maximilien est une crapule ; il acceptera toutes les conditions financières des bandits mais au jour du paiement, il compte les faire massacrer, si les « rebelles » ne s'en sont pas déjà chargés.

13. — Le travail des « mercenaires » consistera à escorter la comtesse Marie Duvarre (Denise Darcel) jusqu'à Vera Cruz.

14. — En cours de route, la profondeur des ornières tracées par la diligence indique à Cooper et Lancaster que la protection de la comtesse pourrait bien n'être qu'un prétexte et qu'il s'agit d'un chargement d'or.

15. — Une visite, la nuit, à la diligence, le leur confirme. Ils projettent alors de partager le trésor entre eux deux. Survient la

Fritz Lang et Joan Bennett pendant les prises de vues de La Femme au portrait (1944)

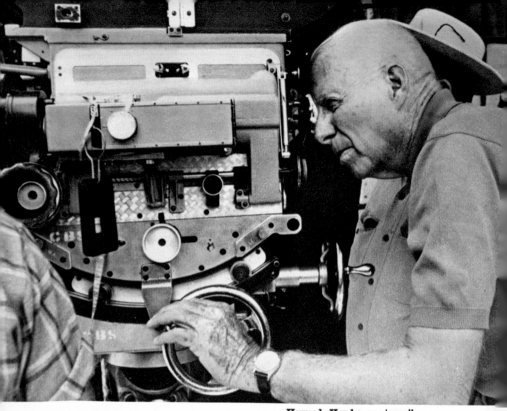

Howard Hawks au travail

Alfred Hitchcock en 1936. A l'extrême gauche sa femme, Alma ;
à l'extrême droite sa fille Patricia

comtesse qui propose d'entrer dans l'affaire et de partager à trois dès l'arrivée à Vera Cruz.

16. — Arrivée à Vera Cruz. Le marquis de Labordère *sait* qu'ici la comtesse le trahira.

17. — De son côté, la comtesse dresse des plans pour se débarrasser de ses deux « associés ».

18. — Lancaster, qui lit en elle comme en un miroir, la gifle et la « persuade » de partager entre eux deux puis de se débarrasser de Cooper.

19. — Pendant ce temps, le marquis a fait transvaser le contenu de la diligence dans un fourgon et, comme diversion, fait partir la diligence. Cooper, Lancaster et ses hommes s'élancent à la poursuite de la diligence et la retrouvent dans un fossé.

20. — Les bandits tiennent Lancaster et Cooper sous la menace des pistolets : « *Vous semblez attacher une grande importance à cette diligence ; si nous y trouvons de l'or, c'est que vous nous trahissiez.* » On regarde ; évidemment, la diligence est vide.

21. — Lancaster, Cooper et les bandits sont encerclés par les Juaristes qui veulent s'emparer de l'or dont ils croient la diligence chargée. Pour se venger du marquis et récupérer l'or, tous s'allient.

22. — Bataille rangée finale gagnée par les Juaristes. Lancaster va trahir la comtesse, Cooper, les Juaristes et partir seul avec l'or quand Cooper le tue pour remettre l'or aux Juaristes aux côtés de qui il combattra désormais.

C'est volontairement que j'ai réduit ce scénario à son ossature, pour en faire ressortir l'ingéniosité. J'ai même dû renoncer à certains détails importants. On aura remarqué que chaque scène justifierait un film à elle toute seule puisque chacune possède sa propre construction dramatique et se retourne, dirait Sartre, comme un gant.

*Vera Cruz* est construit sur la répétition des thèmes. Deux encerclements par les Juaristes, deux vols du même portefeuille. Cooper et Lancaster se sauvent la vie réciproquement chacun une fois. J'ai ôté de mon récit le rôle de Nina qui est parfait ; a) elle est prise au lasso par un bandit ; b) Cooper la libère en attrapant

au lasso l'imbécile ; c) Nina vient remercier Cooper en l'embrassant
sur la bouche ; d) mais ce faisant, elle lui a volé son portefeuille ;
e) comme il s'en va, elle lui offre une pomme ; f) pour la payer, il
cherche son portefeuille ; g) « *Ne cherchez pas, Monsieur, c'est
gratuit* » ; h) plus tard, ils se retrouvent, Cooper lui reproche le
vol du portefeuille : « *L'avez-vous cherché ?* ». Il l'a sur lui !
C'est Nina qui amènera Cooper à la cause des Juaristes. L'avant-
dernier plan du film nous les montre marchant l'un vers l'autre.
Au dernier plan, on ne les voit plus.

Mais cette histoire de Borden Chase adaptée par Roland Kibbee
et James R. Webb, mise en scène par Robert Aldrich est davantage
qu'un minutieux mécanisme d'horlogerie. C'est ainsi qu'au terme de
la première partie, Lancaster raconte sa vie à Cooper. Son père a
été tué au cours d'une partie de cartes par un certain Ace Hannah
qui, en revanche, a adopté l'enfant. Ce mouvement de faiblesse
— le seul dans sa vie — causa sa perte puisque, lorsqu'il fut assez
grand, Lancaster le tua. Ace Hannah était un moraliste : « *Ne
rends jamais un service si cela ne doit pas te rapporter quelque
chose* », etc. Le comportement de Burt Lancaster est uniquement
fonction de cette morale et il n'admire Gary Cooper que pour
autant que celui-ci la retrouve parfois, sans le savoir. Leurs colloques
sont pleins de : « *Ace Hannah aurait aimé cela* » ou « *Si Ace
Hannah était là, il serait fier de nous* ». Et lorsqu'ils se fâchent :
« *Ace Hannah n'aurait pas été ami avec toi* — Cooper : *Qui te
dit que j'aurais voulu l'avoir pour ami ?* » Lancaster se croit
l'héritier spirituel de Ace Hannah mais non Cooper. En fait, Ace
Hannah, c'était probablement la rouerie de Lancaster jointe à l'intelligence de Cooper. Tous les personnages de *Vera Cruz,* de la
comtesse à l'Empereur, se définissent par rapport à Ace Hannah
dont ils ignorent jusqu'au passage dans ce monde. Tous trahissent
tout le monde, tous mentent et savent l'art de déchiffrer les
visages. La comtesse présente Lancaster au capitaine du bateau.
Ce dernier les laisse seuls. C'est alors que Lancaster gifle la
comtesse à toute volée : « *Ce type m'a regardé comme on regarde
un homme qui va mourir ; vous vouliez vous débarrasser de moi.* »

*Vera Cruz* est-il un western intellectuel ? Toujours est-il qu'il nous
mène loin des autres, du facétieux *High Noon* ou des faussement
profonds *Shane* ou *Treasure of Sierra Madre. Vera Cruz* m'a fait

comprendre qu'on ne peut condamner les films de John Huston sur leur principe, qu'ils ne pèchent que par leur manque de style, leur insuffisance de mise en scène car *Vera Cruz* c'est exactement un Huston qui serait réussi.

La mise en scène de Robert Aldrich est un peu voyante, toute en effets, les uns excellents, les autres superflus, mais toujours au service du scénario.

On peut regretter que beaucoup de confrères soient passés « à côté » de *Vera Cruz,* certains n'y ayant rigoureusement rien compris, ont décelé « pompiérisme » et enfantillages. Et comme dit Victor Hugo : « *Quels sont tous ces enfants dont pas un seul ne rit ?* »

*(1955)*

## THE BIG KNIFE

*The Big Knife* est adapté d'une pièce de Clifford Odets qui a obtenu un certain succès à Broadway et que Jean Renoir a l'intention de monter sur une scène parisienne.

L'action se déroule à Hollywood de nos jours, dans la maison d'une vedette : Charlie Castle (Jack Palance) que sa femme (Ida Lupino) est sur le point de quitter. Il y a quelques mois le studio auquel Charlie est lié par contrat lui a évité un scandale : étant en compagnie d'une starlette, Charlie a écrasé un enfant et s'est enfui. Le chef de publicité a fait quelques mois de prison à la place de Charlie, la starlette a vu son salaire décupler.

Une journaliste à scandales, soupçonneuse, aimerait tirer l'affaire au clair et les potins de la commère sont redoutables.

Par ailleurs, Charlie pourrait regagner sa femme s'il « plaquait » le studio et partait avec elle. Mais le « producer » ne l'entend pas ainsi : si l'acteur ne renouvelle pas son contrat de sept ans, il aura contre lui ceux-là mêmes qui avaient étouffé le scandale.

Au moment où tout semble dans l'ordre et alors que le couple réconcilié s'apprête à quitter Hollywood, Charlie se suicide pour échapper à un monde dont il ne supporte plus les lois, pour échapper surtout à son indignité.

On peut se demander s'il est intéressant de filmer des pièces surtout en s'interdisant les commodités de la libre adaptation, comme c'est le cas ici. Je crois cependant qu'il est naturel qu'un cinéaste, passionné par la technique de son art et possédant une expérience théâtrale, soit tenté d'assujettir — et de valoriser — un texte scénique d'une tenue littéraire certaine en le martelant à l'aide des possibilités infinies du découpage cinématographique.

Si Robert Aldrich n'a pas non plus filmé une pièce, il a mis en scène cinématographiquement une mise en scène de théâtre, autrement dit, il a « découpé » et filmé une mise en scène archithéâtrale. Ces coups de poings sur les tables, ces bras levés vers le ciel, ces volte-face de tout le corps ressortissent, bien sûr, de la scène, mais Aldrich leur impose un rythme, une respiration qui lui sont propres et qui rendent fascinant le moindre de ses films.

Aldrich, par son lyrisme, son modernisme, son dégoût de la vulgarité, son désir d'universaliser et de styliser les sujets qu'il aborde, son sens de l'effet, nous fait penser constamment à Jean Cocteau et à Orson Welles dont il ne peut ignorer les films.

L'action de *The Big Knife* progresse, non par le jeu des sentiments ni par celui des actions, mais seulement — c'est plus rare et plus beau — par l'accomplissement moral des personnages. A mesure qu'avance le film, le producteur est de plus en plus producteur, la starlette de plus en plus starlette jusqu'à la déchirure et l'éclatement de la fin.

Les films de ce genre réclament une interprétation exceptionnelle et là encore nous sommes comblés par Jack Palance, Ida Lupino, Shelley Winters et surtout Rod Steiger qui tient magnifiquement le rôle d'un « producer » patriote et démocrate, féroce et sentimental, absolument délirant.

Outre qu'il présente une très exacte peinture de Hollywood, *The Big Knife* est le film américain le plus raffiné et le plus intelligent que l'on nous ait offert depuis plusieurs mois.

*(1955)*

# William Beaudine

## THE FEATHERED SERPENT
(Charlie Chan à Mexico)

Lettre ouverte à M. Chan, détective chinois, Beverly Hills, Californie :

« Prière M. Chan ouvrir enquête avec assistance honorable fils n° 1 et honorable fils n° 2 afin savoir raison pourquoi série Charlie Chan toujours plus mauvaise. Warner Oland beaucoup talent, Sidney Toler un peu talent, Roland Winters plus talent du tout. Norman Foster honorable metteur en scène, William Beaudine pas honorable ; toujours bâclé travail. Sur tablette de jade est écrit : « Folie sœur de génie », série films Charlie Chan chaque jour moins folle que jour d'avant. Envoyez rapidement explications. Recevez honoraires en Dollars Chinois. Que Confucius soit avec vous. »

*(1953)*

# George Cukor

## IT SHOULD HAPPEN TO YOU

Louis Lumière, comme chacun sait, est l'inventeur du néoréalisme. *La Sortie des Usines Lumière,* pour n'être pas un film à thèse, n'en est pas moins ce qu'on appelle aujourd'hui un « constat » ; cette courte bande, en effet, ne « démystifie »-t-elle point radicalement le prolétariat que l'américain Porter va bien vite insulter si ce n'est chose faite ? Avec *L'Arroseur arrosé* (vous diront certains) la *mystification* commence. Le règne des téléphones blancs — mille fois dans l'avenir dénoncé par Henri Langlois — s'ouvre (en iris, comme il se doit). Le cinéma — celui que j'aime — comprit vite la nécessité de raconter une histoire, nécessité encore d'en punaiser quelques images aux entrées des salles : le train de la Ciotat apprend à dérailler, le pêcheur dans la barque s'exerce à chavirer ; le cinéma est né avec ses genres bien définis : westerns, thrillers, comédies sophistiquées ; le cinéma naît américain et l'est encore. C'est une certitude aussi forte que tous les genres sont héroïques. Pour nous amuser de la sainteté, la comédie dite américaine ne la prend pas moins pour sujet favori : Monsieur Deeds de Capra et l'Irène Girard d'*Europe 51* gravissent un semblable calvaire. Les plus grands cinéastes du monde pratiquèrent et pratiquent tous les genres et savent, de plus, l'art d'émouvoir et d'amuser en une même scène *(True heart Susie, Sergent York),* les plus grands acteurs — ceux qui sortent victorieux d'une absence de direction — en sont d'eux-mêmes capables : Grant, Cooper, Stewart, Fonda, Bogart.

Capra, génie contesté mais génie tout de même, *improvisait* l'essentiel : le tuba, les échos *(Deeds),* les murs de Jéricho, l'auto-stop *(It happened one night).* Il faut avoir pleuré en voyant pleurer Stewart au téléphone dans *It's a wonderful life,* se mordant les lèvres, déchirant son mouchoir, enroulant autour de son cou et torturant le fil. Une autre comédie prenant pour sujet la sainteté était *Good Sam,* du très grand Leo Mac Carey.

De sacrés films de Hawks, comme *I was a male war bride (Allez coucher ailleurs)* ou *A Song is born (Si bémol et fa dièse),* ont contraint la comédie d'évoluer, mais Cukor nous en donne aujourd'hui de semblables à celles d'avant et nous ne le lui reprocherons pas, parce que c'est lui et que tout ce qu'il fait est très bien. Je vois bien que ces propos risquent de paraître décousus, mais qu'y puis-je ? « *Vous aimez Cukor, vous aimez* It should happen to you, *faites-en la critique.* » J'ai dit : « O.K. » Et cependant l'on n'écrit pas sur Cukor ; on en parle entre amis sur le bord d'un trottoir ou à la terrasse d'un bistrot.

Garson Kanin, qui a du talent à revendre — mais comme il n'est pas fou, il le stocke pour l'hiver — a imaginé qu'une jeune femme nommée Gladys Glover, pas arriviste pour un cent mais désireuse qu'on la connaisse, comme ça, pour rien, loue avec ses dernières économies (j'en fais si peu que j'ignore si c'est féminin ou non) un immense panneau d'affichage publicitaire sur lequel, en toute simplicité, elle fait inscrire son nom en lettres géantes. Ce n'est pas le moment d'expliquer comment ce panneau se trouve multiplié, puisque l'essentiel est bien que Gladys est célèbre d'une célébrité absurde, c'est-à-dire sans motif, d'une gratuité égale à celle du crime qui fascine André Gide. Mais si le crime gratuit ne paie pas, il n'en va pas ainsi de la célébrité injustifiée ; Gladys sera aux yeux de sa mère, l'Amérique, le symbole de l'Américaine moyenne type, sorte de Miss Personne 1953.

Le thème de *It should happen to you* est excellent. En plus d'un divertissement de goût, c'est pour qui veut l'y voir, tout le mécanisme de la *célébrité* qui est démonté par l'absurde puisque la morale de l'histoire est qu'il est plus facile de trouver la gloire que de la justifier et que cette gloire est mince, acquise au sein d'une société inconsciente de son ridicule.

Le metteur en scène George Cukor et le scénariste Garson Kanin ont inventé pour cette actrice un personnage curieux, excentrique, voire absurde. Si l'on rit à ses innombrables bévues, la sympathie qu'elle inspire empêche le spectateur de se départir pendant les temps morts du sourire nécessaire à la bonne réception des gags dont Kanin est prodigue.

La comédie est un genre noble et, comme tous les genres hollywoodiens sont héroïques, la comédie est un genre héroïque. Tout le monde sait qu'il est plus difficile de faire rire que de faire pleurer. Tout le monde le sait, mais personne ne le croit ; vous expliquez à quelqu'un qu'il est plus difficile (et mieux) de faire *It should happen to you* que tel film de guerre : on se hérisse, on vous accuse de bouleverser les hiérarchies. Pour bien comprendre cela, il suffit d'imaginer deux machines à écrire. Devant l'une, un bonhomme écrit une grande fresque sur Pearl Harbour, devant l'autre un autre bonhomme écrit *It should happen to you*. Dans le premier cas, il y a du travail pour une heure ou deux ; dans le second, il faut du génie. Dans le premier cas, vous vous en tirez avec quelques formules bien senties du genre : la guerre est monstrueuse mais exaltante ; dans le second, il faut : a) une idée de départ ; b) une idée d'arrivée ; c) des gags ; d) des rebondissements. Il y a des comédies à deux personnages ; si, écrivant une comédie, vous dotez le couple d'un ou deux enfants, c'est quinze jours ou un mois de travail supplémentaire pour *créer* les enfants, trouver des idées pour eux, composer leur dialogue. C'est pourquoi on peut dire sérieusement que *It should happen to you* est un chef-d'œuvre car, pour tenir pendant 90 minutes le même rythme sans faiblir, installer en permanence le sourire entre les rires, diriger des gens comme on le fait ici, il faut être un *maître*.

*(1954)*

# Samuel Fuller

## VERBOTEN

Pan pan pan pan ! Pan pan pan pan ! Au son de la Cinquième Symphonie de Beethoven, quatre ou cinq soldats américains libèrent l'arme à la main un village allemand. Ludwig Van Fuller, qui ne filme pas avec le dos de la cuillère, nous donne l'illusion de voir toute l'armée américaine. Un G.I. blessé est soigné par une jeune allemande, Helga, coup d'idylle, amour foudre, Wagner prend le relais de Beethoven et Richard Fuller, qui ne se mouche pas avec le pied de la caméra, entraîne ses amoureux interdits en lune de miel sur le Rhin de Guillaume Apollinaire.

Mais Helga a un jeune frère qui est fasciné par Hitler dont le cadavre est encore fumant. Alors, pour lui révéler l'horrible vérité du nazisme, Helga emmène son petit frère au procès de Nuremberg.

Dans la salle du procès, on voit des plans rapprochés sur Helga et son petit frère qui regardent. Qui regardent quoi ? Des documents d'actualité montés en contrechamp : les bourreaux nazis qui tentent de se justifier devant le tribunal. Habileté de Sam Fuller : à partir de ce moment du film, un plan sur deux est filmé par lui (champ) un plan sur deux est un document d'archives (contrechamp). Mais Fuller, qui n'a pas les yeux dans sa poche et qui a plus d'un tour dans son sac, va encore plus loin dans la

ruse efficace, lorsqu'il fait arriver, en plein tribunal, un projecteur
16 mm qui va servir à montrer à ceux qui suivent le procès
(et du même coup aux spectateurs qui regardent *Verboten),* les
images atroces qui deviendront fameuses, filmées lors de l'ouverture
des camps de concentration, tout ce matériel crépusculaire auquel
Resnais avec *Nuit et Brouillard* a donné une forme définitive.

On a quelque peu méprisé *Verboten* dans la presse parisienne
en s'en moquant et je viens de le décrire moi-même sur un ton
blagueur. Je voudrais dire maintenant pourquoi je l'ai aimé et
pourquoi j'admire Samuel Fuller.

Il faut, pour réussir complètement un film, posséder des qualités
multiples et contradictoires ; c'est difficile et rare. On dit d'un film
« c'est du cinéma » ou « ce n'est pas du cinéma » sans préciser
davantage ; pour moi, un *cinéaste* doit savoir faire ou montrer
quelque chose mieux que les autres ; exemples : celui-là raconte mal
les histoires mais il dirige mieux les acteurs que tel autre, tel autre
rate les scènes mais réussit chaque plan, celui-ci, au contraire, aligne
trois cents plans ordinaires mais qui aboutissent à un film puissant,
un tel utilise admirablement la caméra, tel autre, au contraire, s'em-
pêtre mais sait créer des personnages vrais, etc., etc. Bref, un film
n'est jamais une réussite totale et l'on peut facilement critiquer tout
ce qu'il n'est pas ; il faut aussi chercher ce qu'il est.

En voyant *Verboten,* je prends conscience de tout ce qui me
reste à apprendre pour dominer parfaitement un film, le rythmer,
le styliser, en faire surgir de la beauté à chaque scène, sans recourir
à des effets extérieurs au sujet, déboucher sur la poésie la plus
pure sans jamais l'avoir sollicitée.

Samuel Fuller n'est pas un primaire, mais un primitif, son esprit
n'est pas rudimentaire, mais rude, ses films ne sont pas simplistes,
mais simples, et c'est cette simplicité que j'admire avant tout. Nous
n'avons rien à apprendre des cinéastes de génie s'ils se nomment
Eisenstein ou Orson Welles, car c'est précisément leur génie qui les
rend inimitables et l'on se ridiculise à tenter, après eux, de placer
la caméra par terre ou au plafond. Par contre, nous avons tout
à apprendre des cinéastes américains de talent comme Samuel
Fuller, ceux qui placent leur caméra à la « hauteur de l'œil
humain » (Howard Hawks) qui ne « cherchent pas mais qui
trouvent » (Picasso). Impossible, devant un film de Samuel Fuller

de se dire : il fallait faire autrement, il fallait aller plus vite, il fallait ceci ou cela ; les choses sont ce qu'elles sont, filmées comme il le faut, c'est du cinéma direct, incritiquable, irréprochable, du cinéma « donné » et non « assimilé », digéré ou réfléchi. Samuel Fuller ne prend pas le temps de penser, il est évident qu'il jubile en tournant.

Qu'un cinéaste engagé, impressionné par la force des documents d'archives sur les horreurs du nazisme, les camps et le procès de Nuremberg, ait songé à bâtir une fiction autour de ces documents, afin de pouvoir les insérer, les dégager de leur cruelle objectivité pour en tirer une méditation morale, voilà une idée de cinéma forte et belle, surtout si l'on sait que les distributeurs américains n'ont jamais voulu acheter *Nuit et Brouillard !* Que le travail du cinéaste parvienne à égaler en robustesse, en crudité, en vérité, ces fameux documents contretypés à la manière dont Balzac concurrençait l'état civil, voilà qui m'enchante plus encore en regardant *Verboten.*

J'irai revoir ce film car je sors toujours d'un film de Samuel Fuller admiratif et jaloux, puisque j'aime recevoir des leçons de cinéma.

*(1960)*

# Elia Kazan

## BABY DOLL

Il y aurait plusieurs façons de raconter *Baby Doll* mais je crois que l'intrigue, imaginée par Tennessee Williams et filmée par Elia Kazan, n'est qu'un prétexte pour le premier à peindre un portrait de femme et pour le second à diriger une actrice.

Il y a là cependant quelque chose d'assez nouveau à l'écran et qui s'harmonise bien avec le genre de recherches poursuivies par les cinéastes qui nous ont intrigués cette année. Caroll Baker, l'héroïne de *Baby Doll,* se fait sa petite place au sunlight aux côtés de la Marilyn Monroe de *Bus Stop,* de la Brigitte Bardot et *Et Dieu créa la Femme* et de l'Ingrid Bergman d'*Elena.*

Ce qu'il y a ici de neuf et de relativement audacieux, c'est que seul le sexe est concerné, les sentiments exposés, essentiellement la jalousie de Karl Malden, ne donnant lieu qu'à une dérision concertée et féroce.

La poupée d'amour, à la veille de ses vingt ans, déjà mariée mais encore vierge comme il n'est plus permis de l'être qu'au bord du Mississipi, c'est la femme-bébé, suceuse de pouce, lucide et désabusée jusqu'au cynisme, blanche femme d'un boulanger qui ne pétrirait que du pain fantaisie. Là-dessus arrive un autre boulanger, sicilien, engendreur de bâtards, un cotonneur sinistré — son hangar a brûlé, incendie criminel — il rapplique, bien décidé à mettre tout le monde dans le pétrin, d'abord enquêteur puis vengeur.

Les auteurs ont voulu, tant pis pour eux, que le public ne sache jamais si le Sicilien veut seulement se venger du vieux mari éventuel incendiaire et d'avance cocu ou si, au milieu du film et de la vengeance, son intérêt se déplace en faveur d'un pucelage à dérober. Au beau milieu de leur duo d'amour, entre la scène de séduction et le sommeil dans la nursery, la caméra pendant cinq minutes est allée voir ailleurs si Malden y était. Il y était.

Si l'on considère que bien des cinéastes français et américains n'arrivent pas à illustrer le texte des films qu'ils tournent, il faut prestement saluer Kazan qui, volontairement lui, réussit tout au long de *Baby Doll* à filmer une action sans rapport avec le dialogue. Autrement écrit, les personnages pensent une chose, en disent une autre et, par leur jeu, en expriment une troisième.

Kazan n'est pas un conteur d'histoires, son talent est descriptif plutôt que narratif ; il ne réussit jamais un film entier mais un certain nombre de scènes. L'unité cinématographique pour lui n'est ni le plan, ni le film, mais la scène. Si *Baby Doll* est, d'une certaine façon, plus puissant que *East of Eden* (sinon plus réussi, du moins plus audacieux), c'est qu'il est essentiellement constitué de deux grandes scènes dont l'une, celle de la séduction, est aussi longue, minutieuse et forte que le second tiers de *Queen Kelly*. (La comparaison entre ces deux films n'est saugrenue qu'au premier abord.)

*Baby Doll* dure près de deux heures. Les trente premières minutes sont d'exposition. Exactement à la trentième, Karl Malden présente Eli Wallach, le Sicilien, à sa jeune femme, et se retire. Cette première scène entre les deux vrais partenaires dure précisément une demi-heure ; le dialogue commence sur le perron, se poursuit derrière la maison, dans la vieille voiture, devant la maison et sur la balançoire.

C'est là qu'après les questions insidieuses de Wallach, son brin de cour, sa certitude acquise que Malden est bien l'incendiaire, la caméra s'approche de plus en plus près des visages, lesquels se rapprochent l'un de l'autre un peu plus, avec ce que cela comporte de contacts épidermiques.

A la soixantième minute, Caroll Baker se dégage vivement et, suivie de Wallach ricanant, rejoint à la cotonnade Malden qui se montre par trop mufle et la gifle. (Combien de cocus doivent leur infortune à une gifle injuste ?)

La seconde heure du film est également composée de deux longues scènes égales, la première entre Wallach et Caroll Baker dehors, puis dans la maison, et la seconde qui nous montre le ménage à trois s'affrontant. Donc, troisième demi-heure : retour à la maison, récit par Caroll Baker de son mariage, promesse de citronnade à deux, grand numéro de Wallach sur les génies malfaisants, frayeurs de Baby Doll, diabolisme, papier dénonciateur signé par la fille, rigolades, intimité dans la nursery et coupe sur...

... Karl Malden revenant, le crétin, de la ville. Ultime demi-heure : jalousie de Malden, affreux soupçons, métamorphose de Baby Doll — elle est une femme désormais — dîner crispé, pousse-café tragi-comique et poursuite fantasque dans la nuit, fin en queue de poisson sur la dérobade de Wallach ; reviendra-t-il demain sur les lieux de l'action celui qui fut le personnage le plus intéressant du film ?

Le beau Sicilien appartient à une très ancienne race ; il porte un petit chapeau plat coquinement incliné, une chemise noire à fines rayures blanches, entrouverte sur la poitrine ; au poignet, un stick dont il joue pour rythmer ses sarcasmes ; il a, avec son torse bombé et son port de chanteur d'opéra, une démarche avantageuse et, surtout, avec un regard clair mais animal, deux petits yeux d'amoureux insatiable, sans oublier son corps nerveux de renard prompt à se faufiler dans les draps pour croquer la poule du voisin, en l'occurrence Baby Doll, tout au long de ce film véhiculée par un désir nommé féminité.

Tous les grands cinéastes aspirent à se libérer des contraintes dramatiques et rêvent de tourner un film sans progression, sans psychologie, où l'intérêt des spectateurs serait suscité par d'autres moyens que les changements de lieux et de temps, l'astuce d'un dialogue, les entrées et sorties des personnages. *Un Condamné à mort s'est échappé, Lola Montès, Woman on the beach, Rear Window* se sont élancés assez haut sur ce mât de cocagne, chacun à leur manière.

Dans *Baby Doll,* Kazan a réussi presque parfaitement, par le seul pouvoir d'une direction d'acteurs unique au monde, à imposer un film de cette nature, tout en bafouant les sentiments exposés et analysés dans les films habituels.

Ce qui ennuie Kazan et ce qu'il ne sait pas mener à bien, ce sont les scènes de transitions à plusieurs personnages ; ici, il a réussi à les escamoter — sauf au début du film — et, dès que le Sicilien commence à faire sa cour à la femme-enfant, nous regardons un film dans lequel chaque geste et chaque regard comptent, admirables de précision, nous regardons un film magistralement dominé par un seul homme.

Le talent de Kazan, d'ordre essentiellement décoratif, sert mieux les sujets de ce genre — from Broadway pourrait-on écrire en simplifiant — que les laborieux plaidoyers sociaux forcément déshonnêtes, les dés étant truqués.

Nous savons désormais qu'Elia Kazan n'a rien d'autre à nous dire que ce que nous disent les scénaristes de ses films, et qu'il est l'homme qui sait le mieux révéler les acteurs à eux-mêmes.

En revoyant *Baby Doll,* on découvre un autre film plus riche encore. Car génial ou seulement talentueux, décadent ou généreux, profond ou brillant, *Baby Doll* est d'abord un film *passionnant.*

*(1957)*

## A FACE IN THE CROWD

*A Face in the crowd (Un Homme dans la foule),* que je tiens pour une grande et belle œuvre dont l'importance dépasse le cadre de la critique cinématographique, a vivement déplu au public américain comme du reste au public français, tout simplement parce qu'il se situe aux antipodes de *On the waterfront (Sur les quais)* et qu'on y attaque aujourd'hui ceux-là mêmes que l'on flattait hier.

Est-ce à dire que Budd Schulberg et Elia Kazan ont retourné leur veste ? Non pas, mais *On the waterfront,* scénario qui passa de main en main pendant cinq ans, parvint au stade final tellement édulcoré que, de l'œuvre antifasciste prévue, il ne restait à l'arrivée qu'une bande inconsciemment mais effectivement démagogique.

Mais cette fois-ci, Schulberg et Kazan étant leurs propres producteurs ont pu nous offrir un film absolument conforme aux intentions
initiales : le résultat est sensationnel.

La démagogie, parce qu'elle implique une certaine euphorie, un
côté bon enfant, familier, est d'abord américaine. En France, elle
s'installe lentement mais sûrement dans le journalisme, la radio et la
télévision par la force des choses puisque ces différents procédés
de diffusion s'inspirent chaque jour un peu plus des méthodes
américaines.

Tout dans le film commence parce qu'une jolie fille, nièce du
propriétaire d'une petite station de radio, a eu l'idée d'une émission : *A Face in the crowd ;* il s'agit de laisser parler et chanter
dans le micro un homme de la rue. C'est ainsi que, dans une
prison, elle dégote une brute hirsute et cette scène marque le moment
le plus important du film, le déclic qui précipitera Rhodes du
mauvais côté ; la petite speakerine lui demande son nom ; il
répond : *« Rhodes. — Rhodes comment ? — Eh bien ! Rhodes,
quoi !* » La fille alors prend le micro et dit : « *Il s'appelle
Rhodes mais se surnomme Lonesome (Le Solitaire).* » Tout l'esprit
du film est dans ces quatre phrases. Cette petite rouerie journalistique déclenche tout le mécanisme ; cette fille est honnête et
brave, mais toute la bassesse du monde journalistique s'exprime dans
sa petite trouvaille : « *Il se surnomme Lonesome.* » Et Rhodes ?
On guette alors sa réaction. Il peut se fâcher et reprendre son chemin.
En fait, il regarde la fille (Patricia Neal), se tait, hésite probablement
et choisit de rire aux éclats. Dès lors, quoi qu'il arrive, quelles que
soient sa noirceur à lui et sa pureté à elle, on ne sera pas
tenté de plaindre l'honnête fille car c'est elle qui représente la
corruption et lui le corrompu. C'est lui qui est à plaindre, jusqu'au
bout de la projection.

Rhodes devant le micro, comment se comportera-t-il ? Il s'ébroue
et ne se laisse pas démonter. Chansonnettes improvisées et non
conformistes, petit baratin familier et inhabituel qui plaît aux audi-
trices ; il leur parle de sa mère, des lessives qui abîment les doigts,
de la vaisselle toujours recommencée ; il séduit, il étonne, il embo-
bine, il met dans sa poche peu à peu, carrément, l'Amérique.

Il passe de la radio à la télévision et son destin le hisse chaque
jour à moins que ce ne soit sa spontanéité ; il est franc, il met

De gauche à droite : King Vidor,
Frank Capra et François Truffaut
(Hollywood 1974)

Jacques Becker pendant les prises
de vues de son dernier film
Le Trou (1960)

Max Ophuls dirige Lola Montès (1957)

Robert Bresson à l'époque de
Un condamné à mort s'est échappé (1957)

les pieds dans le plat, amène une négresse devant la caméra, une autre fois dénigre la marque de matelas qui finance l'émission. En Amérique, la politique toujours débouche sur le spectacle comme le spectacle sur la publicité et Lonesome bientôt se trouve sollicité par les futurs candidats à la présidence. A cet égard, la scène où il éduque, en l'humiliant, un vieux général politicien est sublime ; il lui explique comment plaire : ne pas garder les lèvres serrées, savoir se moquer de soi-même, se présenter devant la caméra avec un petit animal, chien ou chat, dans les bras.

Et c'est, entre tous les paliers de cette montée à la gloire, une vie de kermesse, de larbins, de draps défaits, une agitation dérisoire et forcenée ; les filles se couchent sur un regard de Lonesome ; plus il est aimé du public, plus il est détesté derrière les coulisses par tous ceux que sa forte nature fait vivre. Et Patricia Neal qui est évidemment devenue sa maîtresse, trompée plusieurs fois par jour, s'accroche de toutes ses forces à Lonesome qui redevient son petit bébé fragile chaque fois qu'elle parvient à le retenir cinq minutes.

La fin, nécessairement fabriquée — Rhodes est publiquement démasqué — sonne aussi vraie, aussi juste que le reste car il est exact que ces baudruches humaines se dégonflent bien vite comme le prouve le capricieux destin du sénateur McCarthy auquel nos auteurs ont constamment pensé.

Que *A Face in the crowd* soit dirigé par Elia Kazan signifie assez que ce film est joué mieux qu'à la perfection. L'interprétation d'Andy Griffith est une performance certes mais une performance de Kazan car jamais un comédien ne fut porté à bout de bras tout le long d'une œuvre comme ici.

Sans doute n'est-ce point là un film homogène mais au diable l'homogénéité ! Ce qui importe ici, ce n'est pas la structure de l'œuvre mais son esprit, inattaquable, sa force et j'ose dire sa nécessité. Les habituels défauts des films « honnêtes » sont leur mollesse, leur timidité, leur neutralité peu esthétique ; celui-ci est passionné, forcené, puissant, inexorable comme une « Mythologie » de Roland Barthes et comme elle un plaisir pour l'intelligence.

*(1957)*

# Stanley Kubrick

## PATHS OF GLORY

J'ai donc vu *Paths of Glory (Les Sentiers de la Gloire)*, film américain indépendant réalisé en Belgique, les autorités françaises ayant refusé l'autorisation de tournage en France aux cinéastes qui n'ont, je crois, pas même l'intention de soumettre leur production achevée au contrôle de la commission de censure !

*Paths of glory* est adapté d'un roman qui porte ce titre, lequel ne fait qu'articuler un fait vrai et qui entache assez clandestinement la petite histoire de la guerre 1914-1918.

Le début du film nous fait assister à une conversation entre deux généraux français respectivement interprétés par George Mac Cready le balafré et le Hollywoodien, d'origine française, Adolphe Menjou qui n'en est pas à son premier rôle de fripouille puisqu'il paraît qu'en dépit de l'opinion publique *, il dénonça son vieil ami Charles Chaplin au Comité des activités anti-américaines. Menjou, au nom de l'état-major, demande donc à Mac Cready de s'emparer coûte que coûte d'une fourmilière réputée imprenable ; il s'agit

---

(*) *L'Opinion publique* est le titre français de *A woman of Paris* (1923) le seul film dramatique de Charlie Chaplin et qui consacra Adolphe Menjou comme séducteur européen dans les films d'Hollywood.

essentiellement de faire taire la presse mécontente ; Mac Cready refuse d'abord de sacrifier inutilement ses hommes puis cède enfin après que Menjou lui a promis je ne sais quel avantage.

C'est ainsi que le général envoie délibérément à la mort toute une compagnie de braves, menée superbement par le colonel Kirk Douglas.

La fourmilière était réellement imprenable, d'où affreuse, sanglante et criminelle hécatombe ; cette attaque désespérée constitue la meilleure partie du film. Au plus fort de son dépit, le général commande un tir d'artillerie *sur ses propres troupes démantelées ;* refus des artilleurs. Au retour des rescapés, le général en fait fusiller trois *pour l'exemple,* choisis au hasard. Le film se termine sur cette exécution ; l'un des trois, blessé après une bagarre en prison, ayant voulu massacrer l'aumônier, est ficelé sur une civière ! Et Kirk Douglas rageur, bien décidé à « avoir la peau » du général du diable, médite à voix haute cette pensée de Samuel Johnson : « Le patriotisme est l'ultime refuge des gredins. »

Ainsi donc, ce film, qui, à la demande des anciens combattants belges, a été retiré d'une salle bruxelloise, ne sortira jamais en France — tant qu'il y aura des militaires en tout cas — et c'est dommage car il est fort beau et à divers points de vue. Il est admirablement mis en scène, mieux encore que *The Killing* sorti à Paris sous le titre d'*Ultime Razzia,* en plans longs, très mobiles. La photo, splendide, parvient à retrouver le style plastique de l'époque — on pense à la guerre de 1914-1918 telle qu'en témoigne par exemple une collection de « L'Illustration ».

La faiblesse du film, ce qui l'empêche d'être un réquisitoire irréfutable, c'est une certaine invraisemblance psychologique dans le comportement des « méchants » ; il y eut certainement en 1914-1918 des « crimes de guerre » semblables, des tirs dirigés sur nos troupes mais par erreur, par ignorance et par confusion plutôt que par ambition personnelle. La lâcheté est une chose et le cynisme une autre ; ce général à la fois lâche et cynique est peu vraisemblable ; le scénario eût été plus logique si un officier lâche, pris de panique, avait fait tirer sur ses troupes et qu'un *autre* officier eût fait fusiller trois des rescapés *pour l'exemple.*

De même, dans *Attack,* de Robert Aldrich, le moment où le capitaine apeuré poussait, avec son pied, le revolver qui traînait à terre et grâce auquel le lieutenant qu'il avait trahi allait le tuer, était irritant de fausseté psychologique. On pardonnera plus facilement à Stanley Kubrick une erreur matérielle pourtant grossière : le colonel Kirk Douglas à plusieurs reprises salue tête nue ses supérieurs !

On peut penser que Stanley Kubrick, qui avait dès le départ renoncé à exploiter son film en France, aurait trouvé de meilleurs exemples d'abus militaires dans des guerres plus récentes : celle de 1940 avec son vagabondage d'officiers français sur les routes, celle d'Indochine avec tous les scandales que l'on connaît, celle, toute fraîche, d'Algérie à propos de laquelle, après Henri Alleg, le cinéaste aurait plus fortement, plus utilement posé « la question ».

De toute manière, en dépit de sa simplification psychologique et théâtrale, *Paths of Glory* est un film important qui confirme le talent et l'énergie d'un nouveau réalisateur américain, Stanley Kubrick.

*(1958)*

# Charles Laughton

## THE NIGHT OF THE HUNTER

*The Night of the Hunter (La Nuit du Chasseur)* présente au moins deux particularités qui en font une œuvre importante : ce film constitue la première mise en scène cinématographique de l'acteur américain Charles Laughton, dont les compositions truculentes dans *Mutiny on the Bounty (Les Révoltés du Bounty)*, *The Private Life of Henry VIII (La Vie Privée d'Henry VIII)* et *The Paradine Case (Le Procès Paradine)* restent célèbres, et il marque le retour à l'écran de Lillian Gish qui fut la plus grande actrice du muet.

Le sujet peut déconcerter : un père de famille, assassin pour dix mille dollars, cache l'argent dans une poupée de chiffon puis fait jurer à ses deux petits enfants de garder le secret et d'employer utilement cet argent quand ils seront plus grands et vraisemblablement orphelins. On ne tarde guère à l'arrêter et même à l'exécuter.

Peu après, son compagnon de cellule, un prêcheur condamné pour vol, est libéré (Robert Mitchum). Le but de sa vie est de construire une chapelle et, pour concrétiser ce rêve, il se promet de s'approprier les dix mille dollars dont il connaît l'existence s'il en ignore la cachette. Il épouse donc la veuve de son infortuné camarade (Shelley Winters), refuse de s'acquitter envers elle de ses devoirs

conjugaux et la tue peu après, lorsqu'elle l'a surpris « cuisinant »
les enfants pour connaître la cachette du magot. Le petit garçon et
la petite fille, poursuivis par leur terrifiant beau-père, s'enfuient en
serrant dans les bras la précieuse poupée ; une vieille dame (Lillian
Gish) les recueille et fait arrêter le criminel. Le petit garçon
« revit » alors littéralement l'arrestation de son vrai père et, sous
le regard des policiers, il déchire la poupée, offrant, trop tard hélas !
l'argent au malheureux prêcheur assassin.

Si j'ajoute que le prêcheur sanguinaire porte le mot « Amour »
tatoué sur la main droite et le mot « Haine » sur la main gauche,
à raison d'une lettre sur chaque phalange, on comprendra qu'il ne
s'agit pas d'un film comme les autres. En effet, *The Night of the
Hunter* nous fait le récit d'une aventure insolite qui doit s'interpréter
comme un conte cruel et humoristique ou, mieux, comme une
parabole. C'est de la relativité du bien et du mal qu'il s'agit
essentiellement dans cette histoire, dont tous les personnages sont
bons, même les méchants, même le prêcheur criminel.

Un tel scénario n'est pas de ceux par lesquels on peut inaugurer
une carrière de cinéaste hollywoodien et il y a fort à parier que
ce film, réalisé au mépris des normes commerciales élémentaires,
sera l'unique expérience de Charles Laughton et c'est bien dommage. Dommage, oui, car en dépit des heurts de style, *The Night
of the Hunter* est un film d'une grande richesse d'inventions qui
ressemble à un fait divers horrifiant raconté par des petits enfants.
Malgré la beauté de la photographie de Stanley Cortez, l'homme
qui éclaira si extraordinairement *The Magnificent Amberson,* la mise
en scène oscille du trottoir nordique au trottoir allemand, s'accroche
au passage au bec de gaz expressionniste en oubliant de traverser
dans les clous plantés par Griffith. Charles Laughton ne craint pas
de brûler quelques feux rouges et de renverser quelques policemen
dans ce film unique qui fait aimer le cinéma de recherches quand
il *cherche* vraiment et le cinéma de trouvailles quand il *trouve !*

*(1956)*

# Joshua Logan

## *PICNIC*

Dans une petite ville du Kansas débarque un beau matin William Holden, crasseux, bronzé et nonchalant. Contre un bon repas, il brûle les ordures chez une vieille dame qui, de surcroît, lui lave sa chemise. Entre temps, il a fait, torse nu, la connaissance d'une jolie fille, Kim Novak, et de sa jeune sœur, Susan Strasberg.

Chemise lavée, Holden peut enfin rendre visite à Cliff Robertson un ami de collège, fortuné et fiancé à Kim Novak.

Le lendemain a lieu un grand pique-nique traditionnel, nous dirions en France une kermesse, qui occupera tout le dimanche. Holden se montre particulièrement brillant, il danse comme un dieu, fait le boute-en-train et doit bientôt repousser les avances d'une institutrice — Rosalind Russell — qui a trop bu de whisky. Comme il se dérobe, elle l'injurie et, dégoûté, il se sauve, rattrapé par Kim Novak dans les bras de qui il passera la nuit. Holden, s'étant battu avec Cliff Robertson et avec la police, s'enfuit sur un train de marchandises après avoir supplié Kim Novak de venir le retrouver à Tulsa. Celle-ci, malgré les pleurs de sa mère, le rejoindra en autocar et la dernière image nous montre, vus d'hélicoptère, le train de marchandises et l'autocar se rejoignant.

Je ne sais si, récompensée par le Prix Pulitzer, la pièce *Picnic* de William Inge, également auteur de *Come Back little Sheba* et de *Bus Stop,* est géniale ou non mais le film qu'en ont tiré Daniel Taradash scénariste-dialoguiste et Josh Logan metteur en scène — après avoir été celui de la pièce à Broadway — n'est pas loin de l'être.

A travers cette tranche de vie, c'est un portrait de l'Amérique que brosse pour nous Josh Logan, sans méchanceté inutile et sans trop de sentimentalité, mais avec une lucidité un peu cruelle qui apparente son regard sur le monde à celui de Jean Renoir. Mais s'il est nécessaire de voir plusieurs fois *Elena et les hommes* avant d'en déceler toutes les beautés, il n'est rien dans *Picnic* qui ne soit perceptible lors d'une première vision. C'est la seule raison pour laquelle *Picnic* peut séduire davantage que le film de Renoir. S'il faut prolonger la comparaison, les deux films ont en commun d'être davantage que des histoires racontées en images, et de nous offrir de l'amour une vision à la fois plus vraie qu'à l'ordinaire à l'écran, charnelle et finalement désenchantée.

Dans *Picnic,* Josh Logan nous laisse choisir nos émotions, on peut rire ou pleurer des excentricités de ses personnages, chaque idée, pile et face, étant exprimée avec ce qu'elle contient de pathétique et de cocasse. Si Josh Logan était plus jeune, il aurait fait de *Picnic* un film à la fois plus cruel, plus généreux et aussi naïf, mais ses quarante-huit ans, sa corpulence, sa volubilité et sa franche santé lui font dominer son sujet et l'aborder avec une distance, à mon sens, salutaire.

En Josh Logan nous saluons un nouveau très grand metteur en scène dont Jacques Rivette dit qu'il est « *Elia Kazan multiplié par Robert Aldrich* », ce qui est d'une grande justesse car *Picnic* fait penser à *East of Eden* par la délicatesse du trait et à *Vera Cruz* par sa fulgurance. Josh Logan après *Picnic* — son premier film — et *Bus Stop* m'apparaît comme un cinéaste si doué pour le cinéma (direction d'acteurs, caméra, amélioration d'un scénario, mise en valeur de chaque idée) qu'il ne saurait rater un film à moins de le vouloir. Voilà un pur metteur en scène, un homme dont on sait par ailleurs qu'il ne se laisse pas marcher sur les pieds puisqu'il quitta Hollywood aux environs de 1935 pendant le tournage de *History is made tonight* qui, s'il l'avait terminé, eût été son premier film comme metteur en scène.

*Picnic,* que pour ma part je préfère à *Bus Stop,* est d'une invention incessante et d'une verve de chaque image. Selon son bon plaisir Josh Logan n'hésite pas à nous faire rire au milieu d'une scène triste ou inversement, il nous mène littéralement par le bout du nez et la salle comblée se pâme d'aise.

*(1955)*

# Sidney Lumet

## TWELVE ANGRY MEN

Voyons un peu : le scénario ? Ah oui, parlons-en ! Eh bien, il est très habile, dans le sens le plus favorable du mot ; nous n'aimons guère aux « Cahiers » les œuvres construites sur une bonne idée, sur l'astuce, sur l'ingéniosité, mais le script de *Twelve angry men (Douze hommes en colère)* décourage la critique : 1) grâce à cette délibération à laquelle nous assistons en continuité de temps, de lieu et d'action, nous éprouvons très vif le sentiment, non pas d'une chose faite, mais qui se fait, et cela c'est le triomphe du style télévision ; 2) l'étiquetage des jurés est tellement raffiné qu'au lieu d'offrir, comme à l'ordinaire, douze spécimens sociaux, nous n'en voyons que six, représentés *chacun deux fois*. (C'est très simple : deux intellectuels, deux manuels, deux intolérants, deux fumistes, deux scrupuleux, deux « comme il faut »). C'est ainsi que chaque caractère est nuancé par son presque semblable, au lieu que taillé à coups de serpe comme dans les brochettes humaines généralement en conflit sur les écrans.

Bien des films (et parmi les meilleurs) sont ennuyeux et vous donnent l'envie de partir avant la fin, soit pour boire un verre, soit dans l'espoir de rencontrer une petite amie en vadrouille. Ici, il devient de plus en plus difficile de s'en aller à mesure que progresse le film car la vie d'un homme est en jeu (seule une unanimité favorable peut lui épargner la mort) et surtout parce que, les jurés cédant les uns après les autres au plaidoyer généreux de Fonda, le plus dur de cette tâche humanitaire, jusqu'au dernier moment, reste à faire. « *Bigre* », se surprend-on à murmurer dans l'ombre. Les trois derniers jurés « passent en force », mais quelle idée géniale d'avoir fait céder le plus réticent en avant-avant-dernier de manière à ce qu'il constitue un levier qui soulève les deux autres et à lui seul rend possible le verdict final : *not guilty !*

Film de scénariste, peut-être, mais quel scénariste ! C'est ici, et ici seulement, que justice est faite et qu'il est bien prouvé que nous sommes tous des assassins. Pour Sidney Lumet, dont c'est le premier film, metteur en scène qui prouve là davantage que des dons certains, un sens des acteurs admirable, il devait s'agir un peu d'un pensum, en tous cas d'un exercice. Que ce pensum soit devenu une B.A. peu quotidienne, un film courageux et cependant fort, noble et pourtant intelligent, généreux et néanmoins puissant, montre assez le cas qu'on devra faire de ce cinéaste. Il faut attendre Sidney Lumet au tournant ou, si l'on préfère, en tournant.

*(1957)*

# Joseph Mankiewicz

## THE BAREFOOT CONTESSA

J'ai revu récemment *Chaînes conjugales (A Letter to three wives)* et je pensais bien ne plus rien ignorer de Joseph Mankiewicz ; un contenu brillant, intelligent où tout n'est qu'élégance, goût et raffinement, un contenant quasiment diabolique de précision, d'adresse et de science, une direction d'acteurs théâtrale jusqu'à l'indécence, un sens de la durée des plans et de l'efficacité des effets qu'on ne retrouve guère que chez Cukor, voici l'art de Joseph Mankiewicz, sa parfaite possession d'un genre — celui de la comédie dramatique — dont il ne convient pas encore d'esquisser les limites puisque ses qualités sont trop souvent ignorées.

*The Barefoot Contessa (La Comtesse aux pieds nus)* déroute, indiscutablement. On sort de là sans être certain d'avoir tout compris, sans être certain non plus qu'il y ait davantage à comprendre que ce qu'on a compris, perplexe enfin quant aux intentions de l'auteur. Ce qui ne fait aucun doute, c'est la sincérité totale de l'entreprise, sa nouveauté, son audace et son pouvoir de fascination. On a pu quelquefois reprocher à Jo Mankiewicz d'être le cinéaste favori des snobs, mais il se trouve précisément que les spectateurs champs-élyséens qui ont fait le succès d'*All about Eve* sifflent allègrement, et tous les soirs avec une belle constance, notre chère Comtesse, tandis qu'à la place Blanche les spectatrices sont obligées d'expliquer à leur mari de quoi il s'agit : le type-là, oui, le comte italien, eh bien, il est impuissant ! — Ah, bon, fait l'autre, maritalement.

Stendhal notait après l'échec d' « Armance », son roman consacré à l'impuissance en amour : « *Le manque de mode fait que le vulgaire ne cristallise pas pour mon roman et réellement ne le sent pas. Tant pis pour le vulgaire.* » Peut-être répondait-il ainsi à Sainte-Beuve : « *Ce roman énigmatique par le fond et sans vérité dans le détail n'annonçait nulle invention et nul génie.* »

Le plus clair du film de Mankiewicz est bien l'anathème lancé contre Hollywood et sa clique, l'oisiveté et sa clique, la Riviera et sa clique, non plus, comme dans les films précédents, avec l'optique de la satire indulgente, mais ici avec une haine forcenée de la vulgarité. Bien, mais la Comtesse ? J'y viens.

Trois hommes de cinéma, américains, découvrent, au cours d'un voyage, une extraordinaire et prestigieuse danseuse espagnole : Maria Vargas (Ava Gardner), qu'ils emmènent à Hollywood et « lancent » comme vedette. Le producteur Kirk (Warren Stevens), démagogue, érotomane et bigot, fait à Maria qui le méprise une cour sans espoir. Elle prend toujours pour amants de beaux et solides garçons qu'elle choisit parmi les cochers, les tziganes et les guitaristes.

Un jour, pour humilier Kirk, Maria accepte d'accompagner Bravano, multimilliardaire sud-américain, le temps d'une croisière sur la Riviera. Bravano (Marius Goering) n'aura pas plus de chance avec Maria que Kirk ; néanmoins, ce fat se console à l'idée qu'il passera pour son amant aux yeux du monde.

Bravano se révèle donc rapidement grotesque, imbécile et persécuté. Maria le quitte au profit du Comte Vincenzo Torlato-Favrini (Rossano Brazzi) dont elle est réellement amoureuse et payée de retour. Mariage. Le Comte avoue à sa jeune épouse qu'il ne pourra « *l'aimer que de tout son cœur* », une blessure de guerre l'ayant mutilé. Maria prend alors une résolution audacieuse : le plus beau cadeau qu'elle puisse faire à son époux, (dont la sœur, Valentina Cortese, est stérile) est un enfant. Elle s'emploie donc à la réalisation de ce vœu lorsqu'elle est surprise par son mari Vincenzo qui la tue ainsi que le chauffeur-bouc émissaire.

L'histoire, dont le pivot visuel est le cimetière où l'on enterre la

grande star sous la pluie, est racontée tour à tour par plusieurs
personnages, dont le metteur en scène Harry Dawes (Humphrey
Bogart) qui fut le seul ami de Maria et son unique confident. Il est
arrivé sur les lieux du drame trop tard pour dissiper le malentendu
dont il a pressenti l'issue tragique.

Il serait déplacé de reprocher à Joseph Mankiewicz d'avoir
abordé plusieurs thèmes sans en traiter aucun puisque aussi bien
son propos fut moins une satire de Hollywood (mais la plus violente
qu'on ait jamais tournée), moins un film sur l'impuissance (elle est
surtout symbolique), moins un pamphlet sur la Riviera et ses hôtes
qu'un portrait de femme, l'un des plus beaux que nous ait offert le
cinéma, la femme étant Ava Gardner, la plus belle actrice d'Hollywood.

Il s'agissait pour Joseph Mankiewicz de placer son héroïne,
sauvage, naturelle et énigmatique, dans quatre situations différentes,
quatre cadres de vie, face à des personnages contradictoires, d'examiner ses réactions et de faire la description de la morale que la
prestigieuse vedette s'est fabriquée.

Maria Vargas n'est pas, comme on l'a écrit, une nymphomane :
ce n'est pas une perversion qui la pousse dans les bras d'hommes
de petite condition mais un profond dégoût, une répulsion physique
à l'égard des princes de ce monde qui, « producers », milliardaires,
rois déchus ou oisifs sont à ses yeux autant de « malades ». Leur
infirmité virtuelle à tous se trouve concrétisée par l'impuissance de
Vincenzo, dernier Comte d'une prestigieuse lignée. (Ce n'est pas par
hasard que la sœur de Vincenzo est stérile.) Puisque son destin lui
fait trouver pour la première fois l'Amour avec ce « babilan »,
il était logique que Maria Vargas recourût, pour lui assurer un
bonheur total, à une extravagance digne de sa peu commune personnalité.

Ce sujet n'est pas de ceux que l'on critique : on le refuse
en bloc ou on l'accepte. Pour ma part, je l'accepte et l'apprécie
pour tout ce qu'il apporte de nouveauté, d'intelligence et de beauté.
Le premier carton du générique de *La Comtesse aux pieds nus*
nous annonce une production « Figaro Incorporated » inscrite sur
une reproduction de « L'Indifférent » et quelques mesures des
« Noces de Figaro ». Ainsi, son goût du « dix-huitième » a incité
Mankiewicz à placer sous le triple patronage de Beaumarchais, Wat-
teau et Mozart ce film dont il est tout à la fois scénariste, dialo-

guiste, metteur en scène et producteur. (Il est bien évident que *La Comtesse aux pieds nus,* tant par l'originalité de son intrigue que par la violence des attaques contre Hollywood, n'aurait pu être produit ni par Zanuck ni par H. Hughes.) Il s'agit donc « a priori » d'une entreprise audacieuse, noble et mille fois sympathique, à travers laquelle Mankiewicz règle ses comptes avec Hollywood qui l'avait condamné à cirer les meubles alors qu'il rêvait de faire éclater les murs.

Grâce au succès de ses comédies psychologiques, Joseph Mankiewicz s'était assuré à Hollywod une situation privilégiée : il n'en a que plus de mérite d'avoir risqué une aventure plus originale et périlleuse d'autant que *La Comtesse aux pieds nus,* comme on peut s'en douter, est fort mal accueilli par ceux-là mêmes qu'enchantèrent ses précédents films agréables et spirituels mais aussi plus faciles : *All about Eve (Eve), A Letter to three wives (Chaînes conjugales), Five fingers (L'Affaire Cicéron).* Que les spectateurs des Champs-Elysées ricanent lorsque, sur l'écran, un monsieur fait à une dame l'aveu de sa défectuosité corporelle, en dit long sur la part que prend le public à la banalité et la vulgarité des scénarios habituels. Cela prouve encore que le temps n'est pas venu où l'on pourra adapter « Armance », de Stendhal. Dans *Le Rouge et le noir* (film), Claude Autant-Lara n'a pas osé filmer Mathilde tenant sur ses genoux la tête coupée de Julien Sorel ; Mankiewicz se montre plus stendhalien car l'initiative finale de la Comtesse — se faire faire un bébé par le chauffeur pour l'offrir à son mari — serait assez dans le caractère de Mathilde de la Môle.

On a eu tort d'annoncer *La Comtesse aux pieds nus* comme un film « à clés ». Bien sûr, il est aisé de reconnaître deux « producers » à qui celui du film a emprunté quelques traits (démagogie, bigoterie et lubricité), mais Maria Vargas n'est pas plus Rita Hayworth que Bravano n'est Ali Khan. Ce qui est probable, c'est que Jo Mankiewicz s'est dépeint dans le personnage du scénariste-metteur en scène que joue admirablement Humphrey Bogart.

Ce film subtil et intelligent, fort bien mis en scène, joué à la perfection avec un rien de théâtral, est le meilleur que l'on puisse voir actuellement.

*(1955)*

# Anthony Mann

## MEN IN WAR

Les films de guerre sont une spécialité hollywoodienne. La renta-bilité de ce genre étant plus sûre qu'en tout autre domaine, il y a moins de concessions à faire et, si le scénario n'est point trop subver-sif, on peut obtenir le concours de l'armée : hommes, matériel, munitions, chevaux, avions, etc. Après l'échec commercial de *The Big Knife (Le Grand Couteau),* Robert Aldrich a renfloué sa maison de production avec *Attack.* Bien conçu, un film de guerre peut se tourner avec des haricots : quelques hommes dans le soleil au milieu des herbes, une petite patrouille, quelques couteaux, une douzaine de casques, des fusils de gosses et l'on peut tourner ainsi — sans le concours de l'armée — un film antimilitariste ou en tout cas antibelliciste.

Tout ceci concerne parfaitement *Men in War (Cote 465)* dernier film d'Anthony Mann, celui qu'il préfère, a-t-il déclaré récemment et dans lequel débute un jeune comédien Anthony Ray, fils de Nicholas, lequel nous donnera bientôt son point de vue sur la guerre avec *Bitter Victory.*

Je cote très haut *Men in War,* baptisé en France d'un si mauvais titre sans doute pour qu'il rapporte moins d'argent, je le place plus haut que *Attack* car il faut sans cesse revoir les films et réviser nos jugements. Avec les mêmes moyens qu'Aldrich, Anthony Mann va plus loin que lui en utilisant des procédés plus purs et moins théâtraux ; il n'y a, dans *Men in War*, aucun sadisme, aucune gratuité, mais une narration ferme, solide, rigoureuse, implacable.

Une petite patrouille en Corée, conduite par un lieutenant, Robert Ryan, humain, intelligent, courageux, bref un bon officier. Arrive une jeep conduite par un sergent brutal et ricaneur ; à ses côtés un colonel silencieux, complètement siphonné et que le sergent semble idolâtrer, lui allumant ses cigarettes, le bichonnant, le chouchoutant, veillant sur lui, comme s'il s'agissait d'un nouveau-né ou d'une vieille grand-mère.

Le colonel demeurant dans un état de prostration, tout le film tourne autour de ces caractères, ces deux types de guerriers, le lieutenant intelligent, posé, logique (Robert Ryan) et le sergent instinctif mais plus fort, sans doute parce qu'il connaît mieux la région ; dès qu'une herbe bouge, il tire jusqu'à plus soif. Avec lui pas question de faire des prisonniers ! C'est un personnage tour à tour fascinant et répugnant, magnifiquement interprété par Aldo Ray.

La fin ressemble à celle de la *Bandera* en plus sobre : deux survivants, ceux qui nous intéressent, et des cadavres tout autour.

Sauf erreur, il y a bien longtemps qu'Anthony Mann n'avait pas tourné en noir et blanc et la magnifique photo de Ernest Haller nous dispense de tout regret ; Anthony Mann est actuellement le cinéaste américain le plus sensible à la nature et, dans *Men in War,* chaque brin d'herbe, chaque buisson, chaque branchage et chaque rayon de soleil a la même valeur émotionnelle qu'un tank en mouvement. Du reste, il n'y a pas de tank dans *Men in War* mais seulement une poignée d'hommes marchant dans les sentiers.

Moralement, l'anecdote est très digne, très noble, irréprochable, l'homme seul étant concerné, sa peur, sa sueur, ses souliers, ses cigarettes et, aux vertus évidentes de cette belle œuvre, il convient d'ajouter une immense qualité négative, je veux parler de l'absence de certains poncifs que l'on croyait inhérents à ce genre de films : les personnages trop typés, c'est-à-dire le soldat qui fait rire les copains en disant des âneries, celui qui passe son temps à lire les lettres de sa femme, celui qui est lâche, etc.

Il faut préciser que le scénario est signé Philip Yordan, l'auteur de *Johnny Guitar,* l'un des écrivains les plus doués d'Hollywood.

*(1957)*

# Robert Mulligan

## FEAR STRIKES OUT

Projeté en « bouche-trou » avant les fêtes, l'un des meilleurs films américains de l'année sera passé inaperçu. Il s'agit de *Fear strikes out (Prisonnier de la peur)*, de Robert Mulligan, jeune cinéaste dont voilà le premier film ; il vient, comme Sidney Lumet, de la télévision, mais il faut le savoir car, contrairement à *Twelve angry men (Douze hommes en colère)*, *Fear strikes out* est exclusivement cinématographique. Par son réalisme, la vérité du cadre, des faits et aussi par la stylisation du jeu, ce film se rattache à ce qu'on appelle « l'école de New York » en référence au style imposé par Elia Kazan dans ses films les plus récents, style délibérément antihollywoodien.

*Fear strikes out* nous raconte l'histoire d'un jeune garçon sur lequel son père reporte tous ses rêves de joueur de base-ball. Il « entraîne » son fils, le surmène, l'oblige à brûler les étapes jusqu'à ce qu'il devienne enfin « pro ». Il ne le félicite jamais, trouvant toujours à redire, perfectionniste jusqu'à plus soif, mais toujours assoiffé, précisément, de perfection. Il arrive, c'était à prévoir, que ses nerfs, un beau jour, « lâchent » le jeune champion qui est bon dès lors pour l'asile. Le film se termine par la première psycha-

nalyse décrite sur l'écran, longue et détaillée, précise et vraisemblable, remarquablement « juste » et admirablement conduite.

Il est rare de voir un premier film à ce point exempt de défauts,
de boursouflures. Tout est en place, pas une scène moins bonne
que l'autre dans ce film serein, calme, franc et d'une perfection
qui ferait croire à une expérience très solide.

Toute l'emprise repose sur les larges épaules de Karl Malden
(le père) mais aussi sur celles, plus frêles, du jeune acteur Anthony
Perkins, qui cumule la simplicité des jeunes premiers de la vieille
génération : Jimmy Stewart, Gary Cooper, au modernisme corporel
des Brando et des James Dean, sans jamais recourir ni aux clins
d'œil ni à l'exhibitionnisme.

*Fear strikes out* est un film amer et désabusé qui ne donne guère
envie de vivre en Amérique. Mais, s'il se trouvait en France des
cinéastes aussi lucides et talentueux que Mulligan, comme lui
capables de dépasser l'anecdote, nous aurions sur l'écran une image
de notre pays un peu moins simplifiée.

*(1958)*

# Otto Preminger

## *BONJOUR TRISTESSE*

J'épargnerai au lecteur le couplet sur l'adaptation fidèle ou infidèle puisque je n'ai pas lu « Bonjour Tristesse » non plus que les deux autres romans du même auteur. Les interviews que l'on publie d'elle sont plus remarquables les unes que les autres ; riches d'idées générales, elles révèlent une lucidité, un tact, une intelligence froide qui sont de l'essayiste plus que de la romancière.

Autrement dit, ce que pense Françoise Sagan m'intéresse davantage que ce qu'elle invente et ce qu'elle est que ce qu'elle fait. Une mademoiselle Teste sommeille en elle que ses efforts évidents pour tuer la marionnette nous rendent infiniment plus sympathique que la plupart de ses collègues romanciers qui feignent encore d'être dupes de leurs laborieuses anecdotes.

Un Otto Preminger, tout au contraire, me semble valoir plus par ce qu'il fait que par ce qu'il est. Au questionneur cinéphile, il n'a guère à offrir que des lieux communs sur la censure catholique, la rentabilité des films, le box office des vedettes. Homme d'affaires redouté et envié, ancien acteur, ce Viennois quinquagénaire est pourtant un artiste, ce qu'on appelle aujourd'hui avec une nuance péjorative, un formaliste. Ce « metteur en scène » et rien d'autre — capable d'insuffler de la vie à n'importe quel imbroglio — est

aussi peu soucieux qu'un donneur de sang d'en savoir plus long sur
le bénéficiaire de la transfusion.

Si donc Françoise Sagan est bien « de son siècle », le vingtième,
celui des penseurs, Otto Preminger, lui, est un homme d'il y a cent
ans, un instinctif, un inspiré dont l'art défie l'exégèse savante.

Que les plus fervents admirateurs de *Bonjour Tristesse*-roman
crient à la trahison devant *Bonjour Tristesse*-film, c'est bien leur
droit, comme c'est le mien de préférer une œuvre de Preminger
et de Preminger seulement à une de ces entreprises collectives
jusqu'à l'anonymat, comme celle que je nommerai pas et dont on
ne sait s'il faut l'attribuer à Pierre Boulle, David Lean, Alec Guiness
ou Sam Spiegel.

Avez-vous remarqué comment la stérilité inhérente à leur fonction
conduit les critiques à s'occuper toujours du personnage plutôt que
de l'acteur qui l'incarne ? C'est certainement leur sécheresse prétentieuse qui les conduit à préférer le scénario au film lui-même, les
intentions au résultat, l'idée au geste, bref l'abstrait au concret.
Et pourtant le metteur en scène, lui, travaille sur ce que les militaires
nomment « le matériel humain ». Un romancier parlant de « ses »
personnages m'a souvent semblé ridicule, jamais un réalisateur parlant de ses interprètes. C'est probablement pourquoi je préfère le
cinéma à la littérature.

Le cinéma est un art de la femme, c'est-à-dire de l'actrice. Le
travail du metteur en scène consiste à faire faire de jolies choses à
de jolies femmes et, pour moi, les grands moments du cinéma sont
la coïncidence entre les dons d'un metteur en scène et ceux d'une
comédienne dirigée par lui : Griffith et Lillian Gish, Sternberg et
Marlène, Fritz Lang et Joan Bennet, Renoir et Simone Simon,
Hitchcock et Joan Fontaine, Rossellini et Magnani, Ophüls et
Danielle Darrieux, Fellini et Masina, Vadim et B.B. Nous pouvons
désormais ajouter Preminger et Jean Seberg.

Lorsqu'il a organisé le « Concours Bonjour Tristesse », Otto
Preminger ne cherchait pas Cécile, il cherchait Jean Seberg et
lorsqu'il l'eut trouvée, la question qui se posait à lui n'était pas :
est-elle digne d'être Cécile ? mais : Cécile est-elle digne d'être
concrétisée par Jean Seberg ? Aussi bien, fidèle ou non, l'adaptation
d'Arthur Laurente consiste-t-elle à favoriser ce que j'appellerai dans
le sens le plus favorable du mot : l'exhibition de Jean Seberg ou,

si l'on veut, sa mise en valeur, sa mise en jeu, sa mise en scène.

Ce n'est évidemment pas pour le public des Vingt-quatre heures du Mans que les coureurs automobiles risquent la mort et pourtant, ne se donnent-ils pas en spectacle ? Otto Preminger est comme eux : il nous offre un spectacle dont il garde le secret, un spectacle qui ne concerne que lui.

Otto Preminger est un cinéaste peu commercial, probablement parce qu'il se consacre à la recherche d'une vérité particulièrement ténue et presque imperceptible : celle des regards, des gestes et des attitudes. S'il œuvre volontiers dans le scandale, rappelez-vous ses films : *Forever Amber (Ambre), The Moon is blue (La Lune est bleue), Carmen Jones, The Man with the golden arm (L'Homme au bras d'or)*, c'est pour mieux sauvegarder sa pureté ; chez ce peintre amoureux du petit détail qui ne frappe pas, la magnificence du cadre est destinée à imposer l'insignifiance délibérée du dessin et les génériques ronflants de Preminger constituent une rigolade dont il est l'instigateur conscient. L'accumulation ici des noms de Sagan, Juliette Greco (qui chante *Bonjour Tristesse* ! ! !) et Georges Auric est un gag cynique et je crois que si Preminger entreprenait aujourd'hui seulement le tournage de *Bonjours Tristesse* il ne pourrait renoncer à utiliser Yves Saint-Laurent pour les costumes et Bernard Buffet pour les décors !

Autre gag : dans ce film, David Niven, sur la plage, ouvre un numéro de *ELLE*. Voilà un amical salut à Pierre Lazareff dont la somptueuse villa est, après Jean Seberg, la vedette du film. Ce n'est pas tout : sur cette couverture de *ELLE,* un portrait, celui de Christine Carrère choisie par la Fox pour être à Hollywood la vedette de *A Certain Smile (Un certain sourire)* d'après un autre roman de Françoise Sagan et qui sera, celui-là, certainement massacré par l'esclave hébété qui a nom Jean Negulesco ! Ici donc, le malicieux Otto cligne vers la Fox : « *Désolé, Messieurs, mais je crois bien que mon film sortira avant le vôtre.* »

En lisant, à l'époque, les comptes rendus du premier livre de Françoise Sagan, je fus frappé par les similitudes et les analogies qu'il présentait avec un film américain *Angel Face,* sorti à la sauvette un an avant, sous le titre *Un si doux visage.* Dans ce film, tout comme *Bonjour Tristesse,* « produced and directed by Otto Preminger », l'exquise Jean Simmons s'ennuyait ferme dans une luxueuse villa entre un père adoré et une belle-mère rabat-joie. De Robert Mitchum qu'elle engageait comme chauffeur et amant, Jean prétendait faire le meurtrier de belle-maman. Finalement, elle provoquait elle-même, et à l'insu de Mitchum, un mortel accident de voiture dans lequel trouvaient la mort non seulement la belle-mère haïe mais aussi le père idolâtré, véhiculé en dernière heure par son épouse. Accusés l'un et l'autre, nos amants sur les conseils de leur avocat s'épousaient en prison, seul moyen pour eux d'obtenir l'acquittement.

Sans aller jusqu'à affirmer que Françoise Sagan s'était inspirée de *Angel Face* pour écrire son premier roman, il était évident que *Bonjour Tristesse* intéresserait Preminger lequel, trois mois plus tard, en rachetait les droits cinématographiques à Ray Ventura, collégien inspiré qui empocha au passage cinquante millions, le salaire de son flair. C'est pourquoi il est stupide d'écrire que Preminger n'était pas l'homme qu'il fallait pour tourner *Bonjour Tristesse* puisque ce film n'est pour lui qu'un remake, qu'un prétexte à broder sur son thème favori : la femme-enfant et sa tristesse de vieillir. J'irai jusqu'à prétendre que *Saint Joan (Jeanne d'Arc)* et *Bonjour Tristesse* se complètent parfaitement : dans le premier les Anglais débarquent et Jeanne est échaudée ; dans le second, il s'agit, pour le même personnage un an plus tard, de ne pas se laisser avoir par le premier Cauchon venu, pour se défendre, d'attaquer la première et de bouter l'Anglaise Deborah Kerr hors de France.

Je n'ai pas réellement analysé le film ! Est-ce ma faute s'il se dérobe mystérieusement ? Il semble que Preminger, qui nous prouva dix fois par le passé qu'il était un conteur admirable, ne veuille pas cette fois nous raconter quoi que ce soit mais nous montrer telles quelles — et presque pêle-mêle — des choses qui l'intéressent. Cette anecdote frêle, simple et crédible, il ne fait rien pour nous y faire croire, pis, il la morcelle, nous tirant d'un passé coloré pour nous baigner dans un présent noir et blanc. Sa Côte d'Azur en farandoles vous paraît insensée ? N'oublions pas qu'il y a deux ans, lorsqu'Otto Preminger fut nommé au Jury du Festival de Cannes, il fut convié à regarder sur La Croisette une « Bataille de fleurs » dix fois plus ridicule ; sa vision de Saint-Tropez n'est donc point trop sévère, *Bonjour Tristesse* ce n'est pas la France vue naïvement par un Américain, mais la France, montrée aux Américains telle qu'ils aiment la voir, par un Européen lucide et méprisant.

L'interprétation, inégale, constitue pourtant le point essentiel du film, mais de toute manière lorsque Jean Seberg est sur l'écran, c'est-à-dire tout le temps, on ne regarde qu'elle, tant elle est gracieuse dans la moindre de ses attitudes, précise dans son moindre regard. Sa forme de tête, sa silhouette, sa démarche, tout en elle est parfait et sa forme de sex-appeal est inédite à l'écran ; elle est menée, contrôlée, dirigée au millimètre par son réalisateur qui serait aussi, dit-on, son fiancé, ce qui n'aurait rien de surprenant tant il faut d'amour pour obtenir une telle justesse d'expression. En short bleu échancré sur le côté, en pantalon corsaire, en jupe, en robe du soir, en maillot de bain, en chemise d'homme dont les pans flottent, en chemise d'homme dont les pans sont ramenés devant et noués sur le ventre, en corsage et encore sage — mais plus pour longtemps — Jean Seberg, avec ses petits cheveux blonds cendrés sur son crâne de pharaon, ses yeux bleus grands ouverts et ses éclairs de malice garçonnière, porte sur ses petites épaules tout ce film qui n'est d'ailleurs qu'un poème d'amour que lui dédie Otto Preminger.

*(1958)*

# Nicholas Ray

## JOHNNY GUITAR

Nous avons découvert Nicholas Ray avec *Knock on any door (Les Ruelles du malheur)* il y a sept ans de cela ou huit. Puis, au « Rendez-vous de Biarritz », l'éblouissante confirmation avec *They Live by night (Les Amants de la nuit)* qui demeure sans doute son film le meilleur. Ensuite à Paris, passèrent inaperçus, *In a lonely place (Le Violent), On Dangerous ground (La Maison dans l'ombre), The Lusty men (Les Indomptables)* et enfin aujourd'hui *Johnny Guitar.*

Jeune cinéaste américain — de la génération des Wise, Dassin, Losey — Nicholas Raymond Kienzle est un auteur au sens que nous aimons donner à ce mot. Tous ses films racontent la même histoire, celle d'un violent qui voudrait ne plus l'être, ses rapports avec une femme moralement plus forte que lui car le frappeur, héros de Ray toujours, est un faible, un homme-enfant lorsqu'il n'est pas simplement un enfant. Toujours la solitude morale, toujours les traqueurs, quelquefois lyncheurs. Ceux qui ont vu les films que je viens de citer sauraient d'eux-mêmes multiplier et enrichir les rapprochements ; que les autres me fassent confiance.

*Johnny Guitar* n'est pas loin d'être le meilleur film de son auteur. Habituellement, les films de Ray ennuient le public qu'irritent

souvent leur lenteur, leur sérieux, voire leur réalisme, je parle ici
d'un réalisme de mots et de trouvailles poétiques « à la Cocteau ».
Une enfilade de préciosité plus vraie que vraie. Les cow-boys de
*Johnny Guitar* s'injurient en s'appelant « monsieur » dans la
version doublée en français, version pour une fois supérieure au
sous-titrage car mettant davantage en évidence la théâtralité du film.
On sait déjà que ce western choque par son extravagance. *Johnny
Guitar* est un faux western mais non un « western intellectuel ».
C'est un western rêvé, féerique, irréel au possible, délirant. Du rêve
au freudisme, il n'y avait qu'un pas qu'ont franchi nos confrères
anglo-saxons en parlant de « western psychanalytique ». Mais les
qualités de ce film, celles de Ray sont autres, peu visibles pour
qui n'a jamais risqué un regard sous l'œilleton d'une caméra. Nous
nous efforçons, et c'est par là que nous nous opposons à une autre
forme de critique, de remonter aux sources de la création cinématographique. Contrairement à André Bazin, je crois qu'il est important qu'un metteur en scène se reconnaisse dans le portrait que
nous traçons de lui et de ses films.

Pour autant que l'on puisse distinguer deux familles de cinéastes,
les cérébraux et les instinctifs, je classerais d'emblée Nick Ray
dans la seconde, celle de la sincérité et de la sensibilité. Et, cependant, on devine un intellectuel mais qui sait abstraire tout ce qui
ne vient pas du cœur. Il n'est pas un très grand technicien mais il
est évident que Ray vise moins la réussite traditionnelle et globale
d'un film, qu'à donner à chacun des plans une certaine qualité
d'émotion. *Johnny Guitar* est « fait » assez hâtivement de plans très
longs, coupés en dix morceaux, le montage est haché mais l'intérêt
est ailleurs : par exemple dans la très belle mise en place des gens
à l'intérieur du cadre. (Les gens de la patrouille lorsqu'ils sont chez
Vienna se disposent et évoluent en V comme les oiseaux migra-
teurs.)

Il y a deux films dans *Johnny Guitar* : celui de Ray (les rapports
entre les deux hommes et les deux femmes, la violence et l'amertume) et tout un bric-à-brac extravagant du style « Joseph von
Sternberg » absolument extérieur à l'œuvre de Ray, mais qui, ici,
n'en est pas moins attachant. C'est ainsi que l'on peut voir Joan
Crawford, en robe blanche, jouer du piano dans un saloon caver-
neux avec, à côté d'elle, des chandeliers et un revolver. *Johnny*

*Guitar* est la belle et la bête du western, un rêve de l'Ouest. Les cow-boys s'y évanouissent et meurent avec des grâces de danseuses. La couleur fruste et violente (par Trucolor) contribue au dépaysement, les teintes sont vives, quelquefois très belles mais toujours inattendues.

Le public des Champs-Elysées n'a pas tort d'accueillir *Johnny Guitar* par des ricanements. Dans cinq ans, il se pressera pour applaudir ce film au Cinéma d'Essai. (cf. *Les Dames du Bois de Boulogne*). Le public de la place Pigalle « marche » très bien à la version doublée de *Johnny Guitar*. Pour le public des Champs-Elysées, il manque le clin d'œil hustonien.

*Johnny Guitar* a été fait sur mesure pour Joan Crawford comme *Rancho Notorious (L'Ange des Maudits)* de Fritz Lang pour Marlène Dietrich. Joan Crawford fut l'une des plus belles femmes de Hollywood ; elle est aujourd'hui hors des limites de la beauté. Elle est devenue irréelle, comme le fantôme d'elle-même. Le blanc a envahi ses yeux, les muscles son visage. Volonté de fer, visage d'acier. Elle est un phénomène. Elle se virilise en vieillissant. Son jeu crispé, tendu, poussé jusqu'au paroxysme par Nicholas Ray constitue à lui seul un étrange et fascinant spectacle.

Nicholas Ray est un peu le Rossellini hollywoodien. Comme lui, il n'explique jamais, ne souligne jamais. Plutôt que des films, il tourne des schémas de films (cf. l'article de Rivette sur R.R.). Un autre point commun : Ray est scandalisé par la mort des enfants. Au royaume de la mécanique, amoureusement, Nicholas Ray fabrique, en artisan, de jolis petits objets en bois de houx. Haro sur l'amateur ! Il n'est pas de films de Ray sans la tombée du jour. C'est le poète de la nuit qui tombe et tout est permis à Hollywood hormis la poésie. Alors qu'à Hollywood, un Hawks s'installe et prend ses aises, flirte avec la tradition pour la mieux bafouer et triomphe toujours, Ray, lui, incapable de « composer » avec le diable et, pactisant, d'en tirer profit, y est brimé et perd la lutte avant même que de combattre.

Hawks et Ray s'opposent un peu à la manière de Castellani et Rossellini. Avec Hawks, nous assistons au triomphe de l'esprit, avec Nick Ray à celui du cœur. On peut réfuter Hawks au nom de Ray (ou inversement), réfuter encore *Big Sky* au nom de *Johnny Guitar* ou les admettre tous deux, mais à qui les refuse

l'un et l'autre, j'ose dire : n'allez plus au cinéma, ne voyez plus
de films, car vous ne saurez jamais ce que sont l'inspiration, l'intuition poétique, un cadre, un plan, une idée, un bon film, le cinéma.

*(1955)*

# BIGGER THAN LIFE

Si le film de lui qu'il préfère est *Rebel without a cause (La
Fureur de vivre)* dont il est l'auteur complet, Nicholas Ray semble
satisfait de *Bigger than life (Derrière le miroir)* dont le scénario,
signé au générique Cyril Hume et Richard Maibaum, a été presque
entièrement récrit par Clifford Odets, Gavin Lambert et lui-même.

On peut supposer que, si Nicholas Ray a bénéficié pour tourner
*Bigger than life* d'une si grande liberté, c'est qu'il avait pour
producteur la vedette du film, James Mason. Celui-ci avait acheté
les droits de la relation, parue dans le « New Yorker », d'un fait
divers authentique : un instituteur atteint d'une inflammation des
artères fut soigné à la cortisone, nouveau médicament encore au
stade d'expérimentation mais déjà baptisé « drogue miracle ». Bien
qu'il respectât scrupuleusement les doses prescrites, il s'achemina
peu à peu vers la folie des grandeurs ; il devint hargneux, excité,
paranoïaque, exalté ; il entreprit fébrilement des travaux utopiques
en vue de réformer l'enseignement ; véritable tyran domestique, il
terrorisait son entourage jusqu'à ce qu'on le ramenât en clinique
où il subit un nouveau traitement.

Dans leur premier scénario, Hume et Maibaum faisaient du
héros un petit cousin de Jeckyll et Hyde, le jour : parfaitement équilibré, la nuit : brute épaisse qui casse tout. Nicholas Ray préféra
revenir à la véritable histoire en la prolongeant dramatiquement le
plus loin possible.

Instituteur mal rétribué, Ed. Avery (James Mason), à l'insu de
sa femme et de son fils, travaille plusieurs soirs par semaine

comme standardiste à une station de taxis. Surmené, il tombe
malade : inflammation des artères, on le soigne à la cortisone.
Sous la pression des associations médicales, extrêmement puissantes
aux Etats-Unis et très hostiles au film, Nick Ray dut concéder un
détail du scénario ; dans le film, en effet, Ed. Avery dépasse la
dose prescrite pour retrouver plus souvent l'état euphorique que
lui procure la cortisone dont il use bientôt comme d'une drogue.

Son comportement alors n'est plus le même ; il prend de l'assu-
rance, affiche un contentement de soi qu'on ne lui connaissait pas ;
un jour, chez un grand couturier, il oblige sa femme à accepter
deux robes qu'il n'a cependant pas les moyens de lui offrir ; puis,
il critique tout le monde, devient méprisant et exagérément irritable.

Bientôt, comme dans le fait divers, il prétend s'être découvert
une mission : il doit réformer l'enseignement ; il va écrire une série
d'articles retentissants, etc. Il expérimente sur son jeune fils ses
nouveaux principes d'éducation ; il fera de lui un génie ; commence
alors pour la mère et le fils un calvaire quotidien. Les scènes
familiales redoublent de violence ; Ed. Avery un jour surprend son
fils en train de confisquer les cachets de cortisone. Peu après, ayant
entendu à l'église un sermon sur Abraham, il se prend pour un
grand théologien et décide de renouveler sur son fils le geste du
Père de la foi. Son épouse tente de le détourner de cette idée :
« Dieu n'a pas voulu qu'Abraham sacrifie son fils » et Avery
répond sublimement : « Dieu a eu tort ! » Mais au moment où il
s'élance, une paire de ciseaux à la main, pour sacrifier son fils,
il est saisi par un vertige. Dieu intervient et Avery entrevoit une
boule de feu tournoyant, celle dont parle la Genèse : « Quand le
soleil fut couché et que les ténèbres s'étendirent, voici qu'un feu
passa entre les animaux partagés. » Finalement, Ed. Avery, revenu
à lui, est terrassé par un de ses voisins et plus tard sa femme et
son fils viennent lui rendre visite à la clinique d'où il ressortira
guéri.

Tel est le scénario que plusieurs de mes confrères ont jugé
rocambolesque après la présentation de *Bigger than life* à Venise.
Leur argument est qu'on ne peut construire une tragédie sur un
fait aussi anodin que celui-ci : un homme dépasse la dose prescrite
de cortisone. En fait, Nicholas Ray n'a pas voulu faire une tragédie
ni même raconter une histoire vraisemblable et psychologique, il

a conçu son film *comme une fable,* il a filmé une idée, un raison-
nement, une supposition. Au lieu de cortisone, il pourrait s'agir
d'alcool par exemple, l'essentiel n'étant pas le prétexte choisi mais
le prolongement de ce prétexte.

Nick Ray a voulu montrer que le public a tort de croire aux
miracles de la médecine, aux « drogues miraculeuses » puisque
l'une d'elles, comme l'atome, peut sauver mais également détruire.
La science a ses limites et il ne convient pas d'avoir en elle une
confiance aveugle. La seule chose que Nicholas Ray n'a pu montrer
franchement dans son film est son antipathie pour les médecins ;
toutefois, il les a filmés par groupe de trois en les cadrant comme
les gangsters dans les films noirs ; il leur a demandé de parler
d'une manière pédante et détachée, avec suffisance. Pour faire
accepter l'outrance de son sujet, Nick Ray aurait pu insérer tout le
film dans un rêve ; l'instituteur se réveillant à la fin après avoir
rêvé toute l'aventure et qu'il avait voulu tuer son fils, le public
eût mieux reçu le film mais c'eût été céder à la pire convention
d'autant que, là encore, la critique n'aurait pas manqué de ricaner.

Le scénario de *Bigger than life* est intelligent, subtil et d'une
logique absolue. La cortisone ne rend pas Avery mégalomane, elle
révèle sa mégalomanie ; c'est pourquoi, dès le début du film, les
auteurs nous donnent de précieuses indications : les affiches touris-
tiques dont la maison d'Avery est couverte, la réflexion qu'il fait à
sa femme avant son premier étourdissement : « Nous sommes
ternes, nous aussi. »

Lorsqu'il se sent plus lucide, il l'est réellement et, comme un
ivrogne, il dit bien des vérités. Ce qui est admirable, c'est qu'il n'a
jamais complètement tort ni raison ; de ce point de vue, la meilleure scène est celle de la réunion des parents d'élèves : Avery
prend la parole pour expliquer aux parents que leurs enfants dont
ils sont si fiers ne sont qu'au stade du chimpanzé ; une dame assez
ridicule quitte la classe indignée ; Avery aspire une bouffée de
cigarette, sourit avec satisfaction et poursuit son discours qui
devient peu à peu quasiment fasciste : « Il manque un chef, voilà
la vérité. » A ce moment, un grand moustachu, qui le regardait
les yeux brillants, vient se ranger près de lui : « Voilà le langage
que j'attendais, bravo ! » Vérités, contre-vérités, tout le film est
cela, saupoudré, par surcroît, d'un humour noir très raffiné.

Dans ses premiers films, Nicholas Ray traitait de la violence et de la solitude morale des violents non sans une certaine complaisance ; peu à peu, il s'est employé à démontrer la vanité de la violence et l'importance de la lucidité. Aujourd'hui, il nous offre une fois encore le portrait d'un homme que son intransigeance amène à la solitude morale mais il lui donne tort et, en même temps qu'il démontre la vanité de la violence, il prouve que la lucidité n'est pas une fin car son héros, en somme, sera un rescapé de l'enfer de la logique.

Si le film, dans sa trame, relève de la fable plutôt que de l'œuvre psychologique, il est dans le moindre détail d'une vérité extraordinaire. Plutôt que d'inventer des péripéties, les auteurs ont préféré décrire l'évolution du mal d'Avery en nous montrant ses réactions devant les faits de la vie quotidienne : par exemple, un matin, Avery prend à partie le livreur de lait et l'accuse de faire vibrer sciemment les bouteilles dans le panier de métal, pour l'embêter, pour l'empêcher de travailler, par jalousie sans doute.

Le personnage de Avery est très voisin de Francesco dans *El* de Buñuel et les deux films ne sont pas sans rapport. La scène qui nous montre Avery se regardant avec satisfaction dans la glace de la salle de bains, serviette autour du cou, sourire et cigarette désinvoltes tandis que sa femme monte bouilloire par bouilloire l'eau chaude pour le bain, pourrait être dans le film de Buñuel.

Le jeu de Mason est d'une netteté et d'une précision extraordinaires ; sous la direction magistrale de Nicholas Ray, James Mason bénéficie de trois ou quatre des plus beaux gros plans de visage que j'aie eu l'occasion d'admirer depuis que le cinémascope existe. La mise en scène, incisive, imprime au film une très grande rapidité ; l'écran est balayé par de courtes scènes dont aucune n'est extérieure au personnage de Ed. Avery. *Bigger than life* est le contraire d'un film décoratif, mais les moindres détails, qu'il s'agisse du décor, des vêtements, des accessoires et des attitudes, sont d'une beauté stupéfiante.

Il est un autre aspect par quoi le film de Nicholas Ray est profondément vrai et même si l'on refuse de suivre l'auteur dans les paroxysmes de son scénario (pourquoi diable s'y refuserait-on ?), on doit admirer ceci : pour la première fois à l'écran, les rapports d'un intellectuel avec son épouse plus simple que lui, sont démontés avec une lucidité et une franchise presque effrayantes. Oui, pour la première fois, on nous montre l'intellectuel chez lui, à la maison, dans son intimité, fort de la supériorité de son vocabulaire, ayant pour lui la dialectique en face de son épouse qui *sent* les choses mais renonce à les dire, ne pouvant tenir le même langage ; elle est, comme bien des femmes, intuitive et commandée d'abord par son amour et sa sensibilité. Cinquante variations sur ce thème font de *Bigger than life,* indépendamment du côté exceptionnel de la donnée, une excellente peinture du mariage.

Film d'une logique et d'une lucidité implacables, *Bigger than life* est surtout *le film de la logique et de la lucidité* puisqu'il les prend pour cibles et fait mouche à chaque image.

Si *Bigger than life* déroute, c'est que les films ressemblent trop les uns aux autres pour que l'un d'eux, trop neuf, s'impose d'emblée, mais le devoir d'un critique n'est-il pas de servir d'intermédiaire entre les auteurs d'un tel film et le public auquel il est destiné ?

*(1957)*

# Douglas Sirk

## *WRITTEN ON THE WIND*

La presse du cœur presse les cœurs comme des éponges. « Atout Cœur », « Rêves », « Confidences », « Nous Deux », « Intimité » : pour trente francs, six heures de lecture arrosée de vos larmes, mesdemoiselles. L'orpheline, recueillie par son parrain, modeste pêcheur sur un rocher breton, contre lequel viennent se briser les lames de la Manche en furie, a été remarquée par Norbert de la Globule, le fils du château, qu'on appelle M. Norbert dans le pays. Douce idylle.

Voilà le film que financerait M. Del Duca s'il était aussi avisé producteur qu'il est éditeur avisé. Il y a dans cette fameuse presse du cœur un certain style, un certain ton que je regrette de ne pas retrouver plus souvent au cinéma dans les œuvres mineures. Un bon mélo, bien filmé par un cinéaste n'ayant pas peur des paroxysmes, serait finalement plus proche de Balzac que le *Crime et Châtiment* de Charles Spaak ne l'est de Dostoïevski.

Tout cela m'amène à *Written on the Wind (Ecrit sur du vent)* qui représente ce que l'on a fait de mieux dans cette direction car plastiquement autant qu'intellectuellement nous tenons là l'équivalent exact d'un très bon « roman-photos », en couleurs.

Robert Stack, fils alcoolique d'un richissime magnat des pétroles et son ami d'enfance Rock Hudson, homme de confiance de son père, font la connaissance de Laureen Bacall, secrétaire prestigieuse. Stack épouse Laureen Bacall qui le guérit de ses complexes d'infériorité et l'empêche de boire. La sœur de Stack, Dorothy Malone est une nymphomane, amoureuse sans espoir du probe, du droit, du parfait Rock Hudson, amoureux lui-même, on le savait, de Laureen Bacall, épouse de son meilleur ami.

Robert Stack, dont l'organisme est intoxiqué par l'alcool, apprend par son toubib qu'il est partiellement impuissant ou plus exactement stérile par intermittences. C'est pourquoi, le soir où Laureen Bacall lui annoncera qu'elle attend un heureux événement, il se croira bafoué par son meilleur ami, encouragé dans ses soupçons par sa perfide sœurette de plus en plus échauffée à mesure qu'avance le film. Bagarres, coups de revolver, courses haletantes dans la nuit, bouteilles bues et puis cassées, en définitive Stack se tue lui-même par accident, le vieux truc de la confusion à la faveur du désarmement. La belle Dorothy rachètera ses dix ans de débauche en expliquant la vérité au tribunal, en sorte que Rock Hudson et Laureen Bacall, jolie veuve en vérité, puissent filer le parfait amour.

Douglas Sirk, qui est un homme tout ce qu'il y a de malin, nous montre, pour terminer, Dorothy Malone, la nymphomane, sanglée dans un tailleur des plus stricts, assise à la place de feu son père, caressant de ses doigts menus un petit derrick de pétrole en or, symbole de ses nouvelles préoccupations : l'or noir jaillira (et non plus le sperme) mais Œdipe sera toujours là !

Douglas Sirk n'est pas le premier venu. Ce Danois, né avec le siècle à Skagen, s'adonna à la mise en scène théâtrale à Berlin. Il tourna des films en Allemagne, en Espagne et en Australie avant de gagner Hollywood où il se fit la main avec d'excellents petits films que les cinéphiles parisiens connaissent bien : *Summer Storm (L'Aveu), Lured (Des Filles disparaissent), Sleep my Love (L'Homme aux Lunettes d'écaille), Shockproof (Jenny, femme marquée), Thunder on the Hill (Tempête sur la Colline), Mystery Submarine (Le Sous-Marin Mystérieux) et Captain Lightfoot (Capitaine Mystère).* Tous ses films, dont aucun n'atteint à la virtuosité de celui-ci, ont cependant les mêmes qualités de netteté, de fantaisie. Voilà du cinéma qui n'a pas honte d'en être, du cinéma sans complexe, sans bavures, de la belle ouvrage.

Mais c'est plastiquement que *Written on the Wind* mérite qu'on s'y arrête ; les vieux critiques ont souvent déclaré : « *Il y aura de bons films en couleurs quand les peintres s'en mêleront.* » Quelle ânerie ! La qualité de la couleur au cinéma n'a aucun rapport ni avec le goût des peintres ni même avec le bon goût. On voit ici Robert Stack dans la pénombre d'une chambre *bleue* s'élancer dans un couloir *rouge* et s'engouffrer dans un taxi *jaune* qui le dépose devant un avion *acier*. Toutes ces teintes sont vives, franches, vernies, laquées à faire hurler n'importe quel peintre, mais ce sont les couleurs du XXᵉ siècle, celles de l'Amérique, les couleurs de la civilisation du luxe, des couleurs industrielles qui nous rappellent que nous vivons à l'âge des matières plastiques.

A l'amateur de films qui ne voit chaque année que les quinze ou vingt chefs-d'œuvre incontestables, je ne recommande pas *Written on the Wind* dont la naïveté feinte ou non et la sottise le heurteront, par contre le cinémane forcené, celui qui pardonne beaucoup à Hollywood parce que les films y sont plus vivants, sortira de là, ravi, ébloui, satisfait pour une soirée, en attendant la prochaine bonne comédie conjugale.

*(1957)*

# Edgar Ulmer

## THE NAKED DAWN

*The Naked dawn (Le Bandit)* fait partie de ces petits films américains dont la publicité est si mal faite qu'on risque de les manquer. La firme *Universal* sabote celui-ci plus qu'elle ne le distribue. Tout se passe comme si l'on voulait empêcher les critiques d'en rendre compte.

Mais nous ne céderons pas aux pressions des marchands : *The Naked dawn* est un film de quatre sous, poétique et violent, tendre et cocasse, émouvant et subtil, d'une verve joyeuse et d'une belle santé.

Le générique se déroule pendant le hold-up d'un train à la frontière du Mexique. Un des deux bandits meurt entre les bras de son complice Santiago (Arthur Kennedy), lequel après avoir erré toute la nuit rencontre un jeune fermier, Manuel (Eugène Iglesias) et sa charmante femme, Maria (Betta Saint-John). Le film raconte le voyage de Santiago et Manuel à la ville où ils se rendent pour liquider les montres volées, leur retour à la maison en passant par un cabaret, et le dénouement, assez mouvementé et imprévu.

Mais l'essentiel réside surtout dans les rapports des trois personnages entre eux, d'une finesse et d'une ambiguïté proprement romanesques. Un des plus beaux romans modernes que je connaisse est

*Jules et Jim,* de Henri-Pierre Roché, qui nous montre, sur toute une vie, deux amis et leur compagne commune s'aimer d'amour tendre et sans presque de heurts, grâce à une morale esthétique et neuve sans cesse reconsidérée. *The Naked dawn* est le premier film à me donner l'impression qu'un *Jules et Jim* cinématographique est possible.

Edgar Ulmer est sans doute le plus méconnu des cinéastes américains et peu de mes confrères pourraient se vanter d'avoir vu les quelques films de lui sortis en France, tous surprenants par leur fraîcheur, leur sincérité et leur invention : *The Strange woman (Le Démon de la chair)* (un Mauriac mâtiné de Julien Green), *Babes in Bagdad (Les Mille et une filles de Bagdad)* (marivaudage voltairien), *Ruthless (L'Impitoyable)* (balzacien). Ce Viennois, né avec le siècle, assistant de Max Reinhardt puis du grand Murnau, n'a pas eu de chance à Hollywood, faute probablement de savoir « composer » avec le système. Son humour désinvolte, sa bonhomie, sa tendresse pour les personnages qu'il dépeint, font irrésistiblement penser à Jean Renoir et à Max Ophuls et cependant le public des Champs-Elysées emboîte quelque peu le film, comme il y a quelques mois, *Kiss me deadly (En quatrième vitesse)* de Robert Aldrich.

Parler de *The Naked dawn* équivaut à tracer le portrait de son auteur que l'on devine derrière chaque image et que l'on a le sentiment de connaître intimement lorsque la lumière se rallume. Sage et indulgent, enjoué et serein, vif et lucide, bref un bienveillant comme tous ceux dont je l'ai rapproché.

*The Naked dawn* est un de ces films dont on sent très nettement qu'ils ont été tournés dans la joie, on décèle en chaque plan *l'amour du cinéma* et le *plaisir d'en faire.* C'est un film que l'on a plaisir à revoir et dont on aime à parler avec ses amis. Un petit cadeau qui nous vient de Hollywood...

*(1956)*

# Charles Vidor

## LOVE ME OR LEAVE ME

Au sortir de *Love me or leave me (Les Pièges de la Passion)*, film américain, psychologique et musical ou, si l'on préfère, comédie dramatique, chantante, je songe à la justesse de cette phrase de Jean Renoir, glanée je ne sais où : « *Il n'y a pas de réalisme dans le cinéma américain. Pas de réalisme, mais, ce qui vaut mieux : une grande vérité.* »

C'est en effet, bien souvent, dans les plus conventionnelles bandes hollywoodiennes que parviennent à s'insérer, avec le plus d'intensité, des notations criantes de vérité, des accents sur la sincérité desquels aucun doute n'est possible ou encore d'hallucinantes et sublimes mimiques et grimaces en tous genres. Il semble même que la charge de vérité soit d'autant plus forte que le cadre, l'ambiance ou le genre sont factices et artificiels.

Dans un film psychologique adapté d'un roman solennel, un couple se sépare ; c'est bien triste, évidemment, mais c'est la vie comme elle coule. La même scène dans *An American in Paris (Un Américain à Paris)*, dans *Singin'in the Rain (Chantons sous la pluie)* ou dans... *Love me or leave me (Les Pièges de la Passion)* devient d'une cruauté atroce et rend une sonorité plus tragique, plus déchirante, et, en définitive, sonne plus juste et atteint mieux le cœur.

*Love me or leave me* est une biographie filmée et, dans la vérité de ce matériel littéraire, réside peut-être la supériorité de ce film-ci sur beaucoup d'autres.

Il s'agit, en somme, comme dans les magnifiques pièces d'Eugène O'Neil, d'une scène de ménage trente fois répétée entre une chanteuse, Doris Day, dont la présence érotique est effective et de son protecteur qui devient son ami, puis son fiancé, puis son mari, et finalement son obligé : James Cagney, magnifique d'entrain, de gaieté, de conviction naïve et rusée. Quel acteur !

Voyons cela dans le détail : Ruth Etting (Doris Day) est une danseuse minable (taxi-girl) qui aspire à pousser la romance. Snyder (James Cagney), gangster boiteux et rouspéteur, la « prend en main », devient son impresario et, s'aidant de ses poings, parvient à l'imposer dans plusieurs cabarets. Une ombre au tableau : Ruth est une chanteuse réellement douée, à tel point que les propositions bientôt affluent et sans que Snyder y soit pour quelque chose.

Dès lors le torchon brûle dans le ménage ; Snyder force plus ou moins Ruth à l'épouser, départ du couple pour Hollywood, adoration silencieuse d'un gentil musicien pour la jolie chanteuse, petit drame à trois avec, pour accessoire, un revolver. En définitive, Snyder se sacrifiera et laissera sa femme cueillir les roses, moins épineuses, de la vie.

L'éloge du film musical américain n'est donc plus à faire ; sous l'apparence de la légèreté, le réalisme ne s'y installe que mieux et si l'on devait recenser les scènes les plus déchirantes du cinéma, il faudrait citer bien des comédies « chantantes » hollywoodiennes ; après quelques refrains et quelques pas de danse, une rupture sentimentale et deux ou trois larmes prennent une gravité inouïe.

*Love me or leave me,* très joli cinémascope musical de Charles Vidor, n'échappe pas à la règle et nous offre, de la vie conjugale, d'une chanteuse et de son impresario, une peinture extrêmement vraisemblable et intelligente, d'une finesse et d'une sincérité rares.

L'action se déroule en 1930, ce qui accroît encore le charme des chansons, des robes et des voitures. Doris Day est décidément une actrice très attirante et James Cagney, en boitant avec allégresse, compose une silhouette grincheuse fort réjouissante.

Moins étrange et prestigieux que le mémorable *Gilda* qui nous révéla après la guerre le nom de Charles Vidor, *Love me or leave me* constitue une entreprise tout à fait sympathique. Il faut voir ce film.

*(1956)*

# Billy Wilder

## THE SEVEN YEAR ITCH

L'allusion fait le larron. Il n'est pas nécessaire de réfléchir sept minutes pour comprendre que *Sept ans de réflexion* nous entraîne au-delà du scabreux et de la grivoiserie, quelque part où, passées les bornes de l'infamie, tout n'est que désolation dissipée, bonne humeur et gentillesse.

Un Américain « moyen », Tom Ewell, accompagne au train qui les emmène en vacances, sa femme et son fils ; il se retrouve ensuite seul à la maison, imbu de morale conjugale et soucieux de suivre les sages « instructions » de son médecin (pas d'alcool) et peut-être même du confesseur.

Mais une « girl », comme on n'en connaît bibliquement qu'en rêve, vient occuper l'appartement supérieur semant le trouble dans la cervelle déjà quelque peu ébranlée du provisoire (hélas !) célibataire.

Nul doute que le personnage le plus important de la pièce, celui vers qui convergent tous les regards, soit l'homme, volontairement ordinaire et choisi plutôt au-dessous de la moyenne (physiquement tant qu'intellectuellement) pour la plus sûre identification du public mâle et le plaisir à la fois sadique, « supérieur » et envieux des spectatrices.

Mais dans le film, le centre d'intérêt se déplace au bénéfice de l'héroïne, pour la bonne raison que lorsque celle-ci est sur l'écran, il n'y a pas lieu de regarder autre chose que son corps, de la tête aux pieds, avec mille stations intermédiaires. Sa personne nous attire de notre fauteuil vers l'écran, à la manière dont l'aimant attire la limaille de fer.

Il n'y a plus sur l'écran motif à réflexions savantes : hanches, nuque, genoux, oreilles, coudes, lèvres, paumes de la main et profils prennent le pas sur : travellings, cadrages, panoramiques filés, fondus enchaînés et raccords dans l'axe. Tout cela, il faut en convenir, ne va pas sans une certaine vulgarité consciente, délibérée, dosée et finalement fort efficace.

Billy Wilder, vieux renard libidineux, procède par incessantes allusions à tel point qu'au bout de dix minutes de film, on ne sait plus très bien quelle est la signification originelle des mots : robinet, frigidaire, dessous, dessus, savon, parfum, culotte, coup de vent et Rachmaninoff.

S'il faut admirer plutôt que s'indigner, c'est que la verve et l'invention, la santé hussarde, la gaillardise bien ficelée, emportent une adhésion complice qui ne demande que cela.

Le film est sincère et c'est tant mieux, je veux dire que le plus cochon de l'affaire ce n'est pas moi, non plus que vous, mais Billy Wilder qui a poussé l'audace jusqu'à mettre en scène, et avec quelle précision, quelques plans purement pornographiques, abstraits à leur manière puisque incompréhensibles pour 98 spectateurs sur 100. Je songe, par exemple, à une certaine bouteille de lait entre les jambes de Tom Ewell, accroupi sur le plancher, devant la porte entrebâillée.

Un autre aspect intéressant du film est que pour la première fois peut-être nous est offerte une *critique cinématographique filmée.* Selon Jacques Rivette, et là je ne suis pas éloigné de le suivre, le premier plan de *Scarface* qui nous montre un employé de boîte de nuit jetant rageusement les confettis, les serpentins et un soutien-gorge oublié, *signifie,* dans l'esprit de Hawks, que le film qui va se dérouler, n'aura aucun rapport avec les chinoiseries de *Underworld,* réalisé l'année précédente par Joseph Von Sternberg et traitant le même sujet, les deux films ayant Ben Hecht comme principal scénariste ; voilà donc, ici également, du cinéma polémique et du meilleur.

On se souvient peut-être que dans *Stalag 17*, un joyeux prisonnier se livre à une série d'imitations hollywoodiennes dont la moins réussie n'est pas celle de Cary Grant. Mais pour la première fois, peut-être, voici dans *The Seven Year Itch*, des citations qui se veulent telles, avec cadrage, angle et position des personnages conformes au modèle : Kazan, Zinnemann, Borzage, et d'autres sont, tour à tour et plus ou moins sévèrement, cités mais le film auquel Billy Wilder se réfère constamment au point que chaque plan devient une gifle vengeresse, c'est *Brief encounter* de David Lean. *Brief encounter* avec ses trains de larmes, ses escarbilles téléphonées, son couple amoureusement « ingrat » et boutonneux, *Brief encounter,* film le moins charnel et le plus sentimental jamais pleuré, à tel point que certains s'en mouchent encore, larmes jamais taries de crocodiles anglais. « Rachmaninoff ! son deuxième concerto pour piano et orchestre ne rate jamais son effet », déclare Tom Ewell parce que, précisément, il a vu *Brief encounter* et qu'il en a déduit que Rachmaninoff était infaillible dans les affaires de cœur et de corps.

*Sept ans de réflexion* ne serait-il qu'une machine de guerre dressée contre le cinéma anglais qu'il serait déjà estimable pour ce bel effort de démystification !

Je n'ai pas écrit ici le nom de l'interprète féminine de ce film ; je l'aime depuis *Niagara* et même avant, c'est une personne qui a la grâce, quelque chose entre Chaplin et James Dean. Et comment, au jour d'aujourd'hui, s'abstenir de voir un film de Marilyn Monroe ?

*(1956)*

# III
# LA GÉNÉRATION
# DU PARLANT
## Les Français

# Claude Autant-Lara

## LA TRAVERSEE DE PARIS

La plus haute mission du metteur en scène est de révéler les acteurs à eux-mêmes ; pour cela, il importe déjà de se bien connaître soi-même. L'échec cinématographique réside généralement dans un trop grand écart entre le tempérament d'un cinéaste et la nature de ses ambitions.

Du *Diable au Corps* à *Marguerite de la Nuit,* en passant par *L'Auberge Rouge, Le Blé en Herbe* et *Le Rouge et le Noir,* j'ai régulièrement attaqué Claude Autant-Lara déplorant ses tendances à tout affadir et tout simplifier, la grossièreté hargneuse avec laquelle il « condensait » Stendhal, Radiguet ou Colette, déplaçant, amenuisant toujours l'esprit de l'œuvre adaptée.

Claude Autant-Lara m'apparaissait un peu comme un boucher qui s'obstinerait à faire de la dentelle.

Or, si j'admire aujourd'hui et presque sans réserve *La Traversée de Paris,* si la réussite cette fois me paraît évidente, c'est que Claude Autant-Lara a enfin trouvé le sujet de sa vie, un scénario à sa ressemblance et que la truculence, l'exagération, la hargne, la vulgarité, l'outrance, loin de desservir, ont haussé jusqu'à l'épique.

Deux Français « occupés » cheminent la nuit dans un Paris de studio plongé dans le black-out forcé, transportant clandestinement un cochon du marché noir. Le film reconstitue leur itinéraire et leur dialogue, un dialogue tout à la fois quotidien et théâtral, le meilleur entendu dans le cinéma français, ce cinéma qui, depuis dix ans, tournait autour de *La Traversée de Paris* sans la trouver, sans la réussir.

Il pourrait s'agir d'une pièce filmée, astucieusement aérée par cette trouvaille de la promenade — qui correspond à une toile de fond mobile ou, pour le cinéma, au procédé des transparences. En fait, *La Traversée de Paris* est une nouvelle de Marcel Aymé. Cela dit, ce langage audacieux au cinéma ne le serait plus à la scène où Godot est arrivé mais peu de films nous ont, comme celui-là, donné à réfléchir sur le « Français moyen » que l'on flatte d'ordinaire, d'autant plus que c'est lui qui amortit le coût des films.

Le personnage de Bourvil, petit homme écrasé par la vie, minuscule lampiste innocent et coupable, est d'une vérité absolue. Celui joué par Gabin, synthèse du peintre Gen Paul (dans l'esprit de Marcel Aymé), de Jacques Prévert, et aussi des aspirations anarchisantes de Jean Aurenche et Claude Autant-Lara, reste un peu littéraire et truqué mais d'une grande force cependant.

Dans la méchanceté, les auteurs pouvaient aller encore plus loin et sans doute ne demandaient-ils que cela, mais on n'y pense qu'après, l'étonnement dissipé. Une verve célinienne, une férocité grinçante dominent l'ensemble, sauvé de la mesquinerie par quelques notations bouleversantes, particulièrement dans les scènes finales ; si l'ensemble donne l'impression d'être plus subtil et plus puissant qu'un film de Claude Autant-Lara, une pièce de Marcel Aymé et un dialogue d'Aurenche et Bost, c'est que la fusion de ces quatre personnalités au service d'un sujet en forme de dénominateur commun est particulièrement heureuse, qui tempère l'anarchisme de gauche d'Autant-Lara par l'anarchisme de droite de Marcel Aymé, le tout mis en forme par Jean Aurenche et Bost, grâce à qui *La Traversée de Paris* ne saurait être diminuée par une quelconque étiquette politique, sociale ou confessionnelle.

Ne riez pas trop fort en voyant *La Traversée de Paris*, d'abord pour permettre à vos voisins de suivre le dialogue et, surtout, parce que Martin et Grandgil, c'est comme qui dirait vous ou moi...

*(1956)*

## EN CAS DE MALHEUR

*En Cas de Malheur*, l'un des meilleurs romans de Simenon, est devenu l'un des meilleurs films de Claude Autant-Lara. Le thème n'est pas nouveau, c'est celui de *Nana*, de *La Chienne*, l'amour d'un homme mûr, installé dans la vie, pour une fille trop jeune et trop légère qui représente l'éternel féminin. Si je cite *La Chienne*, c'est en pensant à l'admirable préambule par lequel Renoir présentait son film à l'aide de marionnettes qui se bastonnaient : « *C'est l'éternelle histoire : elle, lui et l'autre. Elle, c'est Lulu, une brave gosse ; elle est toujours sincère ; elle ment tout le temps.* » Cette définition conviendrait parfaitement au personnage d'Yvette interprété par Brigitte Bardot dans *En Cas de Malheur*.

Cette Yvette a commis un hold-up avec la complicité d'une copine ; l'idée lui vient, avant son arrestation, d'aller demander à un célèbre avocat parisien d'assumer sa défense ; dès cette première visite elle s'offre à lui en retroussant sa jupe sous laquelle elle ne porte rien ; il refuse mais accepte de la défendre, obtient un acquittement peu prestigieux et, devenu son amant, l'installe dans ses meubles avec l'accord tacite de son épouse qui est à l'origine de sa réussite sociale ; mais Yvette, par désœuvrement, couchaille de-ci de-là et bientôt s'amourache d'un étrange garçon, passionné, « ouvrier le jour et étudiant la nuit » qui tente de lui inculper quelques principes de morale absolue, avant de la tuer, geste que Mᵉ Gobillot aurait peut-être accompli trente ans plus tôt dans la même situation. Je soulignerai encore l'audace de ce scénario en signalant qu'Yvette depuis peu se savait enceinte de l'avocat et heureuse de l'être, tout en entretenant des rapports lesbiens avec une petite bonne chargée de veiller sur elle au besoin en présence et avec la collaboration de Gobillot lui-même.

Le travail d'adaptation d'Aurenche et Bost consiste le plus

souvent à transformer le roman initial non en scénario mais en
pièce de théâtre, par l'emploi de procédés dramatiques : resser-
rements, ellipses, construction en trois actes, rebondissements ingé-
nieux, mots d'auteurs, etc.

Selon la qualité de l'œuvre de départ, l'ambition du metteur en
scène prévu et les désirs du producteur, cela peut aller du pire
théâtre de boulevard *(Le Blé en Herbe, Le Diable au Corps,
Le Rouge et le Noir)* au style théâtre d'avant-garde de la rive
gauche *(La Traversée de Paris)* en passant par le genre « Comédie
des Champs-Elysées » *(En Cas de Malheur)*.

*En Cas de Malheur* est devenu très exactement une pièce
d'Anouilh, c'est-à-dire que l'on en sort avec un mélange de dégoût
et d'admiration avec une satisfaction tout à la fois vive et incomplète ;
c'est une œuvre cent pour cent française avec les vertus et les vices
que cela comporte ; analyse subtile mais mesquine, de l'adresse et
de la méchanceté, un esprit d'observation dirigé vers le sordide à
tout prix et une roublardise talentueuse qui parvient, au terme de
l'œuvre, à faire passer un message généreux.

Il y a quelques années, la pureté de mes vingt ans aurait
condamné un tel film en bloc, rageusement et c'est avec un peu
d'amertume que je me surprends aujourd'hui à admirer, même
partiellement, un film plus intelligent que beau, plus adroit que
noble, plus rusé que sensible.

Mais si j'ai mis de l'eau dans mon vin, il faut convenir qu'Aurenche
et Bost — et Autant-Lara — ont mis du vin dans leur eau et
qu'ils sont devenus très forts : si leurs noms doivent rester dans
l'Histoire du cinéma, ce sera moins pour avoir fait avancer le
cinéma que pour avoir fait avancer le public : je veux dire que
depuis quinze ans, un cinéaste comme Ingmar Bergman tourne
des films tout aussi audacieux et francs qu'*En Cas de Malheur*
— et réussis sans concessions et aucune bassesse d'inspiration —
mais ce sera peut-être grâce à des films comme *En Cas de Malheur*
que le grand public pourra comprendre Ingmar Bergman et l'aimer.

Aurenche et Bost savent très bien, comme Anouilh précisément,
ménager des ellipses si ingénieuses que la structure du film permet
au metteur en scène de tourner quinze scènes de densité et d'intérêt
égaux, sans temps morts, sans liaisons laborieuses, sans raccords
fastidieux ; leur dialogue, toujours encombré, comme celui d'Anouilh,

de facilités et de flatteries, est cependant familier et toujours efficace : ils sont devenus, en matière de spectacle, quasiment infaillibles.

Ils ont trouvé en Claude Autant-Lara le partenaire idéal puisque sans rechigner et sans jamais toucher à une virgule de leur texte, il met en valeur chacune de leurs trouvailles, consciencieux, travailleur et probe comme Pierre Bost, aigu, étriqué et revanchard comme Jean Aurenche.

Il ne passe rien à ses personnages, soulignant toutes leurs faiblesses, toutes leurs défaillances ; la bonté que j'ai cru deviner dans l'œuvre de Simenon, cette espèce de sérénité qui adoucit les plus scabreuses situations, vous ne les retrouverez pas dans le film qui est vengeur. Si toutefois je l'aime et suis décidé à le défendre, c'est qu'il livre une guerre que je crois juste contre un état d'esprit effectivement déplorable.

Pour développer cette idée, je la concrétiserai en citant un film qu'interpréta précisément Brigitte Bardot : *Une Parisienne*. C'est contre l'état d'esprit d'où procède *Une Parisienne* et contre ceux qui aiment ce film qu'Aurenche et Bost — et Autant-Lara — luttent ici de la manière que je vais dire. Le film s'ouvre par un commentaire à la TV de la visite de la reine d'Angleterre ; mettant à profit la réquisition des flics parisiens pour cette visite royale, B.B. cambriole une bijouterie : durant toute cette opération, on entend le commentaire ampoulé de TV concernant la reine, cette grande dame qui, que, quoi... Le soir, Mᵉ Gobillot et Edwige Feuillère son épouse, dînent justement à l'Elysée avec la reine ; la secrétaire de Mᵉ Gobillot, calquée très exactement sur celle d'Ornifle également interprétée par Madeleine Barbulée, regardera passer la reine sur le bateau-mouche en s'empiffrant un énorme sandwich.

L'idée est simple mais forte : une tête couronnée vadrouille dans Paris sous les lampions et paraît symboliser la grâce, la beauté, la femme, la chance, le bonheur, et dans le même temps une belle fille sans le sou assomme un vieillard pour lui faucher quelques montres.

C'est cette fille-là qui est intéressante et qui doit nous préoccuper, plutôt qu'une reine anachronique. C'est précisément parce que Brigitte Bardot est une fille absolument représentative de son époque qu'elle connaît une célébrité plus effective que celle des reines et princesses en vigueur. C'est pourquoi il fut regrettable de lui faire jouer *Une Parisienne* ou *Les Bijoutiers ;* c'est pourquoi enfin *En Cas de Malheur* est son meilleur film depuis *Et Dieu créa la Femme,* un film anti-*Sabrina,* anti-*Vacances Romaines,* anti-*Anastasia,* un film, pour tout dire républicain.

On peut dénombrer beaucoup d'audaces équilibrées chaque fois par de petites concessions mais l'essentiel est que l'on parle dans ce film de fausses couches, de petits trous dans les portes des chambres d'hôtel, de « parties » sinon « carrées » du moins « triangulaires », d'épouse complaisante, de voyeurisme et de tout ce qui sent le péché originel (je suppose qu'Aurenche y croit, non Lara...).

L'essentiel est que l'on en parle bien et sans tomber dans cette confusion des sentiments et des désirs physiques qui rend neuf films sur dix insupportables. Les concessions ? Elles apparaissent telles par confrontation avec le roman ; le personnage de l'épouse par exemple, trop sentimental dans le film, était meilleur dans le roman, plus vrai. Mais les concessions sont plus souvent visuelles que verbales, c'est-à-dire le fait d'Autant-Lara plutôt que des scénaristes. Par exemple, il est scandaleux de n'avoir pas osé filmer de vrais baisers sur la bouche entre Bardot et Gabin puisque la situation et le dialogue l'exigent. A-t-on hésité, a-t-on essayé, cela a-t-il apparu choquant, monstrueux ? Si oui, cela seul suffirait à condamner le film. Sinon pourquoi cette abstention, pourquoi ces étreintes familiales qui contredisent l'esprit du film ?

Techniquement, Autant-Lara est en progrès ; sa caméra virevolte, suit les personnages toujours en mouvement ; sa technique se décongestionne en même temps qu'elle se « déthéâtralise » ; le travail d'accélération sur Bardot et Gabin, de freinage sur Edwige Feuillère est parfait. Autant-Lara avec *La Traversée de Paris* et ce film surclasse Henri-Georges Clouzot et René Clément mais comme eux se ferme les portes de la poésie, donc du grand cinéma.

*(1958)*

# Jacques Becker

## CASQUE D'OR

Dans le film de Ernst Lubitsch *To be or not to be,* pendant quelques minutes des officiers allemands s'emploient à se tirer réciproquement la moustache afin de démasquer, parmi eux, l'imposteur.

Inutile de soumettre à cette épreuve les personnages de *Casque d'or,* chaque poil de la moustache de Serge Reggiani étant garanti hors compétition dans ce festival de l'authenticité *.

Par ailleurs, *Casque d'or* est le seul film que Jacques Becker, d'ordinaire tatillon, minutieux, maniaque, inquiet et parfois tâtonnant, ait filmé d'un trait, très vite, d'un seul élan, droit au but. Il a écrit lui-même ce dialogue très parlé, absolument naturel et si économique que Reggiani ne prononce, paraît-il, pas plus de soixante mots.

Pour tous ceux qui aiment *Casque d'or,* il est évident que Simone Signoret et Serge Reggiani ont trouvé là leur meilleur rôle même si le public français — mais non l'anglais décidément plus

(*) Ce texte écrit en 1965, ne constitue évidemment pas un compte rendu critique de *Casque d'or* (sorti en 1952) mais une introduction à l'édition du scénario dans la collection « L'Avant-Scène ».

fin — semble avoir boudé cet accouplement paradoxal, beau justement par son paradoxe : un petit homme et une grande femme, un petit chat de gouttières tout en nerfs et une belle plante carnivore qui ne crache pas sur le fromage.

Si l'on s'intéresse à la construction des histoires, comment ne pas admirer l'ingéniosité du scénario et particulièrement la façon si puissante, détournée et inattendue d'arriver abruptement à l'exécution de Manda par l'intermédiaire d'une scène aussi belle que mystérieuse, l'arrivée de Casque d'or dans un hôtel borgne en pleine nuit ? Avec mes amis scénaristes, quand nous sommes en panne, bien souvent il nous arrive de dire : « *Et si on adoptait une* « *solution Casque d'or* » ? »

*Casque d'or,* qui est d'abord un film de personnages est aussi une grande réussite plastique : la danse, la rixe dans l'arrière-cour, le réveil à la campagne, l'arrivée de Manda devant la guillotine, soutenu par un prêtre, toutes ces images sont des couvertures du « Petit Journal » ou de « L'Illustré » et cet enchantement de l'œil par l'imagerie me confirme dans l'idée que le cinéma a une vocation populaire et qu'il se trompe lorsqu'il prétend animer des peintures de maîtres.

*Casque d'or,* parfois drôle et parfois tragique, prouve enfin que, par l'utilisation raffinée du changement de ton, on peut dépasser la parodie, regarder un passé pittoresque et sanglant puis le ressusciter avec tendresse et violence.

*(1965)*

## TOUCHEZ PAS AU GRISBI

Il ne circule sur Jacques Becker aucune théorie, aucune analyse savante, aucune thèse. Son œuvre autant que sa personne découragent l'exégète, et c'est tant mieux.

Becker, en effet, n'entend mystifier ni démystifier personne ; ses films ne sont ni des constats, ni des réquisitoires ; notre auteur travaille donc en marge des modes, et même le situerons-nous aux antipodes de toutes les tendances du cinéma français.

Tous les films de Jacques Becker sont des films de Jacques Becker ; ce n'est qu'un point, mais d'importance. Si l'on admet communément qu'il est préférable d'être l'auteur des films que l'on met en scène, les raisons que l'on en donne sont banales et l'on n'en continue pas moins à vouer aux équipes et aux tandems une admiration — à mon sens — gaspillée. Que Renoir, Bresson, Cocteau, Becker participent à l'élaboration du script et signent les dialogues, ne leur confère pas seulement une plus grande aisance sur le plateau, mais plus radicalement leur fait évincer des scènes et des répliques qui sont typiquement des scènes et des répliques de scénaristes, au profit de scènes et de répliques qu'un scénariste ne saurait concevoir. Et veut-on des exemples ? Cette scène d'*Edouard et Caroline* où Elina Labourdette joue à faire « les yeux de biche », il fallait, pour l'admettre comme *tournable,* d'abord en avoir été le témoin dans la vie, ensuite l'avoir *pensée* « en metteur en scène ». Je ne sais si l'on doit cette scène à Annette Wademant ou à Jacques Becker, mais ce dont je suis sûr, c'est que tout autre metteur en scène l'eût enlevée du découpage ; elle ne fait pas faire à l'action un pas en avant, elle est surtout là, semble-t-il, pour donner une touche, non pas de réalisme, mais de réalité, elle est là encore pour l'amour de la difficulté.

Cette recherche d'une justesse de ton toujours plus grande se marque surtout dans les dialogues ; dans *Casque d'or,* Raymond (Bussières) entre dans l'atelier de menuiserie de Manda (Reggiani) en lui disant : « *Alors, boulot boulot, menuise menuise ?* » Non seulement cette réplique ne saurait être une réplique de scénariste, mais encore est-elle de celles que l'on n'invente que sur le plateau ; il n'empêche qu'il y a dans ce « *boulot boulot, menuise menuise* » une *intelligence* (dans le sens complice : intelligence avec l'ami) qui me laisse à chaque vision confondu.

Ce n'est pas tant le choix du sujet qui caractérise Becker que le choix du traitement de ce sujet, le choix des scènes qui l'illustreront. Alors que du dialogue il ne conservera que l'essentiel, ou l'essentiel du superflu (parfois même des onomatopées), il choisira volontiers d'escamoter ce que tout autre que lui traiterait le plus soigneusement, pour s'attarder plus longuement sur des personnages prenant leur petit déjeuner, beurrant des biscottes, se brossant les dents, etc. Une convention veut que les amants à l'écran ne s'étreignent qu'en fondu enchaîné ; si l'on montre dans un film français un couple se déshabiller, circuler dans la chambre en chemise de nuit, ce sera pour moquer. On pourrait penser que ces règles tacites sont dictées par un souci d'élégance. Que fait Becker dans un cas semblable ? Le goût que j'ai dit déjà de la difficulté, lui fera traiter la scène contrairement aux règles. Il nous montre dans *Casque d'or,* Reggiani et Simone Signoret en chemise de nuit, dans le *Grisbi* Gabin en pyjama.

Ce genre de travail est un perpétuel défi à la vulgarité, défi dont Becker sort toujours vainqueur, car ses films sont élégants et dignes.

Ce qui survient aux personnages de Becker compte moins que la manière dont cela leur survient. L'intrigue, qui n'est plus qu'un prétexte, tend à s'amincir de film en film : *Edouard et Caroline* n'est que l'histoire d'une soirée dans le monde avec comme accessoires un téléphone et un gilet de smoking. *Touchez pas au Grisbi* ne raconte que le transfert forcé de quatre-vingt-seize kilos d'or ; « *Ce qui m'intéresse, ce sont d'abord les personnages* », nous dit Becker ; aussi bien le véritable sujet du *Grisbi* est-il le vieillissement et l'amitié. Ce thème transparaissait dans le livre de Simonin, mais peu de scénaristes l'eussent su déceler et amener au premier plan, rejetant au second l'action violente et le pittoresque. Simonin a quarante-neuf ans, Becker quarante-huit, *Le Grisbi* est un film sur la cinquantaine. A la fin du film, Max — comme Becker — chausse des lunettes « pour lire ».

La beauté des personnages du *Grisbi,* plus encore que de ceux de *Casque d'or,* vient de leur mutisme, de l'économie de leurs gestes ; ils ne parlent ou n'agissent que pour dire et faire l'essentiel ; comme Monsieur Teste, Becker tue en eux la marionnette. De ces tueurs, il ne reste plus que des matous face à face. *Le Grisbi* est à mes yeux une sorte de règlement de comptes entre gros chats — mais chats de luxe — fatigués et, si j'ose dire, minés.

*
**

Pour nous qui avons vingt ans ou guère plus, l'exemple de Becker est un enseignement et tout à la fois un encouragement ; nous n'avons connu Renoir que génial ; nous avons découvert le cinéma lorsque Becker y débutait ; nous avons assisté à ses tâtonnements, ses essais : nous avons vu une œuvre *se faire.* Et la réussite de Jacques Becker est celle d'un jeune qui ne concevait pas d'autre voie que celle choisie par lui, et dont l'amour qu'il portait au cinéma a été payé de retour.

*(1954)*

## ARSENE LUPIN

Si *Arsène Lupin* avait été réalisé et montré en 1954, il eût constitué un film français « important », un de ceux qu'il faut louer systématiquement, fût-ce en feignant d'en ignorer les défauts ; mais nous sommes à un tournant du cinéma français et *Nuit et Brouillard, Lola Montès, Un Condamné à mort s'est échappé, La Traversée de Paris, Courte tête,* nous ont rendus plus exigeants sur le choix des sujets et la façon de les traiter.

*Arsène Lupin* est un film *agréable* qui vous fera passer une soirée *agréable,* mais la question se pose de savoir ce qu'il y a *au-delà* de cet *agrément.*

Le point faible du film, c'est évidemment le scénario. On sait que Becker est un cinéaste intimiste et réaliste, épris de vraisemblance et de vérité quotidienne ; sur d'aussi minces prétextes qu'un billet de loterie ou qu'un gilet de smoking, il nous a offert *Antoine et Antoinette, Edouard et Caroline, Touchez pas au Grisbi,* dont le succès bien mérité tournait autour du vieillissement de Max le Menteur, sa lassitude, sa première paire de lunettes « pour lire », ses petites habitudes, les bons restaurants, l'embourgeoisement sympathique d'un truand fatigué et qui songe à prendre sa retraite.

Mais le meilleur film de Jacques Becker, celui dans lequel il a

dépassé ses limites, c'est *Casque d'or,* malheureusement incompris
en France lors de sa sortie, film rapide, tragique, puissant, d'une
force et d'une intelligence de tous les instants.

Arsène Lupin, ce nom évoque pour tout le monde un personnage
presque intouchable. Becker a certes bien le droit de l'estimer démodé
et de le reconstruire à sa manière, mais l'a-t-il seulement reconstruit ?

Arsène Lupin, celui de Maurice Leblanc, est un personnage fort
et forcené ; lorsqu'il est amoureux, tout devient possible ; Lupin,
incapable de vulgarité et de mesquinerie, peut se montrer plus
orgueilleux, méprisant et fièrement théâtral que le Maître de Santiago
lui-même. On l'aime et on l'admire, on le craint et on le respecte.

A l'Arsène Lupin de notre enfance, Jacques Becker en a substitué
un autre qui n'est qu'une transposition de Max le Menteur mais le
procédé de style qui haussait *Le Grisbi* rabaisse le héros de Maurice
Leblanc à tel point que le *personnage fort* dont nous parlions est
devenu un *personnage faible,* imprécis, flou, j'oserai écrire inexistant.

Arsène Lupin rentre chez lui, place un disque sur son phono-
graphe, se déshabille, se regarde dans la glace, chantonne peut-être,
traite avec familiarité et gentillesse sa domesticité, tout cela était
déjà dans *Le Grisbi* et ici nous ennuie. Je vois bien que Becker,
qui avait mis beaucoup de lui-même dans le personnage de Max
le Menteur, s'est de nouveau identifié à son personnage mais cette
fois je me sens frustré. A force de ne plus vouloir peindre qu'un
petit homme, un « petit Français » de cinquante ans, toujours le
même, papa gâteau aux manies innocentes, Becker, victime de sa
complaisance, risque de ne plus toucher que les spectateurs quinqua-
génaires et encore, ceux des Champs-Elysées exclusivement.

Je parlerai plus loin de Robert Lamoureux qui est un excellent
Arsène Lupin, je ne critique ici que la conception du personnage,
et il me semble que le Manda de *Casque d'or* et même le couturier
de *Falbalas* furent plus proches du Lupin que nous souhaitions.

Le personnage inventé par Becker étant inachevé, insuffisant, le
réalisateur, consciemment ou non, a déplacé l'intérêt constamment
au profit de personnages épisodiques dont très peu sont « réussis ».
Avec ce *gentleman cambrioleur* devenu un *truand chapardeur,*
un rusé compère, un petit malin du genre Arsène le Menteur, on
perçoit les limites d'un style fondé sur la gentillesse, la malice, la
gouaille, le clin d'œil fraternel, le côté mon p'tit pote, les limites

aussi d'un humour laborieux, pince monseigneur sans rire du tout, humour anglais en quelque sorte.

Le scénario est composé de trois aventures, trois « coups » dont l'originalité laisse fortement à désirer ; le premier épisode, celui des tableaux volés, est irritant de pesanteur ; rien ne nous est épargné : 1. Arrivée de Lupin au château ; 2. Le châtelain : « Voyez mes tableaux dont je suis si fier » ; 3. Panne de lumière, Lupin vole les tableaux ; 4. Le châtelain : « On a volé mes tableaux » ; 5. Arsène Lupin rétribue ses complices. Aucune ellipse, rien à deviner : ce sketch fait penser à ces histoires « drôles » qui cessent de l'être parce qu'on ne vous fait grâce d'aucun détail. Le second épisode, vol des bijoux par le trou dans le mur, serait original si Ernst Lubitsch, puis Sacha Guitry ne l'avaient déjà filmé dans *Désirs* et dans *Le Roman d'un Tricheur*.

Le troisième épisode est le plus long mais le meilleur aussi : Lupin et le Kaiser. Il s'agit d'une cachette à découvrir et c'est ici que le film s'améliore ; les décors, les costumes et les couleurs sont irréprochables, le jeu est meilleur mais là encore quelques trous dans le scénario compromettent l'intelligence du récit.

Le film se termine sur une saynète très réussie chez Maxim's et l'on comprend alors que c'est ainsi qu'il aurait fallu concevoir l'entreprise et la mener, tambour battant, dans ce ton-là depuis le début.

Ce scénario, si terriblement anodin, ne comporte pas plus de six ou huit bonnes idées si maladroitement introduites et développées que, pour nous les imposer, Jacques Becker et Albert Simonin ont été contraints d'inventer quarante notations annexes qui embrouillent tout et alourdissent un film déjà handicapé par le manque de désinvolture et de légèreté du propos.

*Arsène Lupin* est fait de quatre ou cinq cents plans plus soignés les uns que les autres, jolis et bien composés, mais il en résulte quand même un film qui n'a pas de ligne, pas de rythme, pas de souffle et l'on passe son temps à regarder les bibelots, les fauteuils, la baignoire, le gramophone, les vêtements. L'ensemble est mou, sans vigueur et sans force ; ce qui est important est trop léger, ce qui devrait être léger est trop lourd.

*Arsène Lupin* est une bouteille d'eau minérale : cela rafraîchit et cela pétille, mais on peut préférer le champagne.

Il est temps d'en venir à l'aspect positif de l'entreprise. Liselotte Pulver est charmante, Otto Hasse est très bien. Ce qui sauve le film et justifie absolument le déplacement, c'est Robert Lamoureux qui est magnifique, pour la première fois en couleurs. Regardez bien son visage nerveux, son regard lucide et profond ; Robert Lamoureux aurait parfaitement interprété le véritable Arsène Lupin, celui des colères et des désespoirs, un Arsène Lupin bondissant, alerte et dynamique, féroce et sentimental jusqu'aux larmes, vengeur et cruel, le Lupin prestigieux qui reste à faire. Lamoureux n'est pas seulement un amuseur et je suis certain qu'il est un acteur dramatique capable de fasciner et d'émouvoir, capable de violence et de lyrisme ; il serait merveilleux dans la Bande à Bonnot ou dans la vie tragique d'un anarchiste. Il aurait pu jouer dans *Casque d'or ;* il mérite de très bons rôles.

C'est d'ailleurs le mérite essentiel de Jacques Becker que d'avoir choisi Robert Lamoureux, de l'avoir si bien « mis en valeur ».

*(1957)*

# LE TROU

Les films de Jacques Becker me remettent toujours en mémoire la phrase de Valéry : « *Le goût est fait de mille dégoûts.* » D'ailleurs, lorsque Becker parlait du prochain film qu'il tournerait, le mot qui revenait le plus souvent était : *méfiance.* Au téléphone, il n'y a pas très longtemps : « *Je vais faire* Les Trois Mousquetaires *mais alors, méfiance, le film s'arrêtera au retour des ferrets, ça fera déjà deux heures...* »

Dans cette phrase, tout Becker : la *méfiance* et le souci de la *durée.*

*Le Trou* est un film superbe, superbement conçu, écrit, réalisé, monté et bruité. C'est, par bonheur, le meilleur film de Jacques

Becker, par bonheur car les critiques, qui seront en l'occurence des notaires, pourront ouvrir un bon testament.

C'est bien en effet d'un testament qu'il s'agit et il est peu de films à travers lesquels on devine à ce point les *réflexions* de l'artiste tout au long de ce double cheminement.

Becker fut le cinéaste le plus réfléchi de sa génération, le plus scrupuleux, celui qui se posait le plus de questions. Si la critique ne pouvait rien lui apprendre, c'est qu'il avait déjà dans sa tête sassé et ressassé tous les problèmes. Il fut longtemps assistant-réalisateur de Jean Renoir qui aimait lui confier des silhouettes ; dans *Boudu*, Becker tout jeune, assis sur un banc, maigre, se prend la tête dans les mains, réfléchit, lève les bras vers le ciel et déclame : « *Poète, prends ton luth et me donne à baiser* » ; dans *La Grande Illusion,* il est un officier anglais qui piétine rageusement sa montre pour ne pas se la faire confisquer par les Allemands.

Voilà Becker dépeint par Renoir le grand révélateur : inquiet, angoissé, élégant, lyrique, anglais, nerveux, tourmenté.

En concevant *Le Trou* puis en le tournant et en le montant, Becker devait drôlement *se méfier,* cela se sent à chaque image. De quoi se méfiait-il, cet homme pour qui un film à faire était avant tout une sorte de « parcours du combattant » ménagé en pleine jungle, c'est-à-dire non seulement hérissé d'obstacles mais piégé à chaque pas, miné vingt-quatre fois par seconde ? Il se méfiait d'abord du côté « petit groupe d'hommes enfermés », piège qui avait été fatal à pas mal de ses confrères. Second piège : « la solidarité des durs » qui amène les échanges de regards mouillés et toute une sentimentalité à rebours. Troisième piège, l'un des plus difficiles à éviter : le « vocabulaire des prisons » ou « l'argot poétique ».

Becker a triomphé de tous ces pièges et il me semble que *Le Trou* est incritiquable dans le détail comme dans sa conception. Certains déploreront peut-être les limites de l'entreprise mais ce reproche est inutile dans la mesure où Becker a été un cinéaste limité, se voulant limité, connaissant ses limites, s'imposant des limites, s'efforçant parfois de les dépasser, parfois de les respecter, mais jouant aussi à les éprouver et nous donnant ainsi les meilleurs moments de son œuvre (c'est Goupi Tonkin sur un arbre, le suicide de Raymond Rouleau dans *Falbalas,* les yeux de biche dans *Edouard et Caroline,* la guillotine dans *Casque d'or,* etc.).

*
* *

Un cinéaste naïf n'a guère de problèmes de scénario à résoudre puisqu'il est facilement dupe de l'histoire qu'il raconte, la première dupe, le premier spectateur. Un cinéaste philosophe, cherchant à exprimer des idées générales, doit simplement construire son histoire pour en faire le véhicule de sa pensée. Là encore peu de problèmes. Mais Jacques Becker n'était ni un cinéaste naïf ni un cinéaste philosophe, il était un pur cinéaste, préoccupé par les seuls problèmes de son art.

Il cherchait essentiellement à atteindre une justesse de ton de plus en plus raffinée, c'est-à-dire évidente. Comme tous les cinéastes qui se posent beaucoup de questions, il arrivait à savoir bien mieux ce qu'il voulait éviter que ce qu'il voulait obtenir. Il haïssait une forme de cinéma que l'on pourrait appeler le cinéma abusif, l'emphase, l'exploitation de l'érotisme, la violence, le haussement de ton systématique.

Comme il *se méfiait* de l'exceptionnel, il s'imaginait constamment à la place de ses personnages ce qui le conduisait à tracer son propre portrait de films en films. Mais là encore, *méfiance :* s'il est nécessaire de se connaître bien afin de ne filmer que ce que l'on connaît bien, on ne devient pas infaillible pour autant. Becker ne devait pas savoir tout à fait que Max le Menteur c'était lui, d'où la force du *Grisbi.* Mais lorsqu'il entendit résoudre le « problème Lupin » par la « solution Grisbi », il tomba dans la complaisance et transforma un *personnage fort* en *personnage faible.*

*Lupin,* c'était donc un aboutissement, la mort d'un personnage dont la carrière avait commencé avec *Dernier Atout* sous les traits de Raymond Rouleau, s'était continuée avec Goupi Monsieur, un personnage malicieux, désinvolte, le héros beckérien gentil, sympathique et un peu trop aimable. Moralement, Becker était obligé de repartir à zéro, de prospecter d'autres terrains et ce fut *Montparnasse 19,* la contrainte librement acceptée, j'entends la peinture d'un *personnage fort* et même excessif. Modigliani, génie alcoolique, boit-il parce qu'il est génial ou est-il génial parce qu'il boit ?

Les problèmes de fabrication que posait un tel film étaient si nombreux que Becker les contourna plus qu'il ne les résolut. *Montparnasse 19* est un slalom, une œuvre si négative, que Jean-Luc Godard a pu écrire : « *Ce n'est pas un film mais la description de la peur de faire un film.* »

Il n'empêche que la perfection du *Trou* doit beaucoup à *Montparnasse 19* comme si le dernier film de Becker était le positif du précédent. On peut parler à présent non plus de talent minutieux, mais de génie, c'est-à-dire du triomphe de quelque chose d'unique et d'absolu que les autres cinéastes n'ont pas encore atteint : une totale simplicité alliée à une justesse de ton sans défaillance. Des regards précis, des gestes vifs, des visages vrais contre des murs neutres, une diction archi-naturelle, il n'y a que cela dans *Le Trou* ; « diviser pour régner » telle est la devise de la caméra de Becker, aussi habile que prudente, qui morcelle les difficultés mais les affronte une par une, tout au long de ce film magnifiquement contrôlé.

La notion de contrôle me semble importante. Un film ne doit pas forcément être dominé par le metteur en scène, il peut même le dominer par instant, jeu d'amour-fin, mais le travail doit être contrôlé et particulièrement la durée. Justement, *Le Trou* tourne autour de ces fameux problèmes de durée. Quels moments devrons-nous filmer ? Quelles ellipses nous permettrons-nous ? Dans tous ses films, Becker au stade du scénario, du tournage et du montage, devait affronter ce problème de coupures, de raccourcis, de contractions.

*Le Trou* était pour lui le sujet idéal car il n'y avait pas d'ellipses à faire, tout comptait pareillement, tout y avait la même importance, la même force ; si l'on ne se rend pas compte en sortant que l'on a été assis pendant deux heures trente, c'est que le film est un trajet sans halte, sans digression. Chaque geste, chaque réplique font avancer l'action. Il n'y a, pour les cinq personnages du *Trou,* qu'un but à atteindre et qu'une façon de l'atteindre. Ils avancent vers la liberté en même temps que Becker avance vers la poésie, c'est-à-dire vers *l'apparence* du documentaire pur.

Cette soumission au prétendu documentaire en même temps qu'elle bouleverse les dosages habituels — il s'agit encore de la durée — est la marque essentielle du cinéaste moderne qui est aussi un polémiste et dont le travail est partiellement critique. Il y a donc dans *Le Trou,* comme dans les meilleurs films récents, un aspect expérimental ; réjouissons-nous que l'expérience soit concluante et constitue un spectacle parfait.

Jacques Becker était un cinéphile. On le sentait, malgré ses vingt ans de métier, encore tout épaté d'avoir réalisé son rêve d'adolescent, faire des films. A la fin du *Trou,* il est émouvant de voir son fils Jean Becker surgir brusquement des profondeurs tout comme Edouard Dhermite-Cocteau émerge des flots dans *Le Testament d'Orphée.*

*(1960)*


## JACQUES BECKER, UN AN APRES SA MORT


Il avait inventé son propre tempo. Il aimait la vitesse en voiture, les repas très longs, il tournait des films de deux heures sur des sujets de quinze minutes, il parlait des heures dans le téléphone.

Il était scrupuleux et réfléchi, d'une délicatssse infinie. Il aimait filmer minutieusement des choses anodines, un billet de loterie ou un gilet égarés, mais il a dépassé ses limites volontairement et courageusement plusieurs fois à la fin de *Casque d'or,* dans *Montparnasse 19* et dans *Le Trou.*

Attentif à tous les nouveaux films, aux nouveaux cinéastes, facilement admiratif et toujours affectueux, cet homme ne connaissait pas la jalousie professionnelle. Il admettait très bien qu'on pût faire le même métier que lui, et pourtant quelles inquiétudes le minèrent vers la fin de sa vie !

Comme il était assez lent et réfléchissait à haute voix, il dépassait

Jean Cocteau pendant le tournage
de « La Belle et la bête » 1945

Jacques Tati à la caméra (1969)

Page suivante :
En 1947, entre les prises de vues
du « Comédien », Sacha Guitry
doit offrir l'apéritif, probablement
parce qu'il a prononcé le mot
« fatal » (c'est-à-dire le mot
« corde », banni sur les plateaux).
(Collection André Bernard)

Ce
Soir
8-11-47
Apéritif offert
par
Mr SACHA
GUITRY

Monsieur MERCA
Fatal

Lucien GUITRY
Mise en Scène SACHA GUITRY
Opr TOPORKOFF
N° 8-11-47 Soir MUET
020 100
0      1

souvent ses devis et, sur ses trois derniers films, des interruptions causées par la maladie aggravèrent les choses et affectèrent ses relations avec les producteurs.

Les derniers temps, son admirable visage était devenu gris-acier, plus exactement de la couleur automobile dite *métallisée*.

Après la sortie de mon premier film, je le rencontre alors qu'il terminait *Le Trou* et il me dit : « *Surtout, écoutez-moi, mettez un peu d'argent de côté.* »

Je n'ai jamais osé raconter plus tôt ma dernière conversation avec lui, par téléphone, deux semaines avant sa mort. C'est Françoise Fabian qui a décroché. Je lui ai demandé des nouvelles et j'ai proposé de faire des courses ou n'importe quoi. Elle m'a dit : « *Il est trop malade pour vous parler.* » J'ai entendu qu'il demandait : « *Qui est-ce ?* », puis il a pris l'écouteur. Il s'exprimait très difficilement et il m'a dit : « *Voilà. Ça ne va pas très bien, mais il ne faut pas le leur dire. ILS ne me feraient plus travailler.* »

J'ai hésité avant de raconter cela, mais je m'y décide pour montrer la cruauté de notre métier et plus généralement celle de tous les métiers du spectacle.

*(1961)*

# Robert Bresson

## LES DAMES DU BOIS DE BOULOGNE

Il n'y a pas tout à fait dix ans de cela, un après-midi que je séchais le cinéma pour traîner au lycée, notre professeur de lettres arriva et nous dit : « *J'ai vu hier soir le film le plus stupide qui soit* : Les Dames du Bois de Boulogne ; *il y a là-dedans un type qui résout ses ennuis sentimentaux en faisant cinquante kilomètres en voiture ; je ne sais rien de plus grotesque.* » La critique ne fut pas plus tendre. Le public ne vint pas ou, s'il vint, ce fut pour saluer d'un ricanement, l'une après l'autre, toutes les répliques de Cocteau. Le producteur Raoul Ploquin fut ruiné et mit sept ans à se relever. L'échec était total : *Les Dames* n'eurent pas droit à la plus modeste bataille d'Hernani.

Le Cinéma d'essai vient de programmer le film de Bresson dans le cadre d'une rétrospective et j'apprends que le public y est venu plus nombreux qu'à tous les autres programmes de la saison, que les séances se déroulèrent calmement et même que le film fut quelquefois applaudi. C'est que, selon l'expression de Cocteau, ce film « a gagné son procès en appel » ; après l'échec de la distribution commerciale, *Les Dames du Bois de Boulogne* fut projeté dans les ciné-clubs ; presque tous les critiques firent amende honorable en le revoyant ; aujourd'hui, *Le Journal d'un Curé de Campagne,* ayant triomphé des ultimes réticences, Robert Bresson est considéré comme l'un des trois ou quatre plus grands metteurs en scène français.

Le premier film de Bresson *Les Anges du Péché,* sur un scénario du Révérend Père Bruckberger dialogué par Giraudoux, avait, dès sa sortie en 1943, rallié tous les suffrages. Pour *Les Dames,* Bresson était parti d'un épisode de « Jacques le Fataliste » de Diderot, l'aventure de Madame de la Pommeraye et du Marquis des Arcis. L'adaptation est à la fois très fidèle et très peu. Très fidèle dans la mesure où des phrases entières de Diderot subsistent. On a coutume de sous-estimer la part de Cocteau, qui sut pour l'occasion devenir un rewriter de génie. Exemple : DIDEROT : « *L'histoire de votre cœur est mot à mot l'histoire du mien.* » — COCTEAU : « *L'histoire de votre cœur est mot pour mot la triste histoire du mien.* » — En lisant ces deux phrases à voix haute on admettra que Cocteau a amélioré Diderot dans un sens musical. Dans le conte de Diderot, tous les personnages rivalisent de bassesse. Madame de la Pommeraye est *la* vengeance, c'est un personnage racinien et pur (dans la mesure où Phèdre est pure) mais Madame Duquenoi et sa fille, jouant les dévotes, ne poussent-elles pas la duplicité jusqu'à aller se confesser en prévoyant que le Marquis ira corrompre leur confesseur afin de tout savoir qui les concerne ? Lorsque l'hôtesse de Diderot a terminé son histoire, le maître de Jacques lui dit : « *Notre hôtesse, vous narrez assez bien, mais vous n'êtes pas encore profonde dans l'art dramatique. Si vous vouliez que votre jeune fille intéressât, il fallait lui donner de la franchise, et nous la montrer victime innocente et forcée de sa mère et de la Pommeraye, il fallait que les traitements les plus cruels l'entraînassent malgré qu'elle en eût... Quand on introduit un personnage sur la scène, il faut que son rôle soit un. Vous avez péché contre les règles d'Aristide, d'Horace, de Vida et de Le Bossu.* » Ce qu'il y a de plus étonnant dans l'adaptation de Cocteau et Bresson, et ce qui la fait à la fois infidèle et fidèle, c'est qu'on y a tenu compte des observations du maître de Jacques : l'Agnès du film est franche, elle est l'innocente victime d'Hélène. Quant à Jean Cocteau, sa part est celle du lion : dès la première réplique sa griffe est là : « *Je n'ai pas réussi à vous distraire, vous souffrez ?* » Puis : « *Il n'y a pas d'amour, il n'y a que des preuves d'amour.* » Plus loin encore : « *J'aime l'or, il vous ressemble, chaud, froid, clair, sombre, incorruptible.* » Mais, si l'on ne connaît pas le texte de Diderot, on peut s'y tromper. Comme Giraudoux donnait aux *Anges du Péché* son dynamisme, Cocteau donne aux *Dames* le côté très vivant du film. Pour peu que l'on ait bien en mémoire tous les films que Cocteau tourna lui-même depuis 1945, on ne peut manquer d'être frappé par les similitudes ; les rapports de Paul Bernard et d'Elina Labourdette, dans *Les Dames,* sont très exactement ceux de Josette Day et Jean Marais dans *La Belle et la Bête :* un amour qui va jusqu'à la soumission, la dévotion. Maria Casares évoque irrésistiblement la Nicole Stéphane des *Enfants Terribles* lorsqu'elle prononce ces phrases qui sont des leitmotive du théâtre de Cocteau : « *Et surtout ne me remerciez pas* » ou « *Ne me démolissez pas mes échafaudages.* »

Pour rompre un peu la monotonie des épithètes du genre : magicien, acrobate, il y aurait à entreprendre une étude du réalisme chez Cocteau. Cela commence par le côté « très parlé » de ses dialogues et qui prête parfois à sourire : « *Je ne puis vous recevoir, entrez.* » C'est ce sens aigu du réalisme qui, poussé à ses limites, introduit l'insolite : c'est ainsi que, vingt ans après avoir écrit *Les Enfants Terribles,* Cocteau peut en faire un film sans changer un mot du dialogue et que ce dialogue, les acteurs le « sortent » avec une vérité extraordinaire. Une trouvaille excellente et qui frise le baroque sans être ridicule est la scène où Maria Casares descend l'escalier tout en parlant à Paul Bernard qui s'enfuit par l'ascenseur : « *Pourquoi partez-vous ? — Je n'aime pas le piano...* »

La part de Bresson n'est pas pour autant négligeable. Commencé avant la Libération, le film fut abandonné, puis repris et terminé (partiellement recommencé) quelques mois plus tard. Le travail de mise en scène reste, malgré les années, extrêmement théorique. N'est-ce pas Cocteau lui-même qui disait : « *Ce n'est pas un film, mais un squelette de film.* » C'est ainsi que l'on est davantage séduit par les intentions de Bresson que par son exécution. *Les Dames du Bois de Boulogne* est un exercice de style comme « Madame de... » (le livre). Mais si, chez Louise de Vilmorin, c'est l'aisance et la facilité qui créent notre admiration, chez Bresson, au contraire, c'est l'obstination et le très laborieux travail d'épuration qui forcent le respect.

Il me semble que *Le Journal d'un Curé de Campagne,* dont chaque plan a la vérité d'une poignée de terre, de terre bernanosienne, est le meilleur film de Bresson. Il nous faut attendre *La Princesse de Clèves* \*, qu'il tournera l'an prochain, pour connaître enfin la vraie personnalité de Robert Bresson, pour apprécier toute la mesure de son talent, privé cette fois d'un carcan nommé successivement : Giraudoux, Cocteau et Bernanos.

*(1954)*


# UN CONDAMNE A MORT S'EST ECHAPPE


L'importance du *Condamné à mort s'est échappé* justifiera que nous y revenions plus d'une fois au cours des semaines à venir. Je n'espère pas, avec ces quelques notes hâtivement griffonnées au sortir d'une première vision, faire le tour de cette œuvre majeure.

Pour moi, *Un Condamné à mort s'est échappé* est non seulement le plus beau film de Robert Bresson mais aussi le film français le plus décisif de ces dix dernières années. (Avant d'écrire cette phrase, j'ai pris soin d'inscrire sur une feuille de papier les titres de tous les films que Renoir, Ophuls, Cocteau, Tati, Gance, Astruc, Becker, Clouzot, Clément et Clair ont réalisés depuis 1946).

Je regrette à présent d'avoir écrit, il y a quelques mois, ici même : « *Les théories de Bresson ne laissent pas d'être passionnantes mais elles sont si personnelles qu'elles ne conviennent qu'à lui seul. L'existence dans l'avenir, d'une « école Bresson » ferait trembler les observateurs les plus optimistes. Une conception*

---

(\*) Bresson ne parvint jamais à tourner *La Princesse de Clèves* qui fut réalisée en 1961 par Jean Delannoy d'après l'adaptation et les dialogues de Jean Cocteau.

*à ce point théorique, mathématique, musicale et surtout ascétique du cinéma ne saurait engendrer une tendance.* » Je dois aujourd'hui renier ces deux phrases car *Un Condamné à mort s'est échappé* me paraît réduire à néant un certain nombre des idées qui présidaient à la fabrication des films, depuis le stade de l'écriture du scénario jusqu'à celui de la mise en scène et de la direction d'acteurs.

Dans bien des films d'aujourd'hui, on trouve ce qu'on appelle un « morceau de bravoure ». Cela signifie que le réalisateur a été brave, a tenté de se surpasser, pendant le tournage d'une scène ou deux de son film. A cet égard, *Un Condamné à mort s'est échappé,* film de l'obstination, sur l'obstination, réalisé par un Auvergnat est le premier film de bravoure intégrale. Essayons d'examiner en quoi ce film se différencie de ceux que l'on voit à longueur d'année.

On cite très souvent cette déclaration de Robert Bresson : « *Le cinéma est le mouvement intérieur.* » N'est-ce pas pour le plaisir de voir les théoriciens s'élancer sur une fausse piste qu'il a lancé cette phrase qu'on a peut-être trop hâtivement interprétée comme une profession de foi ? Les commentateurs ont décidé que c'est la vie intérieure de ses personnages, leur âme, qui préoccupent Bresson alors qu'il s'agit peut-être, plus subtilement, du mouvement intérieur *du film* et de son rythme ? Jean Renoir dit souvent que le cinéma est un art plus secret que la peinture et qu'un film est fait pour trois personnes ; Bresson, lui, n'a sans doute pas trois spectateurs dans le monde pour qui son œuvre est sans mystère. Il fallait toute l'inconscience des critiques de quotidiens pour parler des faiblesses d'acteurs dans *Le Journal d'un Curé de Campagne.* Le jeu des acteurs chez Robert Bresson se situe bien au-delà du « juste » et du « faux ». Il suggère essentiellement une attitude intemporelle, une posture, une « difficulté d'être », une qualité de souffrance. Robert Bresson est peut-être un alchimiste à rebours : il part du mouvement pour atteindre l'immobilité, son tamis écarte l'or pour recueillir le sable.

Pour Bresson, les films anciens et actuels ne nous présentent qu'une image déformée du théâtre, le jeu des acteurs relève de l'exhibitionnisme et, selon lui, on ira voir dans vingt ans les films d'aujourd'hui pour regarder « *comment jouaient les acteurs en ce temps-là* ». Nul n'ignore en effet que Robert Bresson, dans ses films, dirige les acteurs en les contraignant à ne pas jouer « dramatiquement », à ne pas souligner, à faire abstraction de leur « métier ». On sait aussi qu'il y parvient en tuant en eux toute volonté, en les fatiguant par un nombre incalculable de répétitions et de prises et par un travail qui évoque l'hypnotisme.

Avec son troisième film, *Le Journal d'un Curé de Campagne*, Robert Bresson a découvert qu'il avait intérêt à renoncer aux acteurs professionnels et même aux débutants au profit d'interprètes occasionnels choisis pour leur physique — et aussi leur « moral » — créatures neuves qui n'amènent avec elles aucun tic, aucune fausse spontanéité, en fait nul « métier ». S'il ne s'agissait pour Bresson que de tuer la vie en même temps que l'acteur qui est en chaque homme et de faire jouer devant la caméra des individus ânonnant un texte volontairement neutre et sans aspérités, son travail serait d'intérêt, somme toute, expérimental, mais il va plus loin et, à partir d'un interprète dépourvu de tout ce qui vient du théâtre, il crée un personnage le plus vrai possible, dont chaque geste, chaque regard, chaque attitude et chaque réaction sont essentiels, chaque mot aussi — pas un plus haut que l'autre —, l'ensemble créant une forme qui *fait* le film.

Dans ce travail, la psychologie, la poésie n'ont aucune part ; il s'agit d'obtenir une certaine harmonie en combinant plusieurs éléments, dont le choc, entre eux, provoque une infinité de rapports : le jeu et le son, les regards et les bruits, les décors et les éclairages, le commentaire et la musique. Le tout fera un film de Bresson, c'est-à-dire une sorte de réussite miraculeuse qui défie l'analyse et qui, si elle est parfaite, doit susciter chez le spectateur une émotion plus neuve et plus pure.

On voit que Robert Bresson, qui travaille dans une direction radicalement opposée à celles que suivent ses confrères, est entravé dans son contact avec le public par tous les films qui sollicitent l'émotion par des moyens moins nobles, plus faciles et effectivement théâtraux. Pour Bresson, comme pour Renoir, Rossellini, Hitchcock et Orson Welles, le cinéma est un spectacle, certes, mais l'auteur du *Journal d'un Curé de Campagne* souhaiterait que ce spectacle fût spécifique, que ses lois soient inventées et non empruntées aux genres déjà existants.

*Un Condamné à mort s'est échappé* est le récit minutieux de l'évasion d'un homme ; il s'agit, en fait, d'une reconstitution maniaque et le commandant Devigny, qui vécut l'aventure il y a treize ans, n'a pas quitté le plateau, sans cesse sollicité par Bresson de montrer à l'acteur anonyme comment l'on tient une cuiller en cellule, comment l'on écrit sur les murs ou comment l'on dort.

Il ne s'agit là ni d'une histoire, ni d'un récit, ni d'un drame. Seulement de la description d'une évasion par la reconstitution scrupuleuse de quelques-uns des gestes qui la rendirent possible. Le film entier est fait de gros plans d'objets et de gros plans du visage de l'homme qui manie ces objets.

*Un Condamné à mort s'est échappé,* que Robert Bresson voulait intituler *Le Vent souffle où il veut,* constituait d'abord une expérience extrêmement périlleuse, puis il est devenu une œuvre émouvante et neuve grâce au génie obstiné de Robert Bresson qui a su, tout en prenant le contre-pied de toutes les formes de cinéma existantes, accéder à une vérité inédite par un nouveau réalisme.

Le suspense, car il y a aussi un certain suspense dans *Un Condamné à mort s'est échappé,* est créé naturellement, non sur la dilatation de la durée mais au contraire sur son *évaporation.* Grâce à la brièveté des plans et à la rapidité des scènes on n'a jamais le sentiment d'un choix de moments privilégiés ; nous vivons réellement avec Fontaine dans sa prison, non pas 90 minutes mais pendant deux mois et c'est passionnant !

Le texte, extrêmement laconique, fait alterner le monologue intérieur du héros lorsqu'il est seul et le dialogue utilitaire, le passage d'un décor à l'autre s'effectuant avec l'assistance de Mozart. Les bruits sont d'une réalité hallucinante : chemin de fer, verrouillage des portes, bruits de pas, etc.

Par ailleurs, *Un Condamné à mort s'est échappé* est le premier film de Bresson qui soit parfaitement homogène, sans un seul plan raté, conforme d'un bout à l'autre, me semble-t-il, aux intentions de l'auteur. Le « jeu à la Bresson », un faux vrai qui sonne vite plus vrai que le vrai s'impose ici même pour les personnages les plus épisodiques.

Grâce à ce film, voilà Robert Bresson acclamé par ceux-là mêmes qui sifflèrent *Les Dames du Bois de Boulogne,* il y a onze ans.

*(1956)*

\*
\*\*

*(Deuxième Article)* \*

Dans la mesure où *Un Condamné à mort s'est échappé* s'oppose radicalement à tous les styles de mise en scène, il sera, je crois, mieux apprécié des spectateurs qui se rendent au cinéma occasionnellement, une fois par mois, que du public non cinéphile mais assidu et dont la sensibilité est souvent déformée par le rythme des films américains.

Ce qui frappe lorsqu'on voit le film de Robert Bresson pour la première fois, c'est le décalage constant entre ce qu'est cette œuvre et ce qu'elle serait, ou eût été, réalisée par un autre cinéaste ; on ne perçoit tout d'abord que les manques et pour un peu on serait tenté de refaire le découpage en indiquant les plans à tourner pour que le film ressemble à « ce qui se fait dans le cinéma ».

En effet, tout le monde a remarqué qu'on était frustré des plans généraux et qu'on ne saura jamais ce que Fontaine voyait au juste de sa lucarne non plus que du toit de la prison. C'est ainsi qu'au terme d'une première vision, la surprise risque bien de l'emporter sur l'admiration et qu'André Bazin a pu expliquer qu'il était plus facile de décrire ce que n'est pas le film que ce qu'il est.

Il faut donc revoir *Un Condamné à mort s'est échappé* pour en apprécier parfaitement les beautés. A la deuxième vision, plus rien ne nous empêche d'épouser, seconde par seconde, la marche du film, d'une vitesse incroyable, nos pieds se posant dans les empreintes, fraîches encore, laissées par Leterrier ou par Bresson, je ne sais plus.

Le film de Bresson est purement musical, le rythme étant sa richesse essentielle. Un film part d'un point pour arriver à un autre. Il y a ceux qui font des détours, ceux qui s'arrêtent complaisamment pour la satisfaction d'étirer une scène agréable, ceux

---

(\*) Ce deuxième article fut écrit trois semaines plus tard (F. T.).

auxquels il manque des tronçons, mais celui-ci, lancé sur la route la plus droite, fonce dans la nuit sur un rythme d'essuie-glace, les fondus enchaînés balayant régulièrement sur l'écran la pluie d'images à la fin de chaque scène. Voilà un de ces films dont on peut dire qu'ils ne contiennent pas un plan inutile, pas un plan que l'on pourrait déplacer ou raccourcir, bref, voilà le contraire d'un film « fait au montage ».

*Un Condamné à mort s'est échappé* est aussi libre et peu systématique qu'il est rigoureux. Bresson ne s'est imposé que les unités de lieu et d'action ; non seulement il n'a pas cherché à ce que le public s'identifie avec Leterrier, mais encore a-t-il rendu cette identification impossible ; nous sommes *avec* Leterrier, *à côté* de lui, nous ne voyons pas tout ce qu'il voit (seulement ce qui se rapporte au sujet, c'est-à-dire à l'évasion), mais nous ne voyons jamais davantage que ce qu'il voit.

Cela revient à écrire que Bresson a pulvérisé le découpage classique dans lequel un plan de regard ne valait que par rapport au plan suivant montrant la chose regardée ; cette forme de découpage faisait du cinéma un art dramatique, une sorte de théâtre photographié. Bresson fait éclater tout cela et si, dans *Un Condamné à mort s'est échappé,* les gros plans de mains et d'objets renvoient *quand même* à de gros plans de visage, la succession de ces plans s'ordonne non plus en fonction d'une dramaturgie de la scène, mais d'une harmonie préétablie constituée de rapports subtils entre les éléments visuels et sonores, chaque plan de mains ou de regard conservant son autonomie.

Il y aurait alors entre la mise en scène traditionnelle et celle de Bresson le même écart qu'entre un dialogue et un monologue intérieur.

Notre admiration pour le film de Robert Bresson ne doit pas être suscitée par la gageure que constitue l'entreprise — un seul personnage dans une cellule pendant quatre-vingts minutes — car ce tour de force n'en est pas un et, à partir de cette donnée, ne doutez pas que bien des cinéastes, Clouzot, Dassin, Becker et d'autres, auraient mené à bien un film dix fois plus palpitant et « humain » que celui de Bresson. Ce qui importe ici, c'est que l'émotion, même si elle ne doit être ressentie que par un spectateur sur vingt, est d'essence plus rare, donc plus pure et que, loin d'altérer la noblesse du propos, elle lui confère une grandeur qu'il n'impliquait pas au départ.

Le film, dans ses sommets, rivalise, pour quelques secondes, avec Mozart, dont les premiers accords de la *Messe en ut mineur,* loin de symboliser la liberté comme on l'a écrit, donnent au vidage quotidien des seaux de toilette un aspect liturgique.

Je ne crois pas que Fontaine soit un personnage très sympathique dans l'esprit de Bresson ; ce n'est pas le courage qui l'incite à s'évader, mais l'ennui, l'oisiveté ; une prison est faite pour s'en évader et, de toute façon, notre héros ne doit sa réussite qu'à la chance ; le lieutenant Fontaine, dont nous ne saurons rien d'autre, nous est montré dans une période de son existence où il fut particulièrement *intéressant* et *chanceux ;* c'est avec un certain recul qu'il commente son action un peu comme un conférencier à Pleyel raconte son expédition en commentant le film muet qu'il a rapporté : « *Le 4 au soir, nous quittons le camp de base...* », etc.

Le grand apport de Robert Bresson, c'est évidemment sa théorie du jeu des acteurs. Il est certain que le jeu de James Dean, qui nous émeut tant aujourd'hui, ou celui d'Anna Magnani, risquent de nous faire rire dans quelques années, comme celui de Pierre-Richard Wilm aujourd'hui, alors que le jeu de Laydu dans *Le Journal d'un Curé de Campagne* et celui de Leterrier dans *Un Condamné à mort s'est échappé* s'imposeront avec plus de force encore car le temps, ne l'oublions pas, travaille toujours pour Bresson.

C'est dans *Un Condamné à mort s'est échappé* que la direction d'acteurs bressonienne donne ses meilleurs résultats ; ce n'est plus la voix feutrée du petit curé d'Ambricourt, ce n'est plus le doux regard du « prisonnier de la sainte Agonie », mais la diction nette et sèche du lieutenant Fontaine, ses regards *pleins,* directs comme ceux d'un oiseau de proie ; c'est d'ailleurs à la manière d'un vautour qu'il se jettera sur la sentinelle sacrifiée. Le jeu de Leterrier ici ne le cède en rien à celui de Laydu : « *Parlez toujours comme si vous parliez à vous-même* », demande Bresson qui porte tous ses efforts à filmer le visage humain ou plus précisément encore la gravité du visage humain.

« *L'artiste a une grande dette envers le visage de l'homme et*
« *s'il n'arrive pas à mettre en valeur sa dignité naturelle, il*
« *devrait au moins tenter de dissimuler sa superficialité et sa*

« *bêtise ; il se peut qu'aucun homme sur cette terre ne soit*
« *bête ou superficiel, mais il ne donne l'impression de l'être*
« *que parce qu'il n'est pas à son aise, n'ayant pas trouvé ce*
« *coin de l'univers où il se sentirait bien.* »

Cette admirable réflexion de Joseph Von Sternberg constitue,
me semble-t-il, le meilleur commentaire possible d'*Un Condamné
à mort s'est échappé.*

Une influence de Bresson sur les cinéastes français — ou
étrangers — actuels me paraît toujours inconcevable et, cependant,
à la faveur d'un film comme celui-ci, on perçoit plus nettement les
« limites » de *l'autre* cinéma ; *Un Condamné à mort s'est échappé*
risque de nous rendre trop exigeants et même sévères pour la
cruauté de Clouzot, l'esprit de René Clair, le soin de René Clément...
Il y a sûrement quelque chose de neuf à découvrir dans l'art du
film, quelque chose qui tourne autour d'*Un Condamné à mort
s'est échappé.*

(1956)

# René Clément

## MONSIEUR RIPOIS

Il y a beau temps que la critique et le grand public se sont défaits du préjugé défavorable à l'égard des films tirés de romans célèbres. On admet aujourd'hui l'infidélité à l'esprit comme celle à la lettre (cf. *Le Diable au Corps, La Symphonie Pastorale*, etc.). C'est donc une chose reconnue qu'il n'existe pas de problèmes de l'adaptation. Cependant il me semble que si le réalisateur avoue s'être inspiré d'un livre pour faire « tout autre chose », cette autre chose doit de se situer à un degré égal *d'ambition* (cf. *Le Journal d'un Curé de Campagne*). En d'autres termes, ce qui n'est pas admissible c'est le *rapetissement* de l'œuvre adaptée : tel est l'unique critère que je propose.

C'est Raymond Queneau qui, le premier, eut l'idée de tirer un film de « Monsieur Ripois et la Némésis ». René Clément lut le livre, ne l'aima guère, accepta de le tourner après bien des réticences et en confia l'adaptation à Jean Aurenche. Je ne connais malheureusement pas et ne connaîtrai jamais le traitement d'Aurenche, toujours est-il qu'il déplut à Clément, lequel décida d'écrire lui-même l'adaptation avec un scénariste anglais : Hugh Mills, laissant à Queneau la rédaction des dialogues. Au cours de l'entreprise, le titre du roman

a été réduit de moitié, la déesse de la vengeance est restée au
vestiaire de ce Monsieur Ripois *sans* Némésis. Voici ce que donne
le scénario du film :

Monsieur Ripois (Gérard Philipe) est un Français émigré à
Londres ; sur le point de divorcer, mettant à profit l'absence de
son épouse, il a attiré dans l'appartement conjugal une jeune femme,
Patricia (Natacha Parry), amie de Catherine Ripois (Valérie Hobson).
Comme Pat se révèle hostile au flirt, Ripois entreprend de se
confesser à elle en lui racontant sa vie sentimentale ; il y eut Anne
(Margaret Johnston), son « chef » de bureau, qu'il séduisit pour
avoir la paix dans le travail ; il ne réussit alors qu'à installer
l'ambiance du bureau jusque dans sa vie privée. Puis il y eut
Mabel (Joan Greenwood) dont il abusa en lui promettant le
mariage ; il changea de logement à trois jours des fiançailles ; puis
ce fut une Française, Marcelle, prostituée de son état, brave fille
aux crochets de qui il vécut quelque temps, jusqu'au jour où il
partit en emportant ses économies. Il y eut encore Diana (Diana
Decker), une voisine, puis Catherine, qu'il épousa (pour sa fortune)
et enfin Patricia qui lui résiste encore. Comme elle est sur le
point de céder, Ripois simule un suicide et tombe réellement ;
il est blessé. Catherine s'imaginera que c'est pour elle qu'il a
voulu mourir ; aussi, pour la vie, poussera-t-elle la petite voiture
d'où, infirme, Ripois ne pourra plus que regarder passer les femmes.

Le livre de Louis Hémon est une manière de chef-d'œuvre. On
ne peut le lire sans penser à Queneau, mais au Queneau des
grands jours, celui d'« Odile ». Qui est Amédée Ripois ? Le contraire
d'un Don Juan ; les femmes ne le sollicitent pas, rien en lui ne
séduit et, cependant, ses aventures sont multiples ; Ripois est comme
le négatif du « Gilles » de Drieu la Rochelle, il est le maniaque,
l'obsédé, le « coureur » type. Son comportement à l'égard des
femmes relève d'une mécanique de la séduction ; il en va de
sa vie sentimentale comme de l'assassinat chez Landru-Verdoux.
Un mouvement d'horlogerie leur tient lieu de cœur, un fichier rigoureusement tenu comptabilise leur amour. Mais Louis Hémon en
revanche « avait du cœur » et de l'âme pour deux. Derrière tout
ce qu'il y a de sordide, d'impitoyable et de cruel dans le livre, il
demeure quelque chose qui est plus que de la générosité : la
bonté d'un homme qui fut aussi un très grand écrivain. Cette

bonté, les vrais sentiments de Louis Hémon, son regard sur cette histoire s'exprimaient dans un merveilleux personnage de jeune fille, Ella, dont le suicide amène Ripois à prendre conscience de l'effroyable ratage qu'a été son existence. Probablement par peur du mélodrame, c'est-à-dire par snobisme, Clément a supprimé ce personnage, croyant qu'il était plus raffiné d'adopter un ton de comédie sarcastique à la Alec Guiness.

Comme le portrait de Dorian Gray gagnait en laideur ce que son modèle perdait en pureté, les déconvenues de Ripois s'accroissent et s'aggravent à mesure que s'allonge la liste de celles qu'il humilia. « Monsieur Ripois et la Némésis » est le livre de la justice immanente ; Ripois, qui n'a pas su avoir pitié de la pauvre Winifred affamée, connaîtra à son tour les affres de la faim.

A la vue du luxe qui s'étale dans tout Londres, il se demande : « *Mais comment se fait-il enfin que je n'arrive pas à en avoir ma part ?* » (p. 133) et page 311 : « *Tu as eu bien plus que ta part d'amour. Et qu'en as-tu fait ?* » Nous pourrions multiplier les exemples tendant à démontrer que « Monsieur Ripois et la Némésis », comme par exemple « Le Rouge et le Noir », est construit en deux parties, les thèmes de la première étant repris dans la seconde. Une lecture attentive de « Monsieur Ripois » suffit pour être convaincu que, privé de sa seconde partie, le roman perdrait toute signification.

C'est pourquoi, en ne restant fidèle qu'à la première moitié du livre, René Clément a commis une erreur fatale, semblable à celle qui consisterait à amputer un poème d'une rime sur deux : Clément arrache les ailes d'une mouche et s'étonne qu'elle ne vole plus. La première concession a consisté à transformer les prénoms. En devenant *André* Ripois, *Amédée* Ripois a perdu l'essentiel de sa force et sa vérité. Le Ripois de Hémon était un monstre, celui de Clément est un farfelu cynique. (Comment ne pas songer ici à l'agréable *Kind Hearts and Coronets (Noblesse oblige)* dont Clément s'est un peu trop visiblement inspiré ?) René Clément a confondu cruauté et cynisme, le contenant et le contenu. Ayant à tracer le portrait d'un homme sans âme, il a oublié d'y mettre la sienne, *Monsieur Ripois* est un film de Ripois, donc un film sans âme.

L'affadissement du « fond » trouve sa correspondance dans

l'écriture même du film ; autant le style du roman était souple, incisif et rapide, autant celui du film est studieux, appliqué et quelquefois pesant (je pense à la peinture de la misère, à Londres, si extraordinaire dans le livre, et à l'épisode de Marcelle, la prostituée française).

Le talent de René Clément est celui d'un simulateur ; *La Bataille du Rail* était l'imitation de la sobriété (*L'Espoir* de Malraux multiplié par dix), comme *Le Château de Verre* était celle de la rigueur et de l'élégance (un sous-*Dames du Bois de Boulogne*). *Jeux Interdits* imitait la cruauté de l'enfance et, de manière générale, le style de Clément consiste toujours à imiter le talent.

Supprimant dans son adaptation tout ce que le livre de Hémon avait d'émouvant, Clément a agi comme ces faux intellectuels dont le cinéma français est encombré, ces semi-doctes pour qui le summum du génie est d'abstraire de l'art tout ce qui vient du cœur. D'où la vogue de laborieux brouets noirâtres : *Les Orgueilleux, Jeux Interdits, Thérèse Raquin, Le Blé en Herbe,* films informes auxquels l'absence de toute idée directrice vaut d'être qualifiés par nos critiques : phénoménologiques, démystificateurs, réquisitoires, impitoyables constats sociaux, etc.

Fidèle à la politique de la grenouille qui veut se faire plus grosse que le bœuf, René Clément s'est bien gardé de détromper les journalistes qui ne voient en Louis Hémon qu'un auteur de second ordre à qui le très folklorique et célèbre « Maria Chapdelaine » a valu la célébrité. A vrai dire, Louis Hémon, dont le « Journal » est inédit en France mais publié en Angleterre, a écrit plusieurs livres remarquables dont « Battling Malone » et « Colin-Maillard » mais je crois bien que « Monsieur Ripois et la Némésis » fut le chef-d'œuvre de ce Français mélancolique et vadrouilleur qui se suicida bizarrement en marchant entre les rails à la rencontre d'un train en pleine campagne, au Canada.

Après avoir trahi Louis Hémon, Clément a trahi Raymond Queneau puisqu'il ne reste dans le film que quelques-unes des répliques du dialogue qu'il a écrit, particulièrement la scène au cours de laquelle Ripois donne une leçon de français sans s'apercevoir que son élève anglaise lui cite Mallarmé.

Evidemment, les spectateurs qui n'ont pas encore lu le roman de Louis Hémon trouveront en *Monsieur Ripois* (sans la Némésis)

Roberto Rossellini et son opérateur pendant le tournage de Stromboli (1950)

Federico Fellini dirige « Roma » (1971)

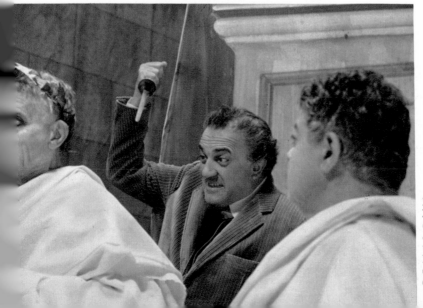

Page suivante :
Luis Bunuel
et
Jeanne Moreau
tournent
le Journal
d'une femme
de chambre
(1964)

un film agréable et brillant, mais ne pouvant mesurer l'écart de subtilité, d'intelligence et surtout de sensibilité qui sépare le roman et l'adaptation, ils ne sauront jamais à côté de quel chef-d'œuvre le cinéaste-tripatouilleur est passé.

*(1954)*

# Henri-Georges Clouzot

## *LE MYSTERE PICASSO*

Des deux ou trois films français présentés au Festival de Cannes, celui d'Henri-Georges Clouzot, *Le Mystère Picasso,* est naturellement le meilleur.

Depuis longtemps, Clouzot, dont la peinture est le violon d'Ingres, voulait réaliser un film avec son ami Pablo Picasso. Ce qui les retint si longtemps fut la crainte d'avoir à respecter les contingences du « film d'art » ; didactisme, dissection de la toile, abandon à l'anecdote, dispersion de l'intérêt par le fait même de montrer tour à tour l'artiste peignant et la toile achevée.

Une encre spéciale américaine envoyée à Picasso par des amis a résolu ce problème, permettant à Clouzot de placer la caméra non plus dans le dos de Picasso ou à côté de lui, mais *derrière* la toile. C'est ainsi qu'au lieu de voir Picasso peignant comme le verrait un visiteur, nous assistons à l'acte créateur pur sans l'intervention d'aucun élément pittoresque ou extérieur. Cette pureté, ce respect à l'égard de l'artiste et de sa matière ont été poussés si loin qu'aucun commentaire ne vient nous « instruire » ou nous distraire. Seule la musique de Georges Auric accompagne l'élaboration des toiles. Prévu pour durer dix minutes — finalement, c'est un film d'une heure et demie — *Le Mystère Picasso* commence en noir sur écran de format normal, puis utilise la couleur et, finalement, l'écran s'élargit pour nous montrer en cinémascope des toiles de plus large dimension.

Ce film, unique par sa conception comme par sa réalisation, est photographié par Claude Renoir dont c'est le plus beau travail depuis l'inoubliable *Carrosse d'Or* de son oncle.

Henri-Georges Clouzot s'est donc volontairement effacé dans ce film dont les tours de force ne seront pas perçus du public. Il a mis au service de l'un des plus grands peintres actuels cette science cinématographique, cette technique martelée et sûre d'elle, qui donnèrent tout leur poids à ses autres réalisations.

*Le Mystère Picasso* est un film qui sert la peinture en général et plus particulièrement la peinture moderne, à telle enseigne qu'après avoir vu ce film les détracteurs de Picasso ne pourront plus dire : « *Je pourrais en faire autant...* » ou encore : « *Un grand dessinateur, oui, mais un mauvais peintre.* »

*<br>**

Le papier sur lequel va dessiner et peindre Pablo Picasso ne fait plus qu'un avec le rectangle de toile devant lequel nous sommes assis. Tout se passe, en effet, comme si l'artiste travaillait dans la salle du cinéma derrière l'écran, au moment même où se déroule la projection du film.

Ce sentiment que nous éprouvons d'assister, non au spectacle d'un film préexistant, mais à l'acte créateur « en train de se faire », est accru par le fait que Clouzot lui-même, en dirigeant les prises de vues, ignorait ce qu'allait tracer Picasso, à quel endroit de la toile se poserait son pinceau.

Lorsqu'il inventa de sacrifier tout ce qui est extérieur à l'œuvre et de ne rien montrer de Picasso, fût-ce le bras ou la main, Clouzot crut sans doute augmenter la valeur documentaire de son film alors qu'au contraire il le détournait d'un genre bien précis, celui du « film d'art », pour en faire une bande aussi abstraite que les dessins sur pellicule de Norman Mac Laren.

C'est ce qui frappe dès la première image du *Mystère Picasso* ; nous sommes en présence très précisément d'un *dessin animé* plus beau à voir que d'ordinaire, inhabituel et poétique, mais irréel et sans aucun rapport avec ce que nous attendions, ce qui nous avait été annoncé et ce que nous savions du grand peintre : *Le Mystère Picasso* reste entier. C'est pourquoi nous sommes tour à tour émerveillés ou légèrement déçus. Une œuvre de Picasso s'exécutant sous nos yeux, voilà un miracle qui, s'il était nécessaire, justifierait assez la grandeur du cinéma. Quelle fermeté dans le tracé, quelle invention perpétuelle, quelle verve, quelle bonne humeur, et comme notre plaisir est grand de voir Picasso effacer, recommencer, transformer, enrichir ! On peut imaginer que le travail de Jean Cocteau sur un de ses poèmes est semblable : ratures, substitutions de mots, jaillissement du vocabulaire, les images « arrivant » comme sur la toile les couleurs ! Donc c'est bien de poésie qu'il s'agit, et nous sommes presque comblés.

Et pourtant ne le serions-nous pas davantage si Clouzot, prenant conscience de ce caractère poétique, avait traité son film comme un document ? Pourquoi n'a-t-il pas demandé à Georges Auric d'écrire une partition digne du *Sang d'un Poète* au lieu de ce pot-pourri d'opéras-comiques qui nous assourdit ?

Clouzot a fait savoir qu'il avait renoncé à commenter le film, car la peinture « *ne s'explique pas avec des mots* ». Fort bien, mais sur quatre-vingt-dix minutes de film, n'eût-il pas été judicieux d'en consacrer une dizaine à montrer des toiles anciennes ou récentes de Picasso plus travaillées, plus réussies, dont la facture eût contrasté avec celle des dessins et des toiles que, devant la caméra, le peintre dut exécuter trop hâtivement dans les conditions de travail d'un caricaturiste de music-hall ?

De ce point de vue, la scène qui nous montre Clouzot surveillant Picasso pour lui faire battre un record « contre la montre » — c'est-à-dire terminer une toile avant que le compteur de la caméra indique qu'il n'y a plus de pellicule dans le chargeur — n'est pas du meilleur goût et intervient comme un numéro de cirque au milieu d'un concert.

En dépit de ces quelques réserves qui ne se présentent à l'esprit qu'à la réflexion et non pendant la vision du film, *Le Mystère Picasso* est une grande œuvre, tant par le tranquille génie du personnage que par la beauté de la matière du film et l'ingéniosité du cinéaste.

*Le Mystère Picasso* a été projeté au Festival à 19 h 30 et à

22 h 30. A la première séance, il y eut quelques manifestations hostiles et des applaudissements volontairement à contre-temps. Par crainte d'un emboîtage du film à la grande soirée, le chef de publicité téléphona à Saint-Paul-de-Vence à 21 heures, pour demander à Picasso de venir en renfort. Il était en chemise de nuit ; il allait se coucher, il accepta de descendre à Cannes et se coiffa d'un chapeau melon.

L'accueil, à la seconde séance, fut plus courtois, mais réservé et, à la sortie, Picasso et Clouzot furent longtemps applaudis par plusieurs des invités.

*(1956)*

# Jean Cocteau

## LE TESTAMENT D'ORPHEE

L'importance de Jean Cocteau cinéaste est-elle encore à démontrer ? Je voudrais d'abord évoquer son attitude vis-à-vis du travail d'autrui et vis-à-vis du public.

Sa complaisance à signer n'importe quelle pétition, quel manifeste, à rédiger des préfaces, des avant-propos et même des slogans publicitaires pour n'importe quelle œuvre ou spectacle était stupéfiante et a souvent choqué. J'y vois d'abord beaucoup d'humilité. L'orgueilleux, lui, s'obstine à se faire rare : il sort peu, se montre peu, s'expose peu et se fixe pour seul but l'exigence.

Cocteau, lui, était partout, tout l'intéressait, il aidait tout, et tout le monde. Pensera-t-on que cela enlevait toute valeur à ses jugements ? Je ne le crois pas car, écrits ou parlés, ses slogans étaient d'une telle précision poétique qu'ils constituaient davantage qu'une description, une véritable fiche anthropométrique de l'œuvre ou de l'artiste qu'il avait décidé de soutenir.

Cocteau savait très bien que, parmi les gens qui venaient lui mendier son appui, il y avait une majorité de faux talents, mais je suis certain qu'il pensait secrètement : « *Le plus médiocre artiste vaut le meilleur spectateur.* » Lui qui s'exposait toujours avait choisi systématiquement le parti de ceux qui s'exposent.

Il y avait chez Jean Cocteau un cynisme très spécial, à base de générosité. Artiste jusqu'au bout des cheveux, jusqu'au bout des manches de vestes retroussées, il semblait déterminé à apporter aux autres artistes un soutien inconditionnel. Où est le cynisme là-dedans ? Dans l'extraordinaire mépris (jamais formulé) de Cocteau pour le public et pour la critique, c'est-à-dire pour toute la salle, pour tous les spectateurs, pour tous ceux qui, assis face à la scène ou à l'écran, jugent sans courir aucun risque, les risque-tout qui se démènent devant eux ?

Gentil avec tout le monde, il attendait qu'on le fût avec lui et la moindre critique l'ulcérait : « *Je ne leur demande pas d'être sincères, je leur demande d'être polis.* »

Pour le dernier film de Jean Cocteau, *Le Testament d'Orphée,* la critique — sérieusement travaillée au corps par Cocteau lui-même, par ses amis — quelquefois par simple gentillesse, fut unanimement élogieuse mais non moins unanimement insincère, c'est ainsi.

Le résultat commercial fut strictement semblable à celui qu'aurait provoqué un éreintement général, comme si le public avait su lire entre les lignes. Dans ce cas, le refus des spectateurs d'ouvrir *Le Testament d'Orphée* apparaîtrait comme une vengeance collective et inconsciente à l'égard d'un homme qui, à l'encontre des industriels du spectacle, pensait que le public a toujours tort. En l'occurence, effectivement, le public a eu tort, car *Le Testament d'Orphée* est un film digne d'admiration, autrement dit admirable.

*Le Testament d'Orphée* se présente trente ans après comme un remake du *Sang d'un Poète*, le même essai revu et corrigé sur la création poétique. Sans contestation possible, la plus belle scène du *Testament,* la plus « heureuse », est celle de la rencontre du poète avec Œdipe (Jean Marais).

Mais je préfère m'attacher à la description de trois courtes scènes qui se succèdent dans le dernier quart d'heure du film et qui montrent que Jean Cocteau, comme tous les grands cinéastes, a pratiqué la mise en scène d'une manière complète et en se procurant à lui-même les satisfactions sans lesquelles il n'est pas de bons films ; la mise en scène devient alors la critique du scénario et le montage celle de la mise en scène.

\*
\*\*

## PREMIER EXEMPLE : « LA RENCONTRE AVEC MOI-MEME»

« *Je rencontre le personnage qu'on a fabriqué de moi et ce personnage me regarde seulement quand je tourne le dos. Je m'en plains à mon fils adoptif et celui-ci se moque un peu de moi.*

CÉGESTE : *Vous avez crié partout que, si vous le rencontriez, vous ne voudriez même pas lui serrer la main.*

LE POÈTE : *Il me hait.*

CÉGESTE : *Il n'a aucune raison de vous aimer. On l'a suffisamment insulté et rossé à votre place...*

LE POÈTE : *Je le tuerai.* »

Cette belle scène de la rencontre du poète avec son double constitue, selon Cocteau lui-même, la « charnière » du film, son « épine dorsale ». Prévue d'abord pour être tournée en extérieurs sur le chemin de ronde de Villefranche, elle a été transportée, pour des raisons météorologiques, sous les voûtes de la rue Obscure, dans la même ville.

Nous avons ici l'exemple d'une scène dont l'invention a probablement été grisante. L'idée est forte et belle. Qu'elle se présente à l'esprit du cinéaste, un an, six mois ou une semaine avant le premier tour de manivelle, elle apporte une grande satisfaction d'avant tournage.

Ensuite, dans la réalité concrète et quotidienne du tournage, une idée de ce genre se révèle peu agréable à tourner. Seul le résultat comptera. Il faut morceler suffisamment la scène pour préserver la lisibilité de l'intention, ne pas se foutre dedans avec les arrêts des personnages dans leur marche, les arrêts du travelling et les directions de regards. Il faut, à Jean Cocteau, troquer ses vêtements contre ceux de sa doublure-sosie (en l'occurence, un ingénieur à la météo, M. Bellœil). Bref, c'est du travail tout à la fois ingrat et laborieux.

Pendant le tournage d'une telle scène, l'improvisation n'a aucun rôle à jouer, le hasard ne doit pas montrer le bout de l'oreille, il s'agit seulement de filmer les huit ou dix plans prévus de la manière la plus claire et la plus nette possible.

Nous sommes ici dans le cinéma de l'efficacité, le cinéma hitchcockien, celui de l'exécution impeccable d'idées visuelles construites sur une succession d'images prévues et quasiment dessinées. On peut très bien imaginer, en effet, Hitchcock tournant cette scène de la « Rencontre avec le double » à la faveur, par exemple, d'un scénario d'espionnage sur une histoire de sosies.

Le moment heureux pour Cocteau, ce n'est donc pas ici celui du tournage, c'est celui qui a vu naître l'idée : tiens, je vais tourner une scène au cours de laquelle le poète se rencontrera lui-même.

Littérairement, cette idée n'aurait aucun intérêt. Plastiquement oui, elle fait d'ailleurs penser à des toiles de Dali, mais c'est avant tout une grande idée de cinéma. Son accomplissement sur l'écran restitue la joie du moment où naquit l'invention et sa beauté devient un dédommagement à l'ingratitude du tournage.

## DEUXIEME EXEMPLE :
## « LES AMOUREUX INTELLECTUELS »

« *Plan rapproché du poète et de Cégeste. On voit ce qu'ils voient : un jeune couple d'amoureux enlacés. Chacun note ses impressions sur un cahier dans le dos de l'autre.* »

Voici encore une belle idée, dont l'intérêt n'est pas évident si on la formule avec des mots. Au contraire de la scène précédente, celle-ci est exaltante à filmer car, pendant le tournage, elle pourra s'améliorer de 1 à 10.

Il y a d'abord le choix du couple qui rendra l'idée plus savoureuse, ensuite la mise en place des deux comédiens et, enfin, les petits gestes, les mimiques qui ajoutent à l'humour de l'idée. Ici encore la lisibilité est essentielle, mais cette fois elle sera obtenue moins par le rapport des plans entre eux que par leur agencement individuel. La clarté et la netteté de cette idée sont vérifiables sur-le-champ et non pas la semaine prochaine sur la table de montage.

Voilà encore une idée plastique, mais qui ne doit rien à la peinture. Elle évoque un dessin humoristique à cause de la vivacité

du trait et de son aspect satirique. Dans ses grands jours, Frank
Tashlin fait mouche dans ce même cinéma qui est d'abord celui
de Jean Renoir, celui de la jubilation. Dans cette sorte de cinéma,
la première répétition est toujours vaseuse, à partir de la cinquième
cela se précise, cela s'épure et, en même temps, acquiert de la
densité ; toute l'équipe, autour du cinéaste, suit le travail, y participe
et le comprend, l'improvisation s'installe royalement, l'ensemble
s'achemine vers le plus vif, le plus vivant.

### TROISIEME EXEMPLE : « LA MORT DU POETE »

« *Minerve a refusé la fleur d'hibiscus ressuscitée que lui offrait
le poète. Il recule : « Je m'excuse... Je... Je m'excuse* » A
peine s'est-il éloigné que Minerve brandit sa lance et la jette.
Plan du poète en marche. La lance se plante dans son dos, entre
ses épaules.

Plan de face. La lance a traversé le corps du poète et lui sort
par la poitrine. Il y porte ses mains et tombe à genoux, puis
couché sur le côté, en murmurant plusieurs fois de suite : « *Quelle
horreur... quelle horreur... quelle horreur...* »

Il n'y a pas à discuter l'idée de cette scène qui s'imposait en
même temps que le film tout entier. A la fin du *Testament d'Orphée,*
il est nécessaire que coule encore le sang du poète.

Scène ingrate à tourner, la plus ingrate du film. Le harnache-
ment de Minerve d'abord, inspiré par la tenue caoutchoutée des
hommes-grenouilles, ne fut pas une mince affaire. Ensuite, le trucage
de la lance. Il s'agit d'un javelot en papier roulé, pesant soixante
grammes. Il est composé de deux tubes coulissant l'un dans l'autre
de manière à pouvoir se raccourcir de quarante centimètres quand
il atteindra la cible, c'est-à-dire le dos de Jean Cocteau, lui-même
protégé par un morceau de contre-plaqué dissimulé sous sa veste.
Le javelot sera propulsé par son inventeur, M. Durin.

Le tournage s'éternise, heures supplémentaires, nervosité de
l'équipe, émotions. Au bout de ce travail, il y a la réussite des
plans prévus, mais pas de satisfaction véritable, car au terme
d'une scène de ce genre, le trucage, impossible à oublier pour les
témoins du tournage, donne au cinéaste une mauvaise conscience,

en tout cas un doute : est-ce que cela « passera » ou est-ce que cela apparaîtra dérisoire ?

L'idée géniale de cette scène, c'est finalement l'apport du son. Le bruit énorme du décollage d'un « jet » accompagnera le jet du javelot et, ainsi, le poète décollera de la vie dans le fracas sonore inhumain que tout le monde a entendu sur les aéroports.

Je ne prétends pas que l'idée de ce bruitage est venue après coup, au contraire, Cocteau, toujours comme les grands cinéastes, savait que les idées ne se suffisent jamais à elles-mêmes, qu'il faut encore les *imposer,* parfois les « amener » et penser au public toujours. C'est pourquoi, juste avant que le poète ne pénètre dans la salle de Minerve, on entend la voix d'une hôtesse de l'air : « *Vous êtes priés d'attacher vos ceintures et d'éteindre vos cigarettes.* » Grâce à quoi, l'idée aviatrice est déjà là, présente en nous et, si j'ose dire, elle est dans l'air.

Alors, puisqu'il s'agit ici des satisfactions qu'il est bon d'éprouver quand on tourne des films, dans cette scène de la mort du poète, le grand moment de joie du cinéaste a eu lieu, selon moi, dans la salle de montage lorsque Jean Cocteau a pu voir sur la Moritone le jet de la lance accompagné du fracas. La qualité de cette alliance d'un son et d'une image a dû faire disparaître ses doutes sur la force émotionnelle de la scène. Jean Cocteau devait être content ; il le pouvait, il le devait et je crois qu'il l'était.

*(1964)*

# Sacha Guitry

## ASSASSINS ET VOLEURS

*Assassins et Voleurs* se place sous le signe de l'immoralité. Tout d'abord immoralité d'un scénario et d'un texte cyniques glorifiant l'adultère, le vol, l'injustice et l'assassinat. Immoralité surtout d'une double réussite financière et artistique, défiant toutes les règles dictées par le bon sens et l'expérience, réussite paradoxale et presque scandaleuse comme nous allons le voir.

*Assassins et Voleurs,* à l'opposé de tous les films que nous défendons aux *Cahiers du Cinéma,* est dénué de toute ambition esthétique ; on n'y trouve pas même le plus léger indice de conscience professionnelle ; une scène de barque, censée se dérouler en pleine mer, a manifestement été tournée sur le sable, l'ascenseur de l'hôtel ne s'élève pas plus que la barque n'avance, le même décor sert pour figurer plusieurs endroits ; la longue scène de dialogue entre Poiret et Serrault, fractionnée en dix ou douze tronçons, a manifestement été filmée en un après-midi avec deux caméras et si grossièrement qu'en prêtant l'oreille on peut entendre les autobus passer devant le studio-hangar, et les machinos du plateau voisin deviser joyeusement à propos de leur casse-croûte.

Rédigé à la hâte par un vieillard cloué sur une chaise à porteurs, mis en scène tour à tour par l'auteur, son assistant et le producteur du film, autant dire pas mis en scène du tout, *Assassins et Voleurs*, bâclé en quelques semaines, fut jugé immontrable par les distributeurs parisiens : « *On ne peut pas sortir ça — C'est strictement invisible — Organisons une preview à Vichy !* » L'exploitant vichyssois, flatté tout d'abord, se projeta le film et, courroucé, refusa à son tour de montrer « ça » à « son public », le plus indulgent de France. Les messieurs de Paris firent la grosse voix, la preview fut maintenue et la soirée fut triomphale. Partout en province le film crevait le plafond des recettes et il fut décidé de ne le montrer à Paris qu'au terme de l'exploitation française, afin que la critique qui ne manquerait pas de conspuer le navet, ne puisse saboter la pêche miraculeuse !

On connaît la suite : programmé pour deux semaines dans un très bon circuit d'exclusivité (six grandes salles), *Assassins et Voleurs* qui bénéficia d'une critique élogieuse, tint quatre semaines (plus longtemps encore aux Champs-Elysées) et, avec plus de 80 millions de recettes, se range parmi les dix meilleures exclusivités de l'année battant *Trapeze* de Carol Reed, *The Rains of Ranchipur (La Mousson)* de Jean Negulesco, *Folies-Bergères* de Henri Decoin, *Typhon sur Nagasaki* de Yves Ciampi et d'autres grosses productions internationales.

C'est ici que s'arrêtent les paradoxes car si le film de Sacha Guitry est réellement bâclé, il n'en recèle pas moins une verve, une fantaisie, une rapidité et une richesse d'invention que l'on aimerait bien trouver dans d'autres réalisations plus coûteuses et plus ambitieuses.

Certains films, parce qu'ils arrivent à un moment donné et qu'ils réunissent certaines particularités deviennent pour la critique — et à l'insu même de leur auteur — des symboles, des films-drapeaux. Venant après une dizaine de films français soignés, trop soignés, coûteux, trop coûteux, ambitieux et ratés, *Assassins et Voleurs*, malgré ses imperfections, symbolise le film sainement produit, conçu et réalisé, c'est-à-dire dont le charme naît malgré le manque de moyens et non pas grâce au luxe comme dans les mauvais films du moment.

La mise en scène est très correcte car, nécessité faisant loi, il n'y a pas trente-six façons de tourner vite des choses précises. Le soin obstiné, l'hésitation, la maniaquerie, trop de répétitions et trop de prises de sécurité tuent le comique et paralysent le rire. Un film désinvolte et léger doit être réalisé avec désinvolture et légèreté ; c'est pourquoi *Assassins et Voleurs* triomphe où échouèrent cette saison *Le Pays d'où je viens, Till l'espiègle, Arsène Lupin*, respectivement mis en scène par Marcel Carné, Gérard Philipe et Jacques Becker.

Ce curieux film prouve que le succès ne repose pas forcément sur des malentendus et qu'une œuvre réellement drôle et insolente sans trop de vulgarité, interprétée par des comédiens de valeur qui ne sont pas des vedettes et qui se dirigent eux-mêmes, tournée presque sans metteur en scène, œuvre économique jusqu'au dénuement, bâclée jusqu'à la provocation, est bien venue dans une production qui s'enlise par timidité, couardise, folie des grandeurs, snobisme et méfiance systématique.

*(1957)*

## SACHA GUITRY, LE MALICIEUX

Le Tout-Paris n'aime pas les mélanges, les transferts, les violonistes d'Ingres : Jean Renoir écrit-il une pièce ? On la décrète cinématographique, antithéâtrale ; de la même façon, Jean Cocteau ne sera qu'un acrobate, un touche-à-tout et, si j'en crois la légende, on voulait interdire au romancier Jean Giraudoux d'écrire pour le théâtre. Ces tabous, ces interdits, ces étiquettes obligatoires sont le fait des médiocres, d'imbéciles, jaloux de leur petite spécialité. En ce qui concerne le cinéma, c'est l'appareillage compliqué qui est le plus souvent invoqué pour décourager les artistes arrivant d'une autre discipline.

Sacha Guitry n'avait pas de complexes et c'est tant mieux pour le cinéma français qui lui doit ainsi une douzaine de bons films dont les meilleurs (de ceux que j'ai pu voir) sont probablement :

*Ceux de chez nous, Le Roman d'un Tricheur, Faisons un rêve, Désiré, Remontons les Champs-Elysées, Ils étaient neuf célibataires, Deburau, Assassins et Voleurs* et le tout dernier : *Les Trois font la paire.* Sacha Guitry était un bâcleur, il détestait s'appesantir et fignoler un film ; il était content de son scénario, sûr de ses interprètes, il aimait à enregistrer le plus vite et le plus commodément possible avec, parfois, deux caméras ronronnant simultanément, un spectacle forcément cinématographique puisque impressionné sur la pellicule. L'expression « théâtre filmé » fut inventée pour flétrir le cinéaste qui ose filmer une pièce de théâtre sans y insérer des scènes de rues, une poursuite sur les toits, deux automobiles et un cheval emballé. *Celui qui doit mourir,* de Jules Dassin, adapté d'un roman et filmé entièrement dans la nature constitue bien plus sûrement du théâtre filmé que *Faisons un Rêve,* pièce absolument parfaite et inaméliorable même pour la transposition à l'écran.

« *C'est du cinéma ou ce n'est pas du cinéma* », rabâche-t-on souvent. Quelle galéjade ! Personne n'a jamais remarqué que le néo-réalisme italien, le linge sale lavé en public dans les ruelles napolitaines, est né directement, non pas des films de Carné ou de Feyder, metteurs en scènes « réalistes », mais de ceux de Marcel Pagnol, c'est-à-dire de pièces de théâtre filmées telles quelles par leur auteur.

En 1936, Sacha Guitry tourna quatre films. Songez-y, quatre films en une seule année ; par bonheur, je les connais tous quatre : *Le Nouveau Testament,* comédie de mœurs sur le gigolisme à la faveur d'un rendez-vous raté. On apprenait ici qu'il existe trois statues de Jeanne d'Arc dans Paris d'où une cascade de malentendus désopilants. *Le Roman d'un Tricheur,* considéré à juste titre comme le chef-d'œuvre de Sacha Guitry, film picaresque aux deux tiers commenté, riche en trouvailles inédites, et jamais rééditées. *Faisons un Rêve* dont j'ai parlé déjà, prodigieusement interprété dans un seul décor par Sacha Guitry, Jacqueline Delubac et Raimu. *Le Mot de Cambronne,* moyen métrage remarquable d'inventions et de drôlerie.

Revoir aujourd'hui ces films et les confronter avec les faux chefs-d'œuvre de la même époque, constitue une leçon instructive. Sacha Guitry fut un vrai cinéaste, plus doué que Duvivier, Grémillon et Feyder, plus drôle et certainement moins solennel que René Clair.

Sacha Guitry a traversé l'histoire du cinéma en se moquant des modes et des tendances ; il n'a jamais pratiqué le réalisme poétique, le réalisme psychologique, la comédie à l'américaine. Il fit toujours du Sacha Guitry, c'est-à-dire qu'à la faveur d'une trouvaille généralement cocasse, il brodait sur des thèmes qui lui étaient personnels : les bienfaits de l'inconstance amoureuse, l'utilité sociale des asociaux : voleurs, assassins, gigolos et rombières, toujours le paradoxe de la vie et c'est bien parce que la vie est paradoxale que Sacha Guitry fut un cinéaste réaliste.

Le cinéma vit, se survit et se suicide par un certain nombre de clichés qui compliquent la tâche des scénaristes, toujours fatigués d'avance. Dans la production courante, un voleur ne saurait être un personnage sympathique à moins qu'il ne vole par héroïsme et générosité comme Mandrin, Cartouche ou Arsène Lupin. De même, la femme adultère doit être forcément antipathique à moins que son mari soit une ordure vivante ou un minus et son amant un jeune premier prestigieux. Si tant de films sont d'avance mauvais et exaspérants, c'est par leur servile observance de ces règles soi-disant dictées par les habitudes du public. Devant presque tous les films, un spectateur, pas même subversif mais seulement civilisé, réagira a contrario et sympathisera avec les personnages que les auteurs ont voulu odieux tellement les personnages voulus sympathiques sont mièvres et laborieux.

Avec Sacha Guitry comme avec Renoir — auquel il s'apparente par certains points : une misogynie amoureuse accrue d'une année sur l'autre, l'idée que seul le grain de la peau de la femme que l'on aime compte —, cette notion de personnages sympathiques ou antipathiques disparaît au profit d'un regard plus indulgent mais aussi plus lucide sur la vie comme elle est : une comédie aux cent actes divers et dont l'écran peut nous offrir la plus juste peinture.

Le secret de Renoir s'appelle la familiarité, celui de Guitry la malice. Leurs films se répondent et sympathisent par l'originalité et la franchise avec lesquelles ils traitent le premier sujet du monde, les rapports entre les hommes et les femmes et aussi le deuxième grand sujet, les maîtres et les domestiques. Guitry et Renoir se rejoignent par une simplicité qui autorise toutes leurs fantaisies, un sens du réalisme qui poétise toutes leurs désinvoltures, sans oublier, chez tous les deux, un solide pessimisme à peine masqué sans lequel l'amour déclaré de la vie rend n'importe quelle œuvre forcément suspecte.

Les dialogues de films, les scènes d'amour, les rapports senti-mentaux dans la plupart des films sont d'une fausseté incroyable. Dans ceux de Sacha Guitry, la vérité surgit brusquement à la fin de chaque scène avec une telle force que l'on sursaute presque. Dans *Le Nouveau Testament*, le jeune gigolo invité à dîner arrive avant l'heure ; le mari peut venir d'un instant à l'autre et le gigolo propose à la rombière : « *Allez, si on faisait l'amour ? Si, derrière la porte, très vite, je te jure qu'on a le temps.* » Le même person-nage dans *Le Roman d'un Tricheur* est liftier ; dans l'ascenseur, Marguerite Moréno le remarque. L'ascenseur sort du cadre par le haut. En bas, tout le monde attend l'ascenseur qui ne redescend pas : lorsque enfin il arrive, le petit liftier regarde la belle montre neuve qu'il vient de recevoir : Sacha Guitry est le frère français de Lubitsch.

Après plusieurs films franchement médiocres, *Toa, Aux Deux Colombes,* il y eut une bonne surprise, *La Poison.* L'idée était empruntée à un fait divers insolite : ayant décidé de tuer sa femme, un homme (Michel Simon) consulte un avocat en lui faisant croire que le meurtre est déjà accompli : fort des remarques du « baveux » qui sont pour lui autant de conseils involontaires, il poignarde son épouse, ayant pour lui toutes les circonstances atté-nuantes possibles, et c'est, pour notre grande joie, l'acquittement.

On trouve là le thème habituel de Sacha, faire de sang-froid, cyniquement, ce qui s'accomplit généralement dans l'ivresse ou la colère, tourner la loi et se mettre en règle avec la société en jouant son jeu. Mais cette fois, ce qui importait, c'étaient les scènes de ménage entre les deux vieux époux, d'une âpreté et d'une cruauté qui faisaient penser à certains moments à ce qu'on a fait de mieux dans le genre réaliste au cinéma : *L'Atalante* de Jean Vigo, *Foolish Wives (Folies de Femmes)* de Stroheim. La femme, la « poison » insultant Michel Simon, le traitant de con, d'emmerdeur, sa hargne décuplée par son calme avant le meurtre, voilà une sortie dont la crudité, littéralement, nous sidérait.

Dans *Les Trois font la paire*, que Sacha Guitry mourant n'a même pas dirigé, il est indiscutable que Sophie Desmarets, Darry Cowl, Philippe Nicaud, Clément Duhour, Jean Rigaux donnaient le meilleur d'eux-mêmes. Pourquoi ? Tout simplement parce que le dialogue était si juste, si vrai, qu'il ne pouvait être mal dit et que les comédiens, livrés à eux-mêmes, trouvaient tout naturellement le ton adéquat, celui dans lequel le texte avait été écrit. Il n'est pas inutile de rappeler cette scène bouffonne de Jean Rigaux couché sur son lit de mort, habillé en grand officier, dans le costume de son rôle préféré. Sacha Guitry que l'on disait prétentieux et fat, savait se moquer de lui-même et de la mort à l'occasion.

La délicatesse, l'humanité de Sacha Guitry, on en trouve la preuve toute récente dans cette scène de *Si Paris nous était conté,* lorsque le sosie de Henri IV qui risquait sa vie chaque jour en « doublant » son roi à la ville rentre chez lui après le forfait de Ravaillac, accueilli par sa femme en larmes qui l'embrasse en disant : « *Enfin nous sommes délivrés de ce cauchemar.* »

Il y a enfin, en compensation à cette immense dérision de l'amour à travers toute son œuvre, un culte de l'amitié et de l'admiration presque bouleversant. Le premier film de Sacha Guitry, *Ceux de chez nous,* nous montre « en muet », les artistes que le jeune Sacha admirait le plus : Mirbeau, Auguste Renoir, Claude Monet, Rodin, Degas, Saint-Saëns, Anatole France. Dans son dernier, *Les Trois font la paire,* il rend hommage à Simenon, Alfred Jarry et Michel Simon. La dernière image cinématographique que nous connaissons de lui, c'est le prologue de ce film, lorsqu'il téléphone à son vieil ami Albert Willemetz et lui fait ses adieux tout en courbant un peu le visage pour que sa maigreur ne nous émeuve point trop.

Il y a deux ans, pendant le tournage de *Assassins et Voleurs,* je voulus interviewer Sacha Guitry ; le secrétaire me répondit que c'était possible à la condition de préparer mes questions et de les faire lire au Maître, préalablement. Stupidement je refusai ; j'étais idiot ce jour-là.

*(1957)*

# Albert Lamorisse

## LE BALLON ROUGE

J'ai vu trois fois *Le Ballon Rouge* en l'espace de six mois et je n'ignore rien de l'enthousiasme que ce film, immanquablement, suscite. Je sais très bien qu'en le critiquant sévèrement, je risque d'insupporter jusqu'à mes plus fidèles lecteurs et de me singulariser de la pire façon. Lorsqu'une œuvre bénéficie de l'admiration de tous les publics, on hésite à prendre le contre-pied de l'opinion générale, on est même tenté de faire semblant de l'aimer pour ne pas se trouver dans la solitude.

Certes *Le Ballon Rouge,* qui raconte une histoire d'amour entre un petit garçon et un ballon qui le suit partout comme un petit chien, est un film soigné, admirablement photographié, sinon bien mis en scène, et le petit garçon qui l'interprète grimace le moins possible.

Cela dit, il n'y a dans ce film, selon moi, ni poésie, ni fantaisie, ni sensibilité, ni vérité ; j'entends poésie, fantaisie, sensibilité, vérité *réelles.*

En leur donnant la parole et des réactions humaines, Walt Disney a triché avec les animaux et, par conséquent, avec les hommes et avec l'art. Il a trahi La Fontaine en le caricaturant mais personne ne prend Disney pour un poète.

Je crois fermement que rien de poétique ne peut naître de la *dérivation* ; nous devrions détester ces objets modernes qui prennent l'apparence d'autres objets : ce stylo qui est en vérité un briquet, ce livre relié qui n'est qu'une boîte à cigarettes, etc.

Tout comme les animaux de Walt Disney, *Crin Blanc* est un faux cheval, puisqu'il réagit humainement. *Le Ballon Rouge* prolonge le procédé du *transfert* ou de la *dérivation* à ses ultimes trucages ; ce ballon rouge en suivant librement un petit garçon, agit comme un petit chien qui agirait humainement ; c'est du Walt Disney au carré. L'inconvénient de cet artifice est précisément d'être artificiel et de s'enfoncer un peu plus dans la convention à mesure qu'avance le film.

Il n'y a rien dans les films de Lamorisse de cette vérité des sentiments sans laquelle les *Contes* de Perrault ou *La Belle et la Bête* ne seraient pas ce qu'ils sont, c'est-à-dire des œuvres à la fois poétiques et morales, réalistes et humaines.

Que tout, dans *Le Ballon Rouge* soit fabriqué, convenu et truqué, n'est pas grave tant qu'il ne s'agit que de nous amuser ; au fond, tous les moyens sont bons pour nous faire rire, les plus faciles comme les plus vulgaires.

Là où les choses se gâtent, c'est lorsque l'auteur entreprend de nous émouvoir. Non seulement Lamorisse ne respecte pas les lois élémentaires du conte de fées, mais encore les transgresse-t-il pour donner à ses films une ampleur à laquelle ne prétendait aucunement leur point de départ.

Dans un conte, tout se résout humainement, les choses rentrent dans l'ordre terrestre, en vertu de lois dramatiques éprouvées ; avec Lamorisse il en va tout autrement ; à la fin de *Crin Blanc,* le cheval s'enfonce dans la mer avec le petit garçon comme, dans *Le Ballon Rouge,* les ballons emportent l'enfant dans les airs. Ces deux fins ne sont qu'un moyen de se débarrasser d'un postulat devenu trop encombrant, tout en donnant l'impression qu'on a « poussé » l'idée jusqu'au bout.

Albert Lamorisse croit nous avoir montré le ballon se comportant comme un *ami* du petit garçon, en réalité le ballon est montré comme un *domestique* puisqu'il suit dans les rues le petit garçon à deux mètres de distance.

L'intervention des « méchants » dans *Crin Blanc* comme dans

*Le Ballon Rouge* est d'un mauvais goût achevé. Lamorisse, de crainte d'être considéré seulement comme un « enchanteur », aux trois quarts de ses films, *déplace* l'intérêt et prétend hausser la fantaisie jusqu'à la tragédie. C'est le mélange des genres que je trouve ici inacceptable puisque pour nous faire aimer davantage son héros poétique, Lamorisse le fait persécuter par des voyous psychologiques. C'est trop facile.

Cet abus de pouvoir, cette surenchère sur le pathétique, font aujourd'hui des ravages dans tous les domaines : Edith Piaf a beau se faire « appuyer » par des chœurs et forcer sur la « réverbération », elle n'arrive pas à nous faire croire que cette chanson dans laquelle un garçon et une fille viennent se suicider dans un bistrot, est une tragédie grecque. Elle chante : « *Moi j'essuie des verres, au fond du café* » mais ce n'est pas Sarah Bernhardt chantant du Jean-Sébastien Bach sur des paroles de Jean Racine ou alors j'ai envie de reprendre à mon compte la phrase de Jack Palance au producteur dans *The Big Knife* : « *On ne vous a jamais dit que l'emphase de vos discours était hors de proportion avec ce que vous disiez ?* »

Oui, Albert Lamorisse, c'est bien connu : il faut mieux raconter légèrement des choses graves que de raconter gravement des choses légères.

Dans l'art du spectacle, on appelle un « effet téléphoné » celui qui vient de loin et que l'on « sentait venir » ; la poésie, dans *Le Ballon Rouge* est constamment téléphonée, comme les déchirures esthétiques au pantalon de Folco dans *Crin Blanc*. « *Tout ce qui n'est pas cru reste décoratif* » a écrit Jean Cocteau. Lamorisse, qui fuit la crudité, ne dépasse jamais l'art décoratif.

Lorsqu'on a compris le principe, on peut, assez aisément, « faire du Lamorisse » ; il suffit de ne pas oublier d'opposer un petit garçon gentil à plusieurs méchants avec, comme objet du conflit, un gentil petit animal, ou un joli petit « quelque chose ».

L'enfant aura forcément quelque chose d'animal et l'animal quelque chose d'enfantin. Je propose : le petit Lapon qui perd son renne blanc et qui l'ayant retrouvé malgré les méchants explorateurs polaires, disparaît dans la neige au cou de l'animal. Ou encore : le petit Brésilien dont le sac de café a été éventré par de grands vilains soldats. Le café se répand dans la mer et l'enfant disparaît en plongeant pour récupérer, grain par grain, son petit trésor. Il y aurait encore : le petit Chinois qui perd son paganisme, le petit poulbot qui perd sa culotte, mais il y a déjà là trop de fantaisie pour Lamorisse.

On connaît le mot de Cocteau, encore lui, cruel mais juste : « *Tous les enfants sont des poètes, sauf Minou Drouet.* » *Le Ballon Rouge* apparaît donc comme un film de Minou Drouet à l'usage de Marie-Chantal.

Je serais injuste en omettant de signaler que *Le Ballon Rouge* est l'un des plus beaux films en couleurs qui soient, grâce à l'extraordinaire travail d'Edmond Sechan, notre meilleur chef opérateur actuel.

*(1956)*

# Max Ophuls

## LOLA MONTES

L'année cinématographique qui s'achève aura été la plus riche et la plus stimulante depuis 1946. Ouverte sur *La Strada* de Fellini, elle se termine en apothéose grâce à *Lola Montès* de Max Ophuls.

Tout comme l'héroïne qui lui donne son titre, ce film risque de provoquer un scandale et d'exacerber les passions. Faudra-t-il combattre, nous combattrons, faudra-t-il polémiquer, nous polémiquerons !

Voilà bien, en effet, le cinéma qu'il faut défendre, aujourd'hui en 1955, un cinéma d'auteurs qui est en même temps un plaisir des yeux, un cinéma d'idées, où les inventions jaillissent à chaque image, un cinéma qui n'empiète pas sur l'avant-guerre, un cinéma qui enfonce des portes trop longtemps condamnées.

Mettons un frein à notre enthousiasme, procédons par ordre et tentons de rester objectif malgré le peu d'envie que nous en ayons !

La construction du récit, qui bouscule la chronologie, fait penser à *Citizen Kane*, mais bénéficie de l'appoint du cinémascope, procédé qui, ici, donne pour la première fois l'impression d'être utilisé au maximum de ses possibilités. Au lieu de soumettre naïvement ses acteurs au cadre inhumain de l'écran large, Max Ophuls, au contraire, dompte l'image, la divise, la multiplie, la contracte ou la dilate selon les nécessités de sa fracassante mise en scène.

La structure de l'œuvre est neuve autant qu'audacieuse ; elle risque de dérouter le spectateur distrait ou celui qui arrive au milieu du film : tant pis pour eux. Il est certains films qui réclament pour les voir une attention sans défaillance : *Lola Montès* est de ceux-là.

Au terme d'une existence mouvementée, Lola Montès, dans un cirque américain joue et mime sa « Passion », c'est-à-dire quelques épisodes d'un calvaire sentimental hors du commun. L'ambiance du cirque est cauchemardesque et délirante. Trois épisodes nous font quitter le cirque : la fin d'une liaison avec Franz Liszt ; la jeunesse de Lola et, juste avant le cirque, un amour royal en Bavière ; le quatrième épisode : la biographie a pour cadre le même cirque où Peter Ustinov tient l'emploi d'écuyer, de bourreau et d'ultime amant.

Effectivement, à la fin de sa vie, la vraie Lola Montès, aventurière et courtisane anglaise en dépit de son pseudonyme espagnol, fut engagée dans un cirque américain pour y être la vedette d'un spectacle basé sur sa biographie. Plutôt que de condenser en deux heures de film une matière qui justifierait un sérial en seize épisodes, Max Ophuls a préféré reconstituer le spectacle du cirque, entre-coupé d'évocations du passé de Lola. Peter Ustinov, écuyer bio-graphe, règle son spectacle avec le mauvais goût, la vulgarité et la cruauté inconsciente qui président aux émissions de télévision et si le grand acteur a plus de prestige que les animateurs TV, c'est que l'art imite la vie... en l'embellissant quelque peu !

Max Ophuls a tourné un film sur l'aspect dérisoire de toute réussite, sur les carrières turbulentes et l'exploitation du scandale. Lola Montès, cela revient fréquemment dans le film, ne sait pas chanter, ne sait pas danser, simplement elle plaît, elle provoque, elle fait scandale. L'écuyer nous affirme qu'elle est une femme fatale et que si elle a tant voyagé c'est que « *les femmes fatales ne restent pas.* » Trois incursions dans le passé de Lola, son enfance, son mariage avec une brute avinée (Ivan Desny), son aventure avec un crétin solennel (Franz Liszt) et ses déboires artis-tiques démentent les propos triomphants de l'écuyer. Lola n'était qu'une femme comme les autres, vulnérable et insatisfaite qui fit « *tout ce que les femmes dans la rue rêvent de faire mais n'osent pas faire* ». C'est parce qu'elle vécut sa vie à l'accéléré qu'après une halte merveilleuse en Bavière auprès d'un roi anachronique (Anton Walbrook), elle meurt tous les soirs dans ce cirque américain en mimant sa passion.

C'est parce que Max Ophuls n'a jamais perdu de vue qu'il y a cent ans on mettait plusieurs semaines à traverser un pays que l'essentiel du film se passe dans des calèches sur les routes d'Europe. Au terme de cette vie haletante, Lola est minée, usée prématurément : « *Je l'ai examinée,* dit le médecin, *le cœur flanche et, quant au mal de gorge, c'est peut-être plus grave.* » D'autres notations physiques, charnelles, corporelles abondent : « *La vie pour moi, c'est le mouvement.* » Un soir, le roi de Bavière l'interroge : « *Vous n'avez pas envie de vous arrêter, de vous reposer, de vous fixer un peu ?* »

La construction du film est extrêmement rigoureuse et, si elle a pu dérouter quelques spectateurs, c'est que la plupart des films sont racontés depuis cinquante ans de la même enfantine façon. *Lola Montès,* de ce point de vue, s'apparente non seulement à *Citizen Kane,* mais aussi à *The Barefoot Contessa, Les Mauvaises Rencontres* et à tous les films qui bouleversent la chronologie au profit d'effets poétiques.

Il s'agit donc moins ici d'une histoire à suivre que d'un portrait de femme à contempler ; l'image est si pleine, si riche qu'on ne peut tout voir à la fois mais l'auteur l'a voulu ainsi, allant jusqu'à offrir à nos oreilles plusieurs conversations simultanées. Ce qui intéresse Ophuls, manifestement, ce sont moins les moments forts de l'intrigue que ce qui se passe *entre.* Le texte que nous saisissons par bribes — ce que nous en percevons nous aide à reconstituer le reste, comme dans la vie — est d'un savant laconisme. Les personnages ne résument pas les situations avec des formules élégantes et, s'ils souffrent, cela se voit mais cela n'est pas dit ; voilà bien le dialogue le plus intelligent et le plus juste jamais entendu dans un film français depuis celui du *Zéro de Conduite* de Jean Vigo, dialogue strictement utilitaire et du type : passe-moi le sel — voilà — merci. Et pourtant, quel humour dans chaque réplique ! Le seul personnage qui fasse des phrases et se veuille éloquent est celui incarné par Peter Ustinov, mais il cherche ses mots, bafouille et se reprend, toujours comme dans la vie ! Si Max Ophuls était un cinéaste italien, il pourrait dire : « *J'ai tourné un film néo-*

*réaliste* » car, effectivement, c'est bien d'un réalisme nouveau qu'il s'agit ici, même si la poésie, avant toute chose, emporte notre adhésion.

*Lola Montès,* réalisé en triple version, est interprété par des acteurs de toutes nationalités dont Peter Ustinov, russo-anglais, Anton Walbrook, austro-anglais et Oskar Werner, autrichien. Pour la version française, la seule qui nous occupe, tous ces acteurs ont parlé français avec un accent plus ou moins prononcé. Ajoutez à cela que le dialogue, simultanément, nous offre parfois deux ou trois conversations, des chuchotements et des phrases perdues comme dans la vie, vous obtenez une bande sonore dont un cinquième est inaudible lors d'une première vision.

Emerveillé et intrigué par le dialogue du film, je me suis procuré un script afin de le comparer à la bande sonore finale. Le dialogue du découpage écrit était bon, celui du film est extraordinaire par le fait même que les acteurs n'ont pu le dire textuellement et aussi par les changements sur le plateau. Cette phrase du découpage : « *Un fauve cent fois plus meurtrier que ceux que vous venez d'applaudir dans notre ménagerie* », devient prononcée par le génial étourdi Peter Ustinov : « *Un fauve cent fois plus meurtrier que ceux dans notre ménagerie.* » Toutes les phrases du maître à danser dans le cirque ont été remplacées au tournage par des petits cris et grognements du meilleur effet. Max Ophuls a délibérément retenu dans son montage définitif les prises accidentées de préférence aux autres, réussies. C'est ainsi que le fouet de Peter Ustinov se prend à un certain moment dans les franges d'un décor. De même, le roi de Bavière, au théâtre : « *J'allais chez vous, madame... non, ça ne va pas.* » (Il contourne un décor et reprend) : « *J'allais chez vous, Madame... pour vous épargner le dérangement.* » Cette idée sublime du « ça ne va pas » provient à coup sûr d'une erreur de trajet d'Anton Walbrook pendant le tournage du plan. C'est par cette improvisation constante aux pouvoirs amélioratifs, tous dirigés dans le sens d'une vérité plus vraie, que Max Ophuls rejoint le Jean Renoir du *Crime de Monsieur Lange.*

Le double et triple décalage qu'il y a constamment dans *Lola,* entre la personnalité des acteurs et leur diction, entre leur diction et leur texte crée l'enchantement à la manière des hésitations de Margaritis dans *L'Atalante. Lola Montès* est le premier film bafouillé, un film où la beauté d'un mot (le velouté voluptueux dont Walbrook pare le mot *audience*) prend le pas constamment sur la signification de la phrase. Jean Vigo encore me revient en mémoire par le goût qu'il avait, tout comme Ophuls, du texte versifié.

Entre ce petit poème de *L'Atalante* :

> « Ces couteaux de table
> « Aux reflets changeants
> « Sont inoxydables
> « Eternellement.

et celui-ci déclamé par Ustinov :

> « A Raguse
> « Robe exquise
> « Qu'on refuse
> « A l'église,

mon cœur balance.

*Lola Montès* est le film des records : c'est le meilleur film français de l'année, le meilleur cinémascope à ce jour et Max Ophuls s'y affirme comme le meilleur technicien français actuel et le meilleur directeur d'acteurs ; pour la première fois, Martine Carol nous satisfait pleinement ; Peter Ustinov est sensationnel, ainsi que Oskar Werner ; Anton Walbrook et Yvan Desny sont excellents.

Max Ophuls est décidément le cinéaste du xixᵉ siècle ; on n'éprouve jamais l'impression de voir un film historique mais celle d'être un spectateur de 1850, comme en lisant Balzac. Ce nouveau portrait de femme dans son œuvre est comme une synthèse de tous les autres et *Lola Montès* cumule les démêlés sentimentaux de l'héroïne de *Sans lendemain*, celle de *Letter from an unknown Woman (Lettre d'une Inconnue)* et *Madame de...*

Sans doute n'est-il pas recommandable pour défendre un film qu'on aime, d'attaquer ceux que l'on n'aime pas, mais enfin, je suis bien obligé de penser que si le public boude *Lola Montès*, c'est qu'on ne l'a guère entraîné à voir des films réellement originaux et poétiques ; les « meilleurs » films français, et je pense au *Rouge et le Noir* de Claude Autant-Lara, comme aux *Diaboliques* de Clouzot et aux *Grandes Manœuvres* de René Clair, ont été faits sur mesure pour lui complaire, le peloter et le flatter.

La critique élogieuse d'un film dont on s'est grisé cinq fois en sept jours n'a pas de raison d'être achevée. Je terminerai en soulignant la beauté du dernier plan : Lola dans la ménagerie, offre à baiser sa main à travers les barreaux d'une cage aux fauves : la caméra recule en travelling arrière, les spectateurs du cirque avancent *en dessous* de l'écran en sorte que *nous*, spectateurs du cinéma, nous mêlons à eux ; pour la première fois, la sortie d'une salle se fait par l'écran. Tout le film se place ainsi sous le patronage de Pirandello comme du reste l'œuvre entière de Max Ophuls.

*Lola Montès* se présente comme une boîte de chocolats de Noël. On soulève le couvercle et il en sort un poème de 670 millions.

*(1955)*

# MAX OPHULS EST MORT

Max Ophuls est mort.

On le croyait guéri d'une inflammation rhumatismale au cœur qui l'avait frappé au début de l'année, alors qu'il dirigeait au Schauspiel Theater de Hambourg *Le Mariage de Figaro* qu'il avait lui-même traduit et adapté. Un critique allemand déclara qu'à travers Beaumarchais, c'est essentiellement l'esprit de Mozart et de la Commedia dell'Arte qu'Ophuls avait ressuscité dans ce spectacle, auquel sa frénésie habituelle avait imprimé un rythme étourdissant ; son *Mariage de Figaro* comportait en effet une trentaine de tableaux vertigineux. La « générale » eut lieu le 6 janvier et Max Ophuls, cloué sur son lit de clinique à l'autre bout de la ville, ne put assister à son triomphe : la foule en délire, par ses applaudissements, exigea quarante-trois rappels des comédiens !

Max Ophuls est mort le 26 mars 1957, au matin.

*<br>* *

Né à Sarrebrück le 6 mai 1902, Max Ophuls, après la guerre de 14-18, lors du plébiscite sarrois, opta pour la nationalité française ; on ignorait généralement ce détail et l'on parlait de lui comme d'un « Viennois travaillant chez nous ». En fait, Ophuls ne vécut à Vienne que pendant dix mois en 1926.

Acteur de théâtre, puis metteur en scène, il vint au cinéma par amour d'une actrice qu'il suivit à Berlin. Devenu parlant, le cinéma recrutait ses nouveaux réalisateurs parmi les gens de théâtre et c'est ainsi que de 1930 à 1932, Ophuls dirigea quatre films de langue allemande dont on ne sait rien ou presque. En 1932, c'est *La Fiancée vendue,* d'après l'opéra de Smetana et surtout *Liebeleï,* d'après la pièce d'Arthur Schnitzler, son film le plus célèbre, celui aussi qu'il préférait. Lorsque *Madame de,* qu'il réalisa il y a quatre ans, sortit à Paris il ne s'est trouvé personne pour remarquer que Max Ophuls avait adapté le court roman de Louise de Vilmorin jusqu'à lui faire épouser la construction exacte de *Liebeleï* ; la dernière demi-heure, le duel, le final tenaient du remake pur et simple. Ophuls ayant fui l'Allemagne dès l'avènement du nazisme, son nom disparut du générique de *Liebeleï* ; immédiatement après son départ, il y a un an et demi, il eut l'occasion de revoir ce film pour la première fois depuis vingt-cinq ans dans je ne sais plus quelle ville d'Allemagne ; avant la projection, une personnalité locale prit la parole, expliqua qu'il n'y avait pas lieu d'être fier de ce générique amputé ; il y eut une minute de silence, puis le film fut projeté et longuement acclamé.

La Cinémathèque Française nous montre quelquefois le très joli film qui suivit *Liebeleï, La Signora di tutti,* tourné en 1934, en Italie, d'après un roman-feuilleton et qui annonce curieusement *Lola Montès ;* c'est le drame d'une vedette surmenée qui, après une tentative de suicide, sur le lit de la clinique revoit, tandis qu'on l'anesthésie, les moments les plus douloureux de sa vie sentimentale. Isa Miranda, vingt ans avant Martine Carol, fut l'héroïne pathétique de ce drame admirablement conduit.

De la demi-douzaine de films qu'Ophuls réalisa en France avant-guerre, *Divine* est peut-être le meilleur ; sur un point de départ de Colette — une brave fille de la campagne vient à Paris et sera happée par le music-hall — voilà une première peinture virevoltante de l'univers des coulisses. Si déjà, on est obligé de penser à *Lola Montès,* c'est qu'Ophuls, contraint d'utiliser Simone Berriau en vedette, l'escamote au profit de tous les rôles secondaires, à la faveur d'une accumulation de détails tout à la fois cocasses et réalistes. Avec *Le Plaisir, Divine* est le film où Ophuls se trouve le plus près de Jean Renoir.

Moins heureux, *La Tendre ennemie* qui raconte une histoire de fantômes, toujours avec Simone Berriau, a l'arbitraire des pochades à trucages de René Clair, mais il entre tout de même bien de la tendresse dans cette fable.

Ophuls tourna ensuite *Yoshiwara* qu'il n'aimait pas du tout, *Le Roman de Werther* qu'il aimait assez, *Sans Lendemain* qu'il aimait un peu et, en 1939, *De Mayerling à Sarajevo* qu'il termina en uniforme, mobilisé dans les tirailleurs algériens.

Démobilisé, il commença à Genève le tournage de *L'Ecole des femmes* avec Louis Jouvet et Madeleine Ozeray ; après trois jours, le producteur prit peur. Le premier plan représentait une salle de théâtre, le rideau encore baissé ; Jouvet descendait du plafond à la rencontre de la caméra, atterrissait sur scène et la représentation commençait, la caméra d'Ophuls suivant les comédiens, à leur sortie de scène, dans les coulisses, derrière les cintres, etc. On retrouvera ce pirandellisme dans *La Ronde,* dans *Le Plaisir* et surtout dans *Lola Montès.*

Aussi peu soucieux en 1940 qu'en 1932 de rencontrer les nazis, Max Ophuls, accompagné de sa femme et son fils, débarque à New York, achète une voiture pour économiser l'argent du train et gagne Hollywood où il arrive démuni. Pendant quatre ans, il vécut en espérant chaque jour commencer à travailler le lendemain ; en 1948, il tourne enfin un film, produit et interprété par Douglas Fairbanks Junior, *L'Exilé,* qui est excellent. Suivirent *Lettres d'une inconnue* très belle adaptation, d'après Stefan Zweig, et *Caught* (inédit en France).

En 1950, Ophuls rentre en France pour y tourner *La Ronde* qui, sifflé le soir de la première, devint l'un des plus grands succès mondiaux de l'après-guerre. Puis *Le Plaisir,* d'après trois contes de Maupassant, le plus méconnu de ses films, *Madame de* et, enfin, *Lola Montès* sur quoi tout a été dit, tout a été écrit. Ces quatre films témoignent de la réussite de Max Ophuls à sauvegarder sa liberté d'expression à l'intérieur d'un genre de films redoutables entre tous, la grande production européenne à visées mondiales.

Le goût du luxe chez Max Ophuls masquait, en réalité une grande pudeur ; ce qu'il recherchait — un tempo, une courbe —, était si frêle et cependant tellement précis, qu'il fallait l'abriter dans un emballage disproportionné comme un bijou précieux que l'on enfouirait dans quinze écrins toujours plus vastes, s'emboîtant les uns dans les autres.

Max Ophuls, dans la poche intérieure de sa veste, conservait précieusement une petite fiche de carton sur laquelle étaient inscrits les titres des films qu'il rêvait de tourner ; il me la montra un jour et j'y lus : *Egmont* de Goethe, *Adolphe* de Benjamin Constant, *La Belle Hélène* d'après Offenbach, *L'Amour des Quatre Colonels* de Peter Ustinov, une vie de *Catherine de Russie* (pour Ingrid Bergman), *Six Personnages en quête d'auteur* et quelques titres que je n'ai pas retenus.

Par contrat, il se réservait toujours le droit d'abandonner un film jusqu'à la veille du tournage si on ne le laissait pas travailler « à son idée », par exemple *Mam'zelle Nitouche* refilé une semaine avant le premier tour de manivelle à Yves Allégret.

Le principal problème auquel il se heurtait concernait le traitement des scénarios. Ophuls s'intéressait moins aux choses qu'à leur reflet, il n'aimait filmer la vie qu'indirectement, par ricochet. Par exemple, le premier traitement de *Madame de,* refusé par la production, prévoyait que le récit, celui que nous connaissons, serait entièrement vu dans des miroirs sur les murs et sur les plafonds.

C'est pourquoi, ayant affaire avec *Lola Montès* à des producteurs irresponsables, préoccupés exclusivement d'approvisionner les chèques qu'ils émettaient, Max Ophuls eut, pour la première fois depuis longtemps, carte blanche pour concrétiser ses vieux rêves : le spectacle dans le spectacle, la vie de Lola évoquée en flash-back non chronologiques ou en fragments reconstitués dans un spectacle de cirque à trois pistes...

Ophuls vivait depuis si longtemps en intimité avec toutes ces idées-là qu'il ne soupçonnait pas du tout que *Lola Montès* éclaterait comme une bombe, le mettant à l'index de la profession, lui amenant en revanche de nouveaux admirateurs insoupçonnés, Jean Genet, Audiberti, Rossellini...

Les éclats de rire d'Ophuls, joyeux et communicatifs, étaient célèbres ; sa conversation était extraordinaire, généreuse, enthousiaste, riche de comparaisons musicales ; le rythme était sa préoccupation dominante, le rythme d'un film, d'un roman, le rythme d'une démarche, le rythme du jeu d'un acteur, le rythme d'une vie — celle de Lola, haletante. Il rêvait de haltes, d'arrêts, de repos. Après la sortie de *Lola Montès*, pour échapper à son téléphone d'où lui venaient sans arrêt injures et louanges, il partit à Baden-Baden pour « penser ».

Avant son départ, il avait refusé catégoriquement de modifier le montage de son film. Je lui télégraphiai à Baden que, mettant son absence à profit, on coupaillait *Lola* dans un laboratoire parisien. Il me répondit aussitôt : « *Je ne puis m'imaginer des techniciens français effectuant de telles besognes à l'insu d'un metteur en scène. Il doit y avoir malentendu. Je tente sans y parvenir, de me dégager de cette « Lola » qui, en Allemagne, traverse les mêmes orages qu'en France, paniques, désespoirs, enthousiasmes, espoirs... »* On connaît la suite...,

Il y a deux sortes de metteurs en scène : ceux qui affirment : « *Oh, vous verrez, le cinéma c'est très difficile* », et les autres qui prétendent : « *C'est très facile, il suffit de faire ce qui vous passe par la tête et de bien s'amuser.* » Max Ophuls appartenait à la seconde catégorie. Comme il parlait plus volontiers de Goethe ou de Mozart que de lui-même, ses intentions restèrent toujours mystérieuses et son style mal compris.

Il n'était pas le virtuose, l'esthète, le cinéaste décoratif qu'on disait ; ce n'est pas pour « faire bien » qu'il cumulait dix ou onze plans en un seul mouvement d'appareil qui traversait tout le décor et ce n'est pas pour épater autrui que sa caméra courait dans les escaliers, le long des façades, sur un quai de gare, à travers les buissons. Max Ophuls, comme son ami Jean Renoir, sacrifiait toujours la technique au jeu de l'acteur ; Ophuls avait remarqué qu'un acteur est forcément bon, forcément antithéâtral, lorsqu'il est astreint à un effort physique : monter des escaliers, courir dans la campagne, danser tout au long d'une prise unique. Lorsqu'un acteur dans un film d'Ophuls est immobile, ce qui est rare, debout ou assis, vous pouvez être certain qu'un objet : tuyau de poêle, rideau transparent, une chaise, est interposé entre son visage et l'objectif ; ce n'est pas qu'Ophuls méconnut la noblesse du visage humain mais que l'acteur, sachant que son visage est partiellement dissimulé à l'objectif, instinctivement s'efforcera de compenser et de s'affirmer par l'intonation ; il sera plus vrai, plus juste, car Max Ophuls était épris de vérité, de justesse ; il était, qui l'eût dit, un cinéaste réaliste, et même dans le cas de *Lola Montès*, néo-réaliste.

Dans la vie, on ne perçoit pas également tous les sons, toutes les phrases ; c'est pourquoi les films d'Ophuls indignaient tellement les ingénieurs du son : on n'entendait distinctement que le tiers de la bande sonore, le reste étant perçu vaguement, comme dans la vie. Les dialogues étaient des bruits.

La femme est le personnage principal dans l'œuvre d'Ophuls, la femme hyper-féminine, victime de toutes les sortes d'hommes : militaires inflexibles, diplomates charmeurs, artistes tyranniques, jeunes garçons exaltés, etc. C'est parce qu'Ophuls ne traitait que des sujets éternels qu'on le disait inactuel, anachronique. Il montrait dans ses films la cruauté du plaisir, les drames de l'amour, les pièges du désir, il était le cinéaste du « *triste lendemain que laisse le bal folâtre* » (Victor Hugo).

Si, après *Lola Montès,* il reçut tant de lettres de jeunes cinéphiles, si les ciné-clubs le découvrirent à ce moment, c'est que pour la première fois, à son thème habituel de la femme usée prématurément, il avait superposé des préoccupations tout à fait actuelles : la cruauté des formes modernes du spectacle, l'exploitation abusive des biographies romancées, les jeux indiscrets, jeu des questions, parade des amants, journalisme à scandale, surmenages, dépressions nerveuses. Il me confia qu'il avait écrit le scénario de *Lola Montès* en y intégrant presque systématiquement tout ce qui l'avait inquiété, troublé dans les journaux pendant trois mois : divorces hollywoodiens, tentative de suicide de Judy Garland, l'aventure de

Rita Hayworth, les cirques américains à trois pistes, l'avènement du cinémascope et du cinérama, la surenchère sur la publicité, les hyperboles de la vie moderne.

*Lola Montès* est le plus grand film de dérision jamais tourné mais au lieu de se présenter comme une œuvre de laboratoire, comme *Les Chaises* de Ionesco par exemple, c'est une superproduction à la portée de tous et Peter Ustinov, dans un article, explique bien ce phénomène de disproportion : « *Il était le plus introspectif des metteurs en scène, un horloger qui n'a d'autre ambition que de fabriquer la plus petite montre du monde et s'en va ensuite, dans un soudain éclair de perversité, la poser au sommet d'une cathédrale.* »

Inquiété par l'échec de *Lola Montès,* le producteur qui préparait *Modigliani* imposa à Max Ophuls la collaboration d'un scénariste blasé, jadis prestigieux, au métier consommé, Henri Jeanson ; c'est lui qui devait freiner l'enthousiasme d'Ophuls, le canaliser. Ce qu'il y a d'extraordinaire et d'émouvant dans l'aventure, c'est que, au contact du bouillonnement ophulsien, Henri Jeanson retrouva sa verve ancienne : le beau script de Modigliani est le résultat d'une collaboration inattendue mais effective, la multiplication de deux enthousiasmes moins contradictoires qu'on ne l'eût cru d'emblée.

Max Ophuls escomptait que le succès de *Modigliani* lui rendrait une cote commerciale grâce à laquelle il pourrait fonder — associé avec Danielle Darrieux — une maison de production indépendante. Leur premier film eût été *Histoire d'aimer* d'après le roman de Louise de Vilmorin.

Max Ophuls était pour quelques-uns d'entre nous le meilleur cinéaste français avec Jean Renoir, la perte est immense d'un artiste balzacien qui s'était fait l'avocat de ses héroïnes, le complice des femmes, notre cinéaste de chevet.

*(1957)*

# Jacques Tati

## MON ONCLE

On dit tellement que le cinéma est esclave de l'argent que c'est forcément un peu vrai. Ce qui est réellement devenu hors de prix, c'est le temps. Les vedettes sont « chères de l'heure », les techniciens aussi, toujours plus nombreux, et la fabuleuse location des studios. C'est pourquoi le hasard joue un rôle important dans la création cinématographique, favorable aux gens doués, défavorable aux autres.

Quoi qu'il en soit, certains réalisateurs n'admettent pas l'intrusion du hasard dans leurs travaux, ils désirent contrôler, dominer leur œuvre de a à z, tourner à nouveau un plan raté ou toute une scène mal conduite, vingt fois sur la « moritone » remettre leur ouvrage... Pour ceux-là une seule solution : prendre leur temps, tout leur temps, tout le temps qu'il faut. Comment cela ? En dévaluant le temps du cinéma, en le rendant vingt ou trente fois moins coûteux par la double suppression des vedettes et des studios.

Deux seuls réalisateurs pratiquent cette politique du contrôle absolu, Robert Bresson et Jacques Tati. Voilà où je voulais en venir : dans les circonstances actuelles, étant donné la manière hasardeuse, chanceuse, miraculeuse, approximative, confuse et loufoque dont se font les films, une œuvre de Bresson ou de Tati est

forcément géniale *a priori*, simplement par l'autorité rarissime avec
laquelle s'impose de la première image jusqu'au mot fin une volonté
unique et absolue, celle qui, en principe, devrait ordonner n'importe
quelle œuvre à prétention artistique.

C'est pourquoi on ne peut juger *Mon Oncle* que par rapport
aux autres films de Tati. Avouons que *Mon Oncle,* à Cannes, n'a
pas comblé tous les espoirs ; avant la projection, c'était le Grand
Prix probable, c'est devenu un Grand Prix possible.

L'humour de Tati est extrêmement restrictif, ne serait-ce que
parce qu'il se limite volontairement au seul comique d'observation
à l'exclusion de toutes les trouvailles qui ne relèveraient que du burlesque pur. Même à l'intérieur du comique d'observation, Tati
opère une seconde censure, celle de l'invraisemblance. Il s'interdit
en outre l'observation basée sur les caractères des personnages,
c'est-à-dire l'observation humaine puisqu'il se refuse le découpage
classique, la construction dramatique des scènes et la psychologie
des personnages. Son comique ne porte que sur les faits de la vie
courante, légèrement déviés, mais placés en situations toujours crédibles.

Au début de sa carrière, cela devait être inconscient, intuitif.
Entre trois gags, Tati préférait le plus vraisemblable, le moins
fabriqué mais il filmait les trois. Maintenant, sa répugnance pour la
fantaisie pure, son goût du vrai — vraiment — vraisemblable est
devenu un système, analysable comme tous les systèmes et critiquable
également. On adorait ou l'on refusait *Les Vacances de Monsieur Hulot,* mais on ne pouvait formuler de réserves devant ce film
plein, logique, dense, ce beau bloc inattaquable. Avec *Mon Oncle*
au contraire, l'harmonie n'est pas créée, le charme n'est pas total.
On admire telle séquence, on souffre pendant telle autre, les répétitions agacent, on est impatient de quitter l'usine Arpel pour retrouver Saint-Maur, on se surprend dans l'ombre à couper les cheveux
en quatre.

Comme Chaplin avec *Modern Times,* comme René Clair avec
*A nous la Liberté,* Tati entreprend le brassage des idées générales
avec un film qui concerne notre époque mais sans nous la montrer
puisque les deux mondes en opposition sont celui d'il y a vingt
ans et celui dans lequel on vivra dans vingt ans. Toute la partie
Saint-Maur, la vie des petites gens de la rue, le marché, les

enfants, est charmante, jolie, agréable à regarder, vraiment réussie. La partie moderne, la maison de la famille Arpel, l'usine, sont parfois insistantes, gênantes, sans doute par souci d'aller jusqu'au bout. Le canevas n'a beau constituer qu'un prétexte, il ne laisse pas plusieurs fois d'être encombrant ; la cuisine ultra-moderne est drôle la première fois, un peu moins la seconde, plus du tout la troisième. Tati ne tolère pas l'ellipse et cela le conduit à une surcharge qui endommage la pente du film. Ainsi le poisson métallique qui crache de l'eau automatiquement chaque fois que quelqu'un vient, sauf s'il s'agit de M. Arpel, devient franchement superflu aux deux tiers du film lorsqu'on a compris le principe et épuisé toutes les ressources. Cependant Tati ne peut enlever ce poisson du décor, ni renoncer à s'en servir, *ce ne serait plus logique ;* simplement faudrait-il l'escamoter, ce qui est impossible dans la mise en scène qu'il pratique : larges plans fixes qui correspondent à la vision du visiteur, pas de gros plans parce que « dans la vie, on ne s'approche pas sous le nez des gens », etc.

De même, le cliquetis des chaussures de Mme Arpel est amusant au début, presque exaspérant sur la fin. Ce n'est pas que Tati soit à cours de gags ou qu'il tire sur les mêmes ficelles, mais que son parti pris esthétique, sa logique démentielle, le conduisent à une vision du monde totalement déformée, quasiment obsessionnelle. Plus il cherche à se rapprocher de la vie, plus il s'en éloigne, car la vie n'est pas logique (dans la vie on s'habitue aux bruits jusqu'à ne plus les entendre) et finalement, il crée un univers délirant, cauchemardesque, concentrationnaire, qui paralyse le rire plus facilement qu'il ne l'engendre.

Je serais désolé que l'on puisse voir de la mesquinerie dans mon propos ; mon exigence est à la mesure de l'admiration que je porte à Tati et à *Mon Oncle.* C'est parce que son art est si grand que notre adhésion se voudrait totale et c'est au fond parce que son film est trop réussi que nous sommes glacés d'effroi devant ce documentaire de demain.

Tati, comme Bresson, invente le cinéma en tournant ; il refuse la structure de tous les autres.

*(1958)*

# IV
# QUELQUES OUTSIDERS

# Ingmar Bergman

## L'ŒUVRE D'INGMAR BERGMAN

On sait qu'Ingmar Bergman, qui fête cette année ses quarante ans, est fils d'un pasteur. Avant d'aborder la mise en scène cinématographique en 1945, il a écrit des pièces et des romans, il a surtout animé, et anime encore, une troupe théâtrale ; c'est ainsi qu'il a mis en scène à Stockholm plusieurs pièces d'Anouilh, de Camus et quelques chefs-d'œuvre du répertoire classique, français ou nordique.

Cette débordante activité ne l'a pas empêché de tourner dix-neuf films en treize ans, ce qui paraît d'autant plus vertigineux qu'il en est généralement l'auteur complet : scénario, dialogue, mise en scène. De ces dix-neufs films, six seulement ont été exploités commercialement en France : *L'Eternel mirage, l'Eté de Monika, Sourires d'une nuit d'été, La Nuit des forains, Le Septième Sceau* et *Sommarlek*. Grâce aux Prix que Bergman, depuis trois ans, remporte dans les festivals, grâce aux succès que ses films rencontrent auprès du public de plus en plus nombreux des cinémas « d'art et d'essai » (dix-huit salles inscrites à Paris), plusieurs de ses œuvres anciennes sortiront en exclusivité au cours de la prochaine saison. A mon avis, les plus susceptibles de trouver une audience aussi importante que, par exemple *Sourires d'une nuit d'été*, sont *Une Leçon d'amour* (étourdissante comédie à la Lubitsch), *L'Attente des femmes* et *Rêves de femmes,* comédie plus teintée d'amertume. Deux autres films, plus ambitieux mais inégaux, pourraient prétendre à la carrière de *La Nuit des forains ;* ce sont *La Prison* — qui raconte l'histoire d'un metteur en scène de cinéma à qui son vieux professeur de mathématiques vient proposer de tourner un film sur l'enfer — et surtout *La Soif* dans lequel un couple de touristes suédois, à la faveur d'un voyage en train à travers l'Allemagne déchiquetée d'après-guerre, prend conscience de ses propres déchirements moraux.

Ingmar Bergman, en Suède, est maintenant considéré comme le grand cinéaste national, mais il n'en fut pas toujours ainsi. Son premier contact avec le cinéma eut lieu en 1944 lorsqu'il écrivit le scénario de *Tourments* que réalisa Sjöberg, le metteur en scène de *Mademoiselle Julie.* Il s'agissait des « tourments » que faisait subir à ses élèves un professeur de latin nommé Caligula. (Peu avant, Bergman avait mis en scène au théâtre la pièce de Camus qui porte ce titre !) L'année suivante, Bergman réalisait son premier film, *Crise,* qui décrivait les malheurs d'une jeune fille que se disputent égoïstement sa vraie mère et sa mère adoptive. Puis ce furent *Il pleut sur notre amour, Ville portuaire,* etc.

Les premiers films de Bergman choquèrent par leur pessimisme et leur accent de révolte ; il s'agissait presque toujours d'un couple d'adolescents cherchant le bonheur dans la fugue, aux prises avec la société bourgeoise. Ces premières œuvres reçurent généralement un mauvais accueil. On traitait Bergman de collégien subversif, on le soupçonnait de blasphème, il irritait profondément.              ,

Le premier film qui lui rapporta un réel succès critique fut, en 1948, *Musique dans les ténèbres :* l'histoire d'un pianiste qui devient aveugle pendant son service militaire et qui, rendu à la vie civile, souffre des prévenances dont son infirmité est l'objet jusqu'à ce qu'un rival amoureux le frappe par dépit. Il devient alors fou de joie puisque quelqu'un enfin l'a traité comme un homme normal ! Bergman était devenu assez coté lorsqu'en 1951 survint une crise dans l'industrie cinématographique suédoise; cette année-là, aucun film ne fut produit et, pour vivre, Bergman réalisa neuf petits films publicitaires pour vanter les mérites d'une marque de savon.

L'année suivante, il reprit son vrai travail avec une ardeur accrue et réalisa l'un de ses meilleurs films, *L'Attente des femmes,* probablement influencé par le film de Joseph Mankiewicz, *A Letter to three wives.* D'ailleurs, l'œuvre de Bergman est celle d'un cinéphile. A l'âge de dix ans, il consacrait ses loisirs à faire fonctionner un petit projecteur dans lequel défilaient toujours les mêmes bandes. Dans *La Prison,* il s'attendrit un moment sur ce souvenir d'enfance en nous montrant un cinéaste qui dans un grenier se projette un vieux film burlesque où l'on voit se poursuivre à l'accéléré un dormeur en chemise, un agent de police et le diable lui-même. Actuellement, Ingmar Bergman possède une cinémathèque privée, riche de cent cinquante films réduits en 16 mm, et qu'il projette parfois chez lui pour ses interprètes et ses collaborateurs.

Ingmar Bergman a regardé beaucoup de films américains et il semble avoir subi l'influence d'Hitchcock ; on ne peut pas ne pas penser à *Soupçons* et à *Rich and Strange,* en voyant *La Soif* par la manière de conduire très longtemps une scène de dialogue entre un homme et une femme à force de petits gestes presque imperceptibles et très vrais et surtout un jeu de regards précis et stylisé. C'est d'ailleurs à partir de 1948 — l'année de *The Rope (La Corde)* — qu'Ingmar Bergman cessera de morceler son découpage, s'efforçant, par une plus grande mobilité de la caméra et des acteurs d'enregistrer les scènes importantes en continuité.

Mais au contraire de Juan Bardem, par exemple, dont chaque film est influencé par un cinéaste différent et qui n'a jamais réussi à faire quoi que ce soit de personnel ou de sensible, Ingmar Bergman assimile parfaitement tout ce qui, chez lui, provient de son admiration pour Cocteau, Anouilh, Hitchcock et le théâtre classique.

Comme l'œuvre d'Ophuls et de Renoir, celle de Bergman est dédiée à la femme, mais, si elle évoque plutôt Ophuls que Renoir, c'est que l'auteur de *La Nuit des forains,* comme celui de *Lola Montès,* adopte plus volontiers le point de vue des personnages féminins que celui des personnages masculins. En d'autres termes et pour concrétiser cette nuance, disons que Renoir nous invite à regarder ses héroïnes à travers les yeux de leurs partenaires mâles tandis qu'Ophuls et Bergman ont tendance à nous montrer les hommes tels qu'ils réfléchissent dans les prunelles féminines. Cela est particulièrement sensible dans un film comme *Sourires d'une nuit d'été* où les hommes sont très stylisés et les femmes très nuancées.

Un journaliste suédois a écrit : « *Bergman est beaucoup trop savant sur les femmes* », et Bergman a répondu : « *Toutes les femmes m'impressionnent : vieilles, jeunes, grandes, petites, grosses, maigres, épaisses, lourdes, légères, laides, belles, charmantes, moches, vivantes ou mortes. J'aime aussi les vaches, les guenons, les truies, les chiennes, les juments, les poules, les oies, les dindes, les femelles hippopotames et les souris. Mais la catégorie féminine que j'apprécie le plus est celle des bêtes sauvages et des reptiles dangereux. Il y a des femmes que je déteste. Je voudrais en tuer une ou deux, ou bien me faire tuer par elle. Le monde des femmes est mon univers. J'y évolue peut-être mal, mais aucun homme ne peut vraiment se vanter de savoir s'y débrouiller complètement.* »

On écrit beaucoup d'articles sur Bergman, de plus en plus et c'est tant mieux. Ceux qui ne se terminent pas par une tirade sur le pessimisme profond de l'œuvre bergmanienne, s'achèvent par une tirade sur son optimisme ; tout est vrai lorsqu'on parle en termes de généralités de cette œuvre, que, par amour de la vérité, Bergman conduit obstinément dans toutes les directions. Cette phrase, extraite du dialogue de *Sourires d'une nuit d'été*, résume assez bien une philosophie de la bienveillance qui rejoint souvent l'abhumanisme d'Audiberti : « *Ce qui vous rend si désespérément las, c'est qu'on ne peut pas protéger un seul être contre une seule souffrance.* »

Les premiers films de Bergman posent des problèmes sociaux ; en une seconde période, l'analyse devient individuelle, pure introspection dans le cœur des personnages et, depuis quelques années, ce sont les préoccupations morales et métaphysiques, qui prédominent dans *La Nuit des forains* et *Le Septième Sceau*. Grâce à la liberté que lui laissent les producteurs suédois, Ingmar Bergman dont presque tous les films ont été bénéficiaires sur leur seule exploitation dans les pays scandinaves, a brûlé les étapes et parcouru en douze ans un cycle créateur assez comparable à celui qu'ont accompli, en trente années de cinéma, Alfred Hitchcock et Jean Renoir.

Il y a beaucoup de poésie dans l'œuvre de Bergman, mais elle s'impose après coup, l'essentiel résidant plutôt dans la recherche d'une vérité, toujours plus fructueuse. Le point fort de Bergman, c'est d'abord et avant tout la direction d'acteurs. Il confie les rôles principaux de ses films aux cinq ou six acteurs qu'il affectionne le plus et qu'il parvient à rendre méconnaissables d'un film à l'autre dans des emplois souvent diamétralement opposés. Il a découvert Margit Carlquist dans une chemiserie et Harriet Andersson dans une revue de province où elle chantait en collant noir. Il fait très peu répéter ses interprètes et ne change jamais une ligne de son dialogue, écrit d'une seule traite et sans aucun plan préétabli.

Lorsque commence un de ses films, on a le sentiment que Bergman lui-même ne savait pas encore en tournant les premières scènes comment il terminerait son histoire et cela doit être parfois vrai. On éprouve ainsi, comme devant presque tous les films de Renoir, l'impression d'assister au tournage, de voir le film en train de se faire et même de le faire en collaboration avec le cinéaste.

C'est, me semble-t-il, la meilleure preuve de la réussite de Bergman que de nous imposer avec tant de force des personnages nés de son imagination auxquels il fait prononcer, avec quel naturel, un dialogue d'une tenue admirable et toujours « familier ». Bergman cite fréquemment O'Neil et pense comme lui que « *tout art dramatique est sans intérêt qui ne se penche pas sur les rapports de l'homme avec Dieu* ». Cette phrase définit assez bien les intentions du *Septième Sceau* auquel pourtant j'avoue préférer *Au seuil de la vie*. Le *Septième Sceau* constitue une méditation interrogative sur la mort. *Au seuil de la vie* est une méditation interrogative sur la naissance. C'est la même chose puisque dans les deux cas, c'est la vie qui est concernée.

L'action d'*Au seuil de la vie* se déroule dans une clinique d'accouchement en vingt-quatre heures. Je ne pourrais mieux résumer le scénario et l'esprit du film que Ulla Isaksson qui l'a écrit avec Bergman :

« *La vie, la naissance, la mort sont des secrets — des secrets pour lesquels certains sont appelés à vivre pendant que d'autres sont condamnés à mourir.*

*Nous pouvons assaillir le ciel et les sciences de questions — toutes les réponses sont une. Pendant que la vie se poursuit, couronnant les vivants d'angoisse et de bonheur.*

*C'est l'assoiffée de tendresse déçue dans ses aspirations qui doit accepter sa stérilité. C'est la femme débordante de vie, à qui est refusé de garder l'enfant qu'elle attendait avec passion. C'est la jeune inexpérimentée, soudain surprise par la vie, et placée d'un seul coup dans la foule des parturientes.*

*La vie les couronne toutes, sans poser de questions, sans donner de réponses : elle poursuit sa marche ininterrompue vers de nouveaux enfantements, vers de nouvelles vies.*

*Seuls les humains posent des questions.* »

Au contraire du *Septième Sceau* qui, inspiré par les vitraux moyen-âgeux, comportait beaucoup d'effets plastiques, *Au seuil de la vie* est réalisé avec une très grande simplicité, la mise en scène se plaçant entièrement au service des trois héroïnes à la manière dont Ingmar Bergman s'est effacé devant le scénario de Ulla Isaksson. Eva Dahlbeck, Ingrid Thulin et surtout Bibi Andersson sont remarquables de justesse et d'émotion. Il n'y a aucun accompagnement musical dans ce film dont tous les éléments vont dans le sens de la pureté. Ce qui frappe dans les films récents de Bergman c'est leur caractère « essentiel ». Tous ceux qui ont été mis au monde et qui sont en vie peuvent les comprendre et les apprécier. Ingmar Bergman se trouve ainsi, selon moi, concerner le maximum de spectateurs dans le maximum de pays avec ses films dont la simplicité n'en finit pas de nous étonner.

*(1958)*

## CRIS ET CHUCHOTEMENTS

Cela commence comme *Les Trois Sœurs* de Tchekov, cela se termine comme *La Cerisaie* et, entre les deux, cela ressemble à du Strindberg. Il s'agit de *Cris et Chuchotements*, le dernier film d'Ingmar Bergman, grand succès à Londres et à New York depuis plusieurs mois, sensation du Festival de Cannes la semaine dernière. La sortie parisienne est prévue pour septembre. Unanimement

considéré comme un chef-d'œuvre, *Cris et Chuchotements* va réconcilier Ingmar Bergman avec le grand public qui le snobait après
son dernier succès, *Le Silence* (1963).

Pourtant, il existe, dans l'histoire du cinéma d'après-guerre, peu
d'œuvres aussi égales et fidèles à elles-mêmes que celle de Bergman.
Entre 1945 et 1972, il a tourné trente-trois films. Son nom est
devenu familier à tous en 1956 avec le succès à Cannes de *Sourires
d'une nuit d'été,* son seizième film.

Dix ans plus tôt, le premier Bergman projeté en France avait été
remarqué par un seul critique : André Bazin qui félicitait le jeune
réalisateur suédois de « *susciter un monde d'une pureté cinématographique éblouissante* » (Compte rendu de *L'Eternel mirage* dans
« *L'Ecran Français* », sept. 1947).

A partir de 1957, presque tous les Bergman ont fini par sortir
en France dans le désordre ; les plus célèbres sont : *La Nuit
des forains, Le Septième Sceau, Les Fraises Sauvages, La Source,
Le Silence, Persona,* les plus touchants sont peut-être : *Sommarlek,
Monika, Les Communiants, Le Rite.* Justement, parlons un peu du
*Rite.*

Ces dernières semaines on projetait à Paris ce film extraordinaire
que Bergman a tourné, il y a cinq ans, en noir et blanc pour la
télévision suédoise. La salle du « Studio Galande » est petite mais
les quatre-vingts spectateurs qui venaient chaque jour ne suffisaient
pas à rembourser les frais d'exploitation. Stupidement, *Le Rite*
a quitté l'affiche justement la veille du jour où Bergman est
arrivé à Cannes où on l'espérait depuis quinze ans. *Le Rite*
enlevé de l'affiche la semaine dernière, c'est un peu comme si on
enlevait de la vitrine des libraires les livres d'un écrivain le jour
où il reçoit le Goncourt. C'est du gâchis, un gâchis dont les critiques
parisiens portent une part de responsabilité. Film d'une violence
intérieure extrême, *Le Rite* nous fait assister à la mise à mort,
par trois artistes, d'un juge, c'est-à-dire d'un critique, et, curieusement, la presse a évité de rendre compte de ce film.

Bergman est un homme têtu et farouche, il partage sa vie entre
théâtre et cinéma, on sent qu'il ne trouve son bonheur qu'en travaillant entouré d'actrices et ce n'est pas demain qu'on verra un
film de Bergman sans femmes. Je le suppose plus féminin que
féministe car, dans ses films, les femmes ne sont pas vues d'un

point de vue masculin mais étudiées dans un esprit de complicité totale, elles sont nuancées à l'infini tandis que les personnages d'hommes sont stylisés.

Au lieu de contracter, comme presque tous les cinéastes actuels, la matière de quatre heures en une heure et demie, Bergman travaille avec des sujets de nouvelles : peu de personnages, peu d'action, peu de décor, un temps limité et chacun de ses films — on a intérêt à les regarder groupés dans une semaine, un hommage ou un festival — devient comme un tableau dans une exposition car il y a des « périodes » Bergman. Sa période actuelle semble plus physique que métaphysique, le titre bizarre *Cris et Chuchotements* s'impose à nous lorsqu'on sort de ce film effectivement crié et chuchoté.

Pour moi, la leçon que nous donne Bergman tient en trois points : libération du dialogue, nettoyage radical de l'image, primauté absolue accordée au visage humain.

Libération du dialogue. Le texte d'un film n'est pas un morceau de littérature mais simplement de la parole sincère, des choses dites et des choses tues, confession et confidence. Cette leçon, nous aurions pu la recevoir de Jean Renoir, mais, curieusement, elle s'est révélée avec plus d'évidence à travers une langue étrangère et cinématographiquement vierge, et cela depuis *Sommarlek,* le film de nos vacances, de nos vingt ans, le film de nos amours débutantes. Pendant la projection d'un film de Bergman, nos sens sont fortement mobilisés puisque nos oreilles entendent du suédois — qui est comme une musique ou plutôt comme une couleur sonore — et simultanément nos yeux doivent lire du suédois sous-titré en français, sous-titré c'est-à-dire simplifié et renforcé. Tous ceux qui ont eu la curiosité de comparer les films mexicains ou espagnols de Buñuel à ceux qu'il tourne en France ont eu l'occasion de réfléchir sur ce phénomène de la communication décalée.

Nettoyage de l'image. Il y a les cinéastes qui laissent entrer le hasard sur l'image, soleil, piétons ou bicyclette (Rossellini, Lelouch, Huston) et ceux qui veulent contrôler chaque centimètre carré de l'écran (Eisenstein, Lang, Hitchcock). Bergman a commencé comme les premiers, puis il a changé de camp ; dans ses derniers films vous ne croisez plus un piéton, votre regard n'est jamais arrêté par un objet inutile dans le décor ni un oiseau dans le jardin.

Il n'y a sur la toile blanche que ce que Bergman (antipictural comme tous les vrais cinéastes) a voulu y mettre.

Le visage humain ! Plus personne ne s'en approche aussi près que Bergman. Dans ses derniers films, il n'y a plus que des bouches qui parlent, des oreilles qui écoutent, des yeux qui expriment la curiosité, l'appétit ou la panique.

Ecoutez les mots d'amour que Max von Sydow adresse à Liv Ullmann dans *L'Heure du loup* (1967). Ecoutez les mots de haine que se jette le même couple, trois ans plus tard, dans *Une Passion,* vous avez devant vous le plus cruellement autobiographique metteur en scène d'aujourd'hui.

Son film le plus maudit s'intitule *Toutes ses femmes* et c'est ironique si l'on pense que justement le meilleur de son travail a consisté à révéler le génie souvent inemployé en chacune des femmes qui ont choisi le métier d'actrice ; elles s'appellent Maj-Britt Nilsson, Harriet Andersson, Eva Dhalbeck, Gunnel Lindblom, Ingrid Thulin, Bibi Andersson, Liv Ullmann, elles ne sont ni des minettes ni des souris ni des nanas, mais des femmes, de vraies femmes. Ces femmes, Bergman filme leur regard, de plus en plus intense dans la dureté ou la souffrance et il en résulte d'admirables films simples comme bonjour, mais bonjour est-il simple pour tout le monde ?

*(1973)*

# Luis Bunuel

## BUNUEL LE CONSTRUCTEUR

Je me demande parfois si Ingmar Bergman trouve réellement la vie aussi désespérée qu'il nous la montre dans ses films depuis dix ans. Il est certain que Bergman ne nous aide pas à vivre, Renoir si. A tort ou à raison, il nous semble qu'un artiste optimiste — à condition qu'il ne s'agisse pas d'un optimisme béat mais plutôt d'une sorte de pessimisme dépassé — il nous semble, donc, que cet artiste est plus grand, ou plus utile à ses contemporains, que le nihiliste, le désespéré.

Luis Buñuel trouve peut-être sa place entre Renoir et Bergman. Je crois que Buñuel pense que les gens sont des imbéciles mais que la vie est amusante ; il nous dit cela avec une grande douceur et pas directement mais il le dit et ceci se dégage, en tout cas, d'une grande partie de ses films. Si, malgré son peu de goût pour les messages, Buñuel a pu réussir un des rares films réellement antiracistes, *La Jeune fille* (*The Young one* (1960), son seul film tourné en langue anglaise), c'est qu'il a su, avec une très grande habileté, contourner la notion de personnages sympathiques et antipathiques et brouiller les cartes du jeu psychologique tout en tenant un discours parfaitement clair et logique.

Le traitement antipsychologique du scénario bunuélien fonctionne

sur le principe de la douche écossaise — alternance de notations
favorables et défavorables, positives et négatives, logiques et insen-
sées — et il s'applique aux situations autant qu'aux personnages.

Anti-bourgeoise, anti-conformiste, sarcastique comme celle de Stroheim mais plus légère, la vision du monde de Buñuel est subversive,
volontiers anarchisante.

Avant 1968 — les choses s'étant compliquées depuis le mois de
mai de cette année-là —, le contenu des films de Buñuel convenait
à ceux qui réclament un cinéma engagé et pourtant André Bazin
avait eu raison d'écrire, après *Los Olvidados,* que « *Buñuel est
passé de la révolution au moraliste* ». Buñuel, pessimiste gai,
n'est donc pas un désespéré mais un grand esprit sceptique. Observez
qu'il ne fait jamais de films *pour* mais toujours des films *contre*
et qu'aucun de ses personnages n'est montré comme positif. Le
scepticisme de Buñuel s'exprime à l'égard de tous les gens qui
jouent un jeu social trop précis, tous ceux qui sont animés d'une
conviction quelconque. Comme les écrivains du xviiie siècle, Buñuel
nous donne une leçon de doute et je crois que Jacques Rivette a
raison de le comparer à Diderot. Sur l'état d'esprit de Buñuel
derrière la caméra, le témoignage de Catherine Deneuve dans son
article : « *En travaillant avec Buñuel* » nous sera précieux : « *L'optique de Buñuel, même lorsqu'il filme une histoire dure, reste celle
de l'humour noir. Buñuel est volontiers blagueur, malicieux et
très rieur. Grâce à lui, on s'amusait beaucoup sur le plateau
et il était évident qu'à travers le personnage de Don Lope,
magnifiquement interprété par Fernando Rey, il construisait une
synthèse de tous les hommes dont il a déjà fait le portrait dans ses
films,* d'Archibald de la Cruz à Viridiana, *par l'accumulation d'une
foule de détails cruels, drôles et souvent intimes.* » Je soupçonne
en effet Buñuel, lorsqu'il invente un personnage d'homme mûr,
pas un jeune premier, de s'amuser à lui prêter les idées qu'il juge
les plus stupides, contrebalancées par des pensées vraies, profondes
et logiques, ses propres pensées. C'est cela qui fait le paradoxe,
c'est cela qui éloigne de la psychologie et rapproche de la vie, un
brassage de notations critiques et autobiographiques.

Dans *Tristana,* deux amis de Don Lope viennent lui demander
d'être le témoin d'un duel ; lorsqu'il apprend que le combat cessera
à la première blessure, à la première goutte de sang versé, il

les éconduit : « *Messieurs, ne revenez plus me chercher pour des simulacres de duels où l'Honneur a si peu de valeur.* »

Cet exemple illustre bien la façon dont procède Buñuel pour casser la psychologie ; si Don Lope était complètement idiot (dans l'optique où l'idée même de se battre en duel est une idiotie), il ne réagirait pas ainsi ; mais, d'un autre côté, l'idée que le sang doit couler jusqu'à plus soif constitue sans doute une autre forme d'idiotie mais plus sympathique par sa folie, en contraste avec la mesquinerie ambiante. Cet effort de Buñuel pour casser le sens, le contourner, le détourner, amène souvent ce grand constructeur à se comporter en improvisateur.

Ayant à me rendre en Espagne pour une sortie de film, je décidai de pousser jusqu'à Tolède où Buñuel tournait *Tristana.* Je savais qu'il regrettait de ne pas avoir apporté de France quelques cartouches de gitanes-filtres qu'il préfère au tabac espagnol ; je fus donc doublement bien reçu sur ce tournage où se réglait justement une scène fort intéressante.

Dans le scénario de *Tristana,* il était établi que le jeune sourd-muet, Saturno, tourne autour de Tristana comme un papillon autour de la lampe et qu'il continue à la désirer lorsqu'elle est revenue vivre chez Don Lope après l'amputation de sa jambe. Il était prévu dans le script qu'à un certain moment, Tristana et Saturno se croisaient dans le couloir, échangeaient des regards et, finalement, Tristana faisait rentrer le garçon dans sa chambre. Buñuel était un peu nerveux avant de tourner cette scène, il la trouvait trop brutale, trop évidente, en un mot trop directe, et il décida de la transformer. Voilà ce qu'on peut voir dans le film terminé :

Dans le jardin, Saturno rôde sous la fenêtre de Tristana, il lance des petits cailloux vers la vitre. Dans sa chambre, Tristana se déshabille, on voit seulement sa lingerie intime atterrir sur le lit, où se trouve la jambe artificielle de la jeune femme. On revient sur Tristana tandis qu'elle referme sa robe de chambre et se dirige, à l'aide de ses béquilles, vers la fenêtre, attirée par le bruit des cailloux contre la vitre. A présent, on voit Saturno qui suggère à Tristana, par gestes, d'écarter sa robe de chambre. Tristana s'exécute, on le devine à la réaction de Saturno qui recule dans le jardin en gardant le regard fixé vers la fenêtre.

C'est en voyant tourner cette scène que m'est revenue en mémoire une interview que Buñuel m'avait accordée en 1953, c'était du reste la première fois que j'interrogeais un metteur en scène ; en réponse à une question du genre : « Avez-vous un projet de film « impossible à tourner », il m'avait dit : « *Je vous réponds : non mais je peux vous parler du film auquel je rêve puisque je ne le tournerai jamais : en m'inspirant des ouvrages de Fabre, j'inventerais des personnages aussi réalistes que ceux de mes films habituels, mais ils posséderaient les caractéristiques de certains insectes ; l'héroïne se comporterait comme une abeille, le jeune premier comme un scarabée, etc. Vous comprenez pourquoi ce projet est sans espoir.* »

Ce « film de l'instinct » que Buñuel n'a jamais tourné même s'il n'a cessé de tourner autour, peut constituer une bonne indication pour comprendre la manière si particulière dont il fait vivre et bouger ses personnages. Contrairement à ce que croient beaucoup d'admirateurs de Buñuel, son travail d'écriture de scénarios et de préparation de tournages est extrêmement rigoureux, réfléchi et sans cesse remis en question ; comme les plus grands, Buñuel sait qu'il s'agit, avant tout, de se « rendre intéressant » et qu'il y a toujours plusieurs façons de faire les choses dont l'une doit être meilleure.

Trop de commentateurs parlent donc de Buñuel comme d'un poète onirique qui suivrait les caprices d'une imagination fantaisiste, alors qu'il est en réalité un très grand scénariste et un as de la construction dramatique ainsi que l'a bien montré Catherine Deneuve dans l'article déjà cité : « *Buñuel est d'abord un formidable raconteur d'histoires, un scénariste diabolique qui améliore sans cesse le script pour rendre l'anecdote plus intrigante, plus prenante. Luis Buñuel dit quelquefois qu'il ne pense pas au public et qu'il fait ses films pour quelques amis, mais je crois qu'il voit ses amis comme des spectateurs difficiles et exigeants, et c'est parce qu'il se donne tellement de mal pour les captiver qu'il réussit du même coup à se faire comprendre, admirer et aimer des cinéphiles du monde entier.* »

Pour illustrer la justesse du témoignage de celle qui fut successivement l'héroïne de *Belle de Jour* et de *Tristana*, je me propose d'examiner avec vous la construction d'un film de Buñuel bien antérieur à ceux-là, il s'agit de *La Vie criminelle d'Archibald de la Cruz* que Buñuel a tourné au Mexique en 1955, à une époque où

son génie n'était pas mondialement reconnu et dans un pays dont
la censure s'opposait probablement à la présentation sur l'écran
d'un meurtrier sympathique et impuni.

Au début d'*Archibald de la Cruz,* le héros, petit garçon, voit
mourir sa gouvernante tandis qu'il actionne le mécanisme d'une
boîte à musique. En fait, la gouvernante a été tuée par une balle
perdue, tirée par des révolutionnaires dans la rue. Nous retrouvons Archibald trente ans plus tard, dans un hôpital religieux,
terminant le récit de son enfance pour la bonne sœur qui veille sur
sa convalescence. Regardant son rasoir à main (coupe-choux), il
lui vient peut-être une idée de meurtre ou un désir vague, toujours
est-il que la religieuse, brusquement terrorisée par ce qu'elle voit,
s'enfuit dans le couloir, entre dans la cage de l'ascenseur sans
voir que l'ascenseur n'y était pas et s'écrase six étages plus bas.
Au cours de l'enquête de police, Archibald se confesse ou passe
à ce qu'il croit être des aveux. Son récit nous emmène dans le
passé récent, peut-être quelques semaines en arrière.

Chez un antiquaire, Archibald découvre la boîte à musique de
son enfance au moment où un curieux couple s'apprête à en faire
l'acquisition : il s'agit d'un petit vieux à barbiche et d'une jeune
femme brune dont nous saurons plus tard qu'elle est un guide pour
les touristes. Archibald obtient d'acheter et d'emporter la boîte à
musique en expliquant qu'il s'agit d'un souvenir d'enfance ; plus
tard, il se rend chez sa fiancée et croise sur son chemin une belle
femme sensuelle et hystérique. Je mentionne ces personnages qui
passent car nous aurons l'occasion de les retrouver ; ils sont
autant d'hameçons aux cannes à pêche que Buñuel lance l'une
après l'autre dans le cours de son récit. Si mes souvenirs ne me
trahissent pas, malheureusement je ne dispose d'aucune documentation sur *Archibald de la Cruz* dont le scénario n'a pas été publié,
nous apprenons avant le héros que sa fiancée est une fourbe ou,
qu'en tout cas, elle se trouve être, au grand désespoir de sa mère,
la maîtresse d'un homme marié, un architecte ; ce jour-là, Archibald
et sa fiancée parlent de leur mariage.

Nous retrouvons Archibald au casino ; devant la table de jeu se
tient la femme hystérique aux éclats de rires énormes, celle-là
même qu'Archibald avait croisée l'après-midi, échangeant avec elle
un regard prometteur. Elle est là avec un homme, évidemment son

amant ; elle se conduit très mal, son amant refusant de lui renouveler systématiquement ses jetons de jeu, dispute, éclats, séparation ; de toute manière, Archibald quitte le casino mais la belle hystérique qui vient d'accidenter sa voiture lui demande de la raccompagner chez elle.

Nous voilà chez la belle hystérique qui, dans la plus pure tradition du roman populaire, va se débarrasser de sa robe pour revenir en déshabillé transparent. Dans la salle de bains, en l'attendant, Archibald *pense* un moment tuer cette femme qui l'attire et lui répugne en même temps ; nous voyons le meurtre imaginé par Archibald et naturellement nous entendons l'air de la boîte à musique. Puis Archibald se ressaisit, revient à la réalité et c'est alors le retour de l'amant de la belle hystérique ; Archibald s'esquive et, le lendemain, la police trouve leurs deux corps baignant dans le sang. Archibald n'est pour rien dans cette tragédie de la passion : ces amants terribles ne pouvaient se passer l'un de l'autre et s'étant réciproquement rendus invivables, ils ont choisi de mourir ensemble !

Archibald invite alors sa fiancée à dîner, elle refuse, probablement parce qu'elle a mieux à faire, peut-être quelques menus adieux. Bref, Archibald va tuer le temps dans une sorte de cabaret où il retrouve la jolie brune qu'il avait vue dans le magasin d'antiquités où elle était sur le point de se faire offrir la fameuse boîte à musique. Vous vous souvenez peut-être de la profession de cette jeune femme brune, elle est guide pour les touristes américains. Le petit vieux barbichu en compagnie de qui elle se trouvait au début, rôde toujours dans les parages, je crois qu'elle le présente à un certain moment comme son oncle, à un autre comme son fiancé, ce qui est bien dans la même tradition romanesque que de nombreux autres éléments du récit. Archibald perd la jeune femme de vue mais elle lui a quand même jeté une adresse où on peut la voir tous les jours.

En arrivant à cette adresse le lendemain, Archibald se retrouve devant un magasin de robes et il tombe en arrêt devant un mannequin de cire qui représente très exactement... la jeune guide brune qui le préoccupe ! Il mène une petite enquête rapide, remonte facilement au modèle original, c'est-à-dire à la jeune femme, et l'invite à venir visiter son atelier de poterie, samedi prochain. Je

suis désolé d'avoir oublié de préciser plus tôt qu'Archibald qui est
financièrement très à l'aise fait de la poterie chez lui, en dilettante.

Nous sommes samedi. Archibald se livre à une petite mise en
scène charmante ; il a fait l'acquisition du mannequin de cire
en question et l'a installé dans un fauteuil. A présent, il attend
l'arrivée de la jeune femme en chair et en os ; la voilà, elle est
étonnée, amusée et la présence de ces deux femmes semblables
permet à Archibald de badiner un peu à propos des vêtements et
sous-vêtements, etc. Au moment où quelque chose se passerait
enfin entre Archibald et la jeune femme (le seul fait que je ne
me souvienne pas si le projet d'Archibald est d'ordre sexuel ou
criminel montre bien que c'est la même chose), on sonne à la
porte ; c'est le groupe de touristes abrutis que la jeune guide avait
délaissé un moment. Elle lui a joué un bon tour et elle quitte
Archibald qui est très mécontent ; il reste donc seul mais pas inactif :
il traîne le mannequin de cire par les cheveux, ouvre son four à
poterie en pleine activité et nous assistons au seul meurtre vraiment
détaillé du film puisque nous voyons, comme dans la chanson
de Charles Trenet « La Polka du Roi », fondre littéralement la
femme de cire harcelée plutôt que léchée par les flammes dans une
vision sinistre qui évoque aussi bien les fours crématoires nazis
que celui, plus artisanal, de Landru.

A présent, nous sommes toujours chez Archibald ; sa fiancée et
sa future belle-mère viennent lui rendre visite. Il doit hâtivement
dissimuler sous un canapé une chaussure de femme (en fait une
chaussure du mannequin de cire) qui était tombée dans le transport...
Puis, Archibald reçoit une lettre anonyme dans laquelle on lui
révèle la liaison entre sa fiancée et l'architecte. Le soir même, il se
dissimule dans le jardin de son rival et voit sa fiancée en compagnie
de l'architecte. Il s'agit entre les amants d'une scène d'adieux mais
Archibald à travers les vitres ne peut pas s'en rendre compte. Je
crois me souvenir qu'un détail quelconque nous indique que l'architecte lui-même aurait envoyé la lettre anonyme avec l'espoir d'empêcher ce mariage qui brise sa liaison.

Toujours est-il que nous assistons à un nouveau projet de meurtre
d'Archibald : il imagine qu'il obligerait sa fiancée à s'agenouiller
devant lui, inutile de faire un dessin, musique, puis nous revenons
à la réalité.

C'est le jour du mariage, Archibald et sa fraîche épouse tout en blanc posent pour la photo ; comme dans *Foreign Correspondant* d'Hitchcock, Buñuel crée volontairement une confusion entre appareil photo, déclenchement de flash et coup de feu, toujours est-il que, par l'architecte éconduit, la mariée est tuée, sous les yeux d'Archibald.

Nous revenons au présent car, depuis quatre-vingts minutes environ, nous étions en flash-back mais nous en avions perdu conscience, nous voilà donc chez le commissaire de police du début, que l'histoire d'Archibald a beaucoup diverti, mais qui en a tiré évidemment la conviction qu'Archibald n'a commis aucun délit.

Archibald quitte le commissariat, s'en va jeter la boîte à musique maléfique dans le lac ; il marche à présent dans le parc, il envisage un moment d'écraser un insecte avec sa canne, renonce et rencontre justement la jeune brune guide-mannequin, toujours rieuse ; ils s'éloignent ensemble.

Je ne connais pas les sources littéraires d'*Archibald de la Cruz* mais les sources cinématographiques sont bien évidentes : *Shadow of a Doubt (L'Ombre d'un doute,* 1943) d'Alfred Hitchcock, qui racontait l'histoire d'un assassin de veuves (Joseph Cotten) et dont la construction s'organisait autour du leitmotiv musical de La Veuve Joyeuse ; le film de Preston Sturges, *Infidèlement vôtre (Unfaithfully yours,* 1948) dans lequel un chef d'orchestre, Rex Harrisson, imagine, tandis qu'il dirige une symphonie, trois manières différentes d'assassiner sa femme, et surtout *Monsieur Verdoux* (1947) de Charlie Chaplin. La femme hystérique qu'Archibald croise sur son chemin est évidemment une cousine de l'extraordinaire Martha Raye (épouse du Capitaine Bonheur) que Verdoux-Bonheur ne parvient jamais à tuer.

Mais le vrai intérêt d'*Archibald* est ailleurs, dans l'ingéniosité de la construction, l'audace dans la manipulation du temps, la science du récit cinématographique. Si vous interrogez des spectateurs à la sortie d'*Archibald* dont le vrai titre est, malicieusement, *La Vie criminelle d'Archibald de la Cruz,* tous ou presque vous diront qu'ils viennent de voir l'histoire d'un type sympathique qui tue des femmes ; or, c'est faux, Archibald n'a tué personne ; il s'est contenté de souhaiter la mort de : a) sa gouvernante quand il était petit garçon ; b) l'infirmière religieuse ; c) la belle hystérique ; d) la guide brune ; e) sa fiancée fourbe. Quatre de ces cinq femmes sont mortes, d'une manière ou d'une autre, peu de temps après qu'Archibald en ait exprimé le souhait. Nous avons assisté à ces morts par anticipation, sous forme de rêveries (flashes en avant) puis nous en avons vu certaines dans leur réalisation effective mais racontées par Archibald (en flash-back).

Entre les mains de la plupart des scénaristes, *Archibald* serait devenu un film à sketches tandis que Buñuel et Edwarto Ugarte ont su entrelacer tous leurs épisodes en lançant assez tôt dans l'histoire tous les personnages féminins du récit, se réservant ensuite de les cueillir délicatement au rythme d'une femme par bobine de dix minutes durant la seconde partie du film.

Il faut bien voir qu'*Archibald* fait partie de ces très rares films à construction raffinée qui sont écrits avec un sens réel du déroulement de la pellicule sur l'écran de telle sorte que la lecture du scénario ne donne qu'une faible idée de ce que sera le résultat, ou même une idée franchement négative. De même qu'il est impossible de raconter correctement *Archibald* au sortir de la salle, je suis persuadé que la lecture du scénario devait en être pénible. C'est le cas de presque tous les films de Lubitsch et principalement *To be or not to be* dont la succession des scènes, racontées de façon littéraire, nous paraîtrait inacceptable. C'est que Lubitsch et Buñuel sont les rois du flash-back invisible, le flash-back qui intervient sans couper le fil de l'histoire mais au contraire pour en prendre le relais au moment où il faiblirait ; ils sont du même coup les rois du retour au présent qui nous est amené avec une sorte de crochet de manière à nous empêcher de sursauter dans notre fauteuil, un crochet enfoncé vers l'arrière et vers l'avant, cet hameçon étant constitué d'un gag, comique chez Lubitsch, dramatique chez Buñuel.

Trop de scénarios dans le cinéma mondial sont conçus en fonction de l'effet littéraire qu'ils produiront dans les bureaux de production, ils constituent des sortes de romans en images ; agréables à lire, ils sont prometteurs et ils tiendront éventuellement leurs promesses si le metteur en scène et les acteurs ont autant de talent que l'écrivain ; il ne s'agit pas de blâmer ici les récits linéaires dont *Le Voleur de bicyclette* est un des plus beaux exemples mais de suggérer que le mérite des scénaristes qui écrivirent *The Big Sleep,*

*North by northwest, Le Ciel peut attendre* ou *Archibald de la Cruz* est plus grand car la logique de cinéma a ses propres règles, qui ne sont pas encore bien explorées ni énoncées et c'est au travers d'œuvres comme celles de Buñuel, ou d'autres grands metteurs en scène-scénaristes, qu'on parviendra un jour à les dégager.

*(Présentation au Ciné-Club de la Victorine — 1971)*

# Norman Mac Laren

## BLINKITY BLANK

*Blinkity Blank* est un film de quatre minutes, en couleurs, tourné sans caméra. Mac Laren a dessiné directement sur la pellicule un certain nombre de dessins et de figures abstraites qui composent un ballet érotique par la rencontre d'éléments mâles et d'éléments femelles. Le son, lui aussi, est gravé directement sur la pellicule. Ce qui est extraordinaire, indépendamment de la beauté des dessins, de leur fulgurance, c'est que Mac Laren parvient à faire rire une salle avec une simple courbe entrevue un vingt-quatrième de seconde et quelques bruits synthétiques.

*Blinkity Blank* est une œuvre absolument unique qui ne ressemble à rien de ce qui s'est fait depuis soixante ans dans le cinéma : il y a dans ce « grand petit film » de quatre minutes toute la fantaisie de Giraudoux, la maîtrise d'Hitchcock et l'imagination de Cocteau.

Dans la nuit des salles dites obscures, *Blinkity Blank,* avec ses éclairs de chaleur colorés, ses clics et ses claques synthétiques, apporte comme un mythe nouveau : celui de la poule aux yeux d'or.

*(1957)*

# Roberto Rossellini

## ROBERTO ROSSELLINI PRÉFÈRE LA VIE

Quand j'ai fait la connaissance de Rossellini, en 1955 à Paris, son découragement était total ; il venait de terminer, en Allemagne, *La Peur,* d'après Stefan Zweig, et il envisageait sérieusement d'abandonner le cinéma ; tous ses films, depuis *Amore,* avaient été des échecs commerciaux et des échecs vis-à-vis de la critique italienne.

L'admiration dans laquelle les jeunes critiques français tenaient ses derniers films — et précisément les plus « maudits » : *Les Fioretti, Stromboli, Voyage en Italie* — lui fut un réconfort. Qu'un groupe de jeunes journalistes se destinant à la mise en scène l'ait choisi, lui, pour maître à filmer, brisa sa solitude et réveilla son immense enthousiasme.

C'est à cette époque que Rossellini m'a proposé de travailler à ses côtés ; j'ai accepté et, tout en poursuivant mon travail de journaliste, j'ai été son assistant pendant les trois années où il n'a pas impressionné un mètre de pellicule ! Mais le travail ne manquait pas et j'ai beaucoup appris à son contact.

A la suite d'une conversation avec quelqu'un, une idée de film se présentait à lui. Il me téléphonait : « *On commence le mois prochain.* » Et, tout de suite, il fallait acheter tous les livres se

*de Cabiria* soit le plus inégal des films de Fellini, mais les moments
forts y sont tellement plus intenses qu'il devient pour moi son
meilleur film.

Fellini a pris beaucoup de risques en poussant *Les Nuits de
Cabiria* dans différentes directions, en renonçant d'emblée à l'unité
de ton pour expérimenter plusieurs domaines très difficiles. Quelle
santé chez cet homme, quelle domination bonhomme de la scène,
quelle tranquille maîtrise et quelle invention amusée !

Giulietta Masina est Cabiria, cocasse petite prostituée romaine,
naïve et confiante, balottée par la vie, meurtrie par les hommes,
mais toujours candide. Cabiria est une création fellinienne qui
complète logiquement la Gelsomina de *La Strada,* mais la technique
du personnage et du jeu est, cette fois, proprement chaplinesque.

Ce personnage de Cabiria horripilera tous ceux qui attendent d'un
film autre chose que des émotions vives et insolites ; il n'empêche
que Giulietta Masina, même si elle doit un jour devenir agaçante,
aura marqué à elle seule un « moment » du cinéma, comme James
Dean ou Robert Le Vigan. J'aime Fellini, et, puisque Giulietta
Masina inspire Fellini, j'aime aussi Giulietta Masina. Il s'agit ici
d'un comique d'observation qui débouche constamment sur des
inventions baroques ; n'attachant pas un prix très grand au comique
d'observation, ce qui me touche le plus, c'est le mouvement final
de chaque épisode lorsque les événements se précipitent et que la
cocasserie vire au tragique. A cet égard, la fin du film — Cabiria
ayant épousé l'étrange et doux François Périer — est prodigieuse
de puissance et de force, de suspense aussi, au sens le plus noble
du terme.

*(1957)*

# 8 1/2

Les films sur la médecine horripilent les médecins, les films sur
l'aviation exaspèrent les aviateurs, mais Federico Fellini a réussi

à combler les gens de cinéma avec *8 1/2,* qui prend pour sujet la grossesse difficile d'un metteur en scène avant son tournage.

Fellini montre qu'un metteur en scène est d'abord un homme que tout le monde embête du matin au soir en lui posant des questions auxquelles il ne sait pas, ne veut pas ou ne peut pas répondre. Sa tête est remplie de petites idées divergentes, d'impressions, de sensations, de désirs naissants et on exige de lui qu'il livre des certitudes, des noms précis, des chiffres exacts, des indications de lieux, de temps.

On peut l'admirer dans le monde entier, le scepticisme de sa belle-sœur : « *Allo ! Comment vas-tu, fumiste ?* », lui soulève le cœur. Le seul moyen de se venger est d'intégrer, de force, la belle-sœur à ses rêveries érotiques, par exemple celle du harem où elle viendra rejoindre, entre autres, une belle inconnue que nous, spectateurs, avions entraperçue téléphonant dans le hall de l'hôtel mais dont nous aurions juré que Mastroianni-Guido ne l'avait pas remarquée ! Tous les tourments qui pourraient saper l'énergie d'un metteur en scène avant le tournage sont ici soigneusement énumérés dans cette chronique qui est à la préparation d'un film ce que le *Rififi* était à l'élaboration d'un cambriolage.

Il y a les actrices qui veulent en savoir davantage, tout de suite, « pour vivre avec leur personnage », le décorateur : « Où veux-tu mettre la cheminée ? », le co-scénariste sentencieux, littéraire, et jamais dupe de rien, le producteur paternel enfin, d'une patience et d'une confiance telles qu'elles augmentent encore l'angoisse de Guido !

Les metteurs en scène qui ont été plus ou moins acteurs, les acteurs qui ont fréquenté le cirque, les cinéastes qui ont été scénaristes, ceux qui savent dessiner, ont généralement quelque chose « en plus ». Fellini a fait l'acteur, le scénariste, l'homme de cirque, le dessinateur. Son film est complet, simple, beau, honnête, comme celui que veut tourner Guido dans *8 1/2.*

*(1963)*

# Federico Fellini

## LES NUITS DE CABIRIA

*Les Nuits de Cabiria,* de Federico Fellini, le film le plus attendu de ce Festival, est aussi le seul à avoir suscité autant de commentaires à la sortie ; jusqu'à trois heures du matin, dans les bars proches du Palais, la création de Giulietta Masina dans ce film a été âprement discutée. A ce propos, déplorons chez les festivaliers, producteurs, distributeurs, techniciens, acteurs et critiques, la manie effrénée de vouloir contribuer à la « création » des films par l'apport négatif de coups de ciseaux. Après chaque film projeté ici, j'ai entendu : « *Pas mal, mais on pourrait couper une demi-heure.* » Ça donne même quelquefois : « *Avec une paire de ciseaux, je me charge de sauver son film !* »

Une paire de ciseaux à la main, chacun se découvre une vocation d'auteur de film et je trouve cela haïssable. Il y a certes des fléchissements dans le film de Fellini, mais, pour peu que l'on aime le cinéma, il y a plus de plaisir et de profit à retirer de « la demi-heure en trop » de *Cabiria,* que de l'intégralité des deux films anglais projetés ici.

Je suis partisan de défendre ou d'attaquer les films en bloc ; l'esprit, le ton, le style, la respiration priment le mesquin recensement des bonnes scènes et des moins bonnes. Il est possible que *Les Nuits*

Ingmar Bergman dirige Liv Ullmann dans La Honte (1968)

Alain Resnais tourne Stavisky (1974)

Orson Welles et Roger Coggio pendant le tournage de Histoire Immortelle (1967)

rapportant au sujet, constituer une documentation, joindre des tas
de gens, il fallait « bouger ».

Un matin, il me téléphone. La veille au soir, dans une boîte de
nuit, quelqu'un lui a raconté les mésaventures théâtrales de Georges
et Ludmilla Pitoëff ; enthousiasmé, il veut commencer « le »
film dans quelques semaines. Il s'identifie tout de suite au personnage ; il montrera Pitoëff cherchant des rôles de femmes enceintes
lorsque Ludmilla attend un bébé, accrochant lui-même les rideaux
une heure avant la « générale », confiant au dernier moment un
rôle important à la fille du vestiaire, se faisant insulter par la
critique à cause des comédiens à accent qu'il utilise, les ennuis
d'argent, les dettes, les tournées, etc.

Un mois plus tard, il a oublié les Pitoëff, il est invité par un
producteur à Lisbonne pour discuter d'un film sur la *Reine Morte*.
Il est allé passer une journée chez Charlie Chaplin à Vevey et il
me donne rendez-vous à Lyon ; nous filons en Ferrari jusqu'à
Lisbonne ; il conduit jour et nuit, je dois lui raconter des histoires
pour le tenir éveillé et il me tend un flacon mystérieux à respirer
chaque fois qu'il me voit glisser vers le sommeil.

Les pêcheurs de l'Estoril manquent de vérité et semblent jouer
un jeu pittoresque pour épater les touristes, une de leurs barques
porte même le nom de Linda Darnell. Roberto ne se plaît pas au
Portugal. Nous rentrons par le sud de l'Espagne, par la Castille.
La direction de la Ferrari cède en pleine vitesse. En une nuit, dans
un petit village, des ouvriers fabriquent une pièce qui nous permet
de repartir ; ému par le talent, le courage et la conscience des
mécaniciens du garage, Roberto décide alors de revenir en Castille
tourner *Carmen*. Nous rentrons à Paris et il commence les démarches auprès des distributeurs. Aux ballets espagnols, il a repéré
une petite danseuse noiraude de quinze ans, la Carmen idéale. Les
distributeurs, même en France, se méfient de Roberto, de ses
improvisations et ils exigent un découpage. Avec trois exemplaires
d'une édition populaire de la Carmen de Prosper Mérimée, une
paire de ciseaux et un bon rouleau de scotch, je « fabrique »
en trois jours un découpage (au sens propre et figuré) de Carmen,
forcément fidèle à la lettre !

Mais les distributeurs voudraient une vedette, on suggère Marina
Vlady, blonde comme les blés, mais entre-temps Roberto a changé

d'intérêt. Depuis quelques temps, il rencontre un mystérieux personnage secret ; cet homme ne vient jamais à l'hôtel, Roberto ne va
jamais chez lui ; les rencontres ont lieu dans la rue, dans un
endroit chaque fois différent. C'est un diplomate soviétique. En effet,
Rossellini a conçu le projet d'un *Païsa* soviétique, un recueil de
six ou sept histoires typiques de la vie moderne en Russie. Roberto,
tous les jours, se fait traduire « La Pravda », lit des kilos de
bouquins et commence à imaginer ses histoires. Très vite, il y a
un accrochage avec le diplomate sur une histoire jugée trop humoristique. La voici : un citoyen soviétique aperçoit de loin, dans la
rue d'une petite ville, son épouse qui semble se rendre à un
rendez-vous d'amour. Fou de douleur et de jalousie, il la suit ;
plusieurs fois, il la perd de vue, plusieurs fois, il croit la retrouver
au bras d'un autre. Le fin mot de l'histoire est que le magasin
principal de la ville a reçu un nouveau modèle de robe en une
centaine d'exemplaires et que, ce jour-là, toutes les femmes sont
habillées pareillement !

Ce projet abandonné malgré lui, Rossellini se retrouve sans travail,
victime d'impératifs qui n'étaient plus, cette fois, commerciaux mais
politiques.

Lorsque Roberto Rossellini écrit un scénario, aucun problème de
récit ne se pose à lui ; le point de départ suffit. Etant donné tel
personnage, sa religion, sa nourriture, sa nationalité, son activité,
il ne peut avoir que tels besoins, tels désirs et telles possibilités
de les satisfaire. Un décalage entre les besoins, les désirs et les
possibilités suffit à créer le conflit qui évoluera naturellement de
lui-même si l'on tient compte des réalités historiques, ethniques,
sociales, géographiques du sol dont il est tributaire. Aucun problème
non plus pour terminer le film : le final sera dicté par la somme,
optimiste ou pessimiste, de tous les éléments du conflit. Il s'agit
en somme, pour Rossellini, de retouver l'homme que tant de
fictions abusives nous ont fait perdre de vue, de le retrouver
d'abord par une approche strictement documentaire, puis de le jeter
dans une intrigue la plus simple possible, le plus simplement
possible racontée.

Rossellini, en 1958, savait bien que ses films n'étaient pas comme les autres, mais il jugeait sainement que c'était aux autres de changer et de ressembler aux siens. Il disait par exemple : « *L'industrie du cinéma en Amérique est basée sur la vente des appareils de projection et sur l'exploitation ; les films hollywoodiens coûtent trop cher pour être rentables et coûtent trop cher sciemment, pour décourager la production indépendante. C'est donc une folie en Europe d'imiter les films américains et si les films réellement coûtent trop cher pour être conçus et réalisés librement, alors ne faisons plus de films, mais des schémas de films, des esquisses.* »

C'est ainsi que Rossellini est devenu, selon une expression de Jacques Flaud, le « père de la nouvelle vague française ». Il est exact que, chaque fois qu'il arrivait à Paris, il nous rencontrait et se faisait projeter nos films d'amateurs, lisait nos premiers scénarios. Tous ces noms nouveaux qui, en 1959, surprenaient les producteurs français lorsqu'ils les découvraient chaque semaine dans la rubrique des films en préparation, étaient connus de Rossellini depuis longtemps : Rouch, Reichenbach, Godard, Rohmer, Rivette, Aurel. En effet, Rossellini a été le premier lecteur des scénarios du *Beau Serge* et des *400 Coups*. C'est lui qui a inspiré *Moi, un Noir* à Jean Rouch, après avoir vu *Les Maîtres Fous*.

Rossellini m'a-t-il influencé ? Oui. Sa rigueur, son sérieux, sa logique m'ont ôté un peu de mon enthousiasme béat pour le cinéma américain. Rossellini déteste les génériques astucieux, les scènes précédant le générique, les flash-back et, de manière générale, tout ce qui est décoratif, tout ce qui ne sert pas l'idée du film ou le caractère des personnages.

Si, dans certains de mes films, j'ai essayé de suivre simplement et honnêtement un seul personnage et d'une manière presque documentaire, c'est à lui que je le dois. Vigo mis à part, Rossellini est le seul cinéaste à avoir filmé l'adolescence sans attendrissement, et *Les 400 Coups* doivent beaucoup à son *Allemagne année zéro*.

Ce qui a rendu difficile la carrière de Rossellini c'est, je crois, qu'il a toujours traité le public « à égalité », alors qu'il est lui-même un homme exceptionnel et exceptionnellement intelligent et vif ; c'est pourquoi il ne s'attarde pas, il n'explique pas, il ne développe pas, il ne brode pas : il jette ses idées très vite les unes après les autres. Jacques Rivette a pu dire de lui : « *Il ne démontre pas, il montre* », mais sa rapidité d'esprit, sa logique, son extraordinaire faculté d'assimilation, lui font prendre les devants et parfois semer ses spectateurs. Cette faculté d'assimilation, cette soif de généralités contemporaines sont lisibles en clair dans le simple énoncé de sa filmographie : *Rome ville ouverte* concerne une ville ; *Païsa,* l'Italie tout entière du sud au nord ; *Allemagne année zéro,* le grand pays vaincu et détruit ; *Europe 51,* notre continent reconstruit matériellement, mais non moralement.

La dernière grande aventure cinématographique de Rossellini a été sa découverte de l'Inde.

En six mois, il a tout vu aux Indes et en a ramené *India,* film extraordinaire de simplicité et d'intelligence, qui n'a pas l'apparence d'un choix de paysages ou d'événements, mais donne une vision globale du monde et constitue une méditation sur la vie, sur la nature, sur les animaux. Celui-là, *India,* n'est pas daté ni situé comme les autres, il constitue, hors du temps et hors de l'espace, un poème libre qui ne peut être comparé qu'à cette méditation sur la joie parfaite que sont *Les Fioretti de Saint-François d'Assise.*

Je sais que je vais dire une chose dangereuse, mais elle est vraie : Rossellini n'aime guère le cinéma non plus que les arts en général. Il préfère la vie, il préfère l'homme. Il n'ouvre jamais un roman, mais il passe sa vie à se documenter ; il lit des nuits entières des livres d'histoire, de sociologie, des ouvrages scientifiques. Il aime en savoir davantage et, de plus en plus, aspire à se consacrer à des films culturels.

En vérité, Rossellini n'est pas un « activiste » ni un homme ambitieux ; il est un curieux, un homme qui s'informe, un homme qui s'intéresse aux autres beaucoup plus qu'à lui-même.

On peut se demander pourquoi il est devenu metteur en scène, comment est-il venu au cinéma ; il y est venu par hasard ou plutôt par amour. Il était épris d'une jeune fille qui avait été remarquée par des producteurs et engagée pour tourner un film. Par pure jalousie, Roberto l'accompagnait au studio et, comme la production n'était pas riche et qu'on le voyait, là, inoccupé, on lui demanda, puisqu'il avait une voiture de passer tous les jours chercher la vedette masculine du film, Jean-Pierre Aumont, chez lui, pour l'emmener au studio.

Les premiers films de Rossellini ont été des documentaires sur les poissons et j'imagine que c'est par amour pour la Magnani qu'il s'est résigné à pratiquer le cinéma de fiction. Il y était poussé aussi par un stimulant qui était l'Italie en guerre.

Au fond, et le seul succès récent de Rossellini, *Le Général della Rovere,* nous l'a confirmé, le style de Rossellini n'est admis du grand public et de la critique que lorsqu'il est au service de la guerre, les « actualités filmées » nous ayant accoutumés à cette vérité brute et violente.

Sommes-nous dans l'erreur, nous qui aimons Rossellini et l'admirons, en pensant qu'il a raison de filmer la guerre des ménages, les gambades franciscaines et les singes du Bengale de la même manière que les combats des rues, comme les actualités, comme des actualités de tous les temps ?

La dernière fois que je l'ai vu, Rossellini m'a fait lire un scénario de cent pages sur « Le Fer ». Il compte en tirer un film de cinq heures pour les écoliers, de trois heures pour la télévision et d'une heure et demie pour les salles de cinéma.

C'était passionnant à lire et ce sera certainement très beau, mais je me suis demandé : est-ce que malgré tout on lui permettra un jour de réaliser ses grands projets : le film sur le Brésil intitulé, *Brasilia, Les Dialogues de Platon* et *La Mort de Socrate ?*

*(1963)*

# Orson Welles

## CITIZEN KANE, LE GÉANT FRAGILE

Tourné à Hollywood en août-septembre-octobre 1940, montré aux Etats-Unis l'année suivante, *Citizen Kane* n'est arrivé en France que six ans plus tard, à cause de la guerre. A Paris, la sortie de *Citizen Kane* début juillet 1946 fut un événement extraordinaire pour les amateurs de films de notre génération. Depuis la Libération, nous découvrions le cinéma américain et brûlions l'un après l'autre les réalisateurs français que nous avions admirés pendant la guerre. Plus vive encore était notre désaffection pour les acteurs français au profit des américains ; à bas Pierre Fresnay, Jean Marais, Edwige Feuillère, Raimu, Arletty, vive Gary Grant, Humphrey Bogart, James Stewart, Gary Cooper, Spencer Tracy, Laureen Bacall, Gene Tierney, Ingrid Bergman, Joan Bennett, etc.

Notre excuse à une prise de position si radicale était que les magazines de cinéma, principalement « *L'Ecran Français* » se livraient à un anti-américanisme corporatif qui nous irritait. Pendant l'occupation, le cinéma allemand étant très médiocre et l'anglo-saxon interdit, le cinéma français avait été très prospère, nos films s'amortissaient sur notre seul territoire, les salles étaient souvent pleines. Après la Libération, les accords politiques « Blum-Byrnes » avaient autorisé un très large quota de films américains sur nos écrans, les recettes des films français diminuèrent, et il n'était pas rare de voir défiler dans les rues de Paris des vedettes et des réalisateurs français réclamant une diminution du nombre de films américains importés.

Alors, par goût du dépaysement, par soif de nouveauté, par romantisme, évidemment aussi par esprit de contradiction, mais sûrement par amour de la vitalité, nous avions décidé d'aimer tout, pourvu que ce fût hollywoodien. C'est dans ce contexte qu'en été 1946 nous avons appris le nom d'Orson Welles, je crois bien que la rareté de son prénom contribuait à notre fascination — pour les Français, Orson faisait penser à *ourson* — et nous apprenions du même coup que cet ourson qui avait juste trente ans, avait tourné *Citizen Kane* à l'âge de 26, celui d'Eisenstein tournant *Le Cuirassé Potemkine*.

Les critiques français furent extrêmement élogieux — un article de Jean-Paul Sartre qui avait déjà vu le film aux Etats-Unis avait préparé le terrain — mais plusieurs s'embrouillèrent en racontant le scénario au point de se contredire d'un journal à l'autre sur la signification du mot *Rosebud,* certains écrivant que c'était le nom donné à la boule de verre emplie de flocons de neige que Kane laisse échapper de sa main avant de mourir. C'est Denis Marion et André Bazin qui conduisirent l'enquête journalistique et incitèrent la *R.K.O.* qui distribuait le film à rajouter un sous-titre : « Rosebud » au moment exact où le traîneau d'enfants est léché par les flammes.

La confusion entre le traîneau et la boule de verre était voulue par Welles puisque celle-ci renferme des flocons de neige tombant sur une petite maison et qu'à deux reprises, Kane prononce le mot *Rosebud,* en relation avec la boule : quand il meurt en la laissant échapper et, avant cela, lorsqu'il la tient à la main au moment où sa seconde femme, Susan Alexander, le quitte.

Aussi magique que celui de *Rosebud* nous paraissait le nom de *Xanadu,* dans l'ignorance que nous étions, en France, du poème de Coleridge sur Kubla Khan, pourtant explicitement cité dans le film mais se confondant pour nos oreilles françaises au texte des « News on the March » :

> « *Legendary was the Xanadu where Kubla*
> « *Khan decreed his stately pleasure dome :*

« *Where twice five miles of fertile ground*
« *With walls and towers were girdled round* ».

Il est donc tout à fait logique de penser que le nom même de
Kane vient de Khan, comme celui d'Arkadin vient probablement
d'Irina Arkadina, le nom de l'héroïne-actrice de « La Mouette »,
de Tchekov.

   *Citizen Kane,* qui n'exista jamais qu'en v.o. nous désintoxiqua
de notre hollywoodisme fanatique et fit de nous des cinéphiles exigeants. Ce film est certainement celui qui a suscité le plus grand
nombre de vocations de cinéastes à travers le monde. Ceci peut
sembler curieux puisque l'on décrit toujours, et à juste titre, le
travail d'Orson Welles comme inimitable et aussi parce que l'influence
qu'il a exercée, si elle est quelquefois discernable, *The Barefoot
Contessa* de Mankiewicz, *Les Mauvaises Rencontres* d'Astruc, *Lola
Montès* de Max Ophuls, *Otto e Mezzo* de Fellini, est, le plus
souvent, indirecte et souterraine. La production hollywoodienne,
dont je parlais plus haut et que nous aimions tant, nous séduisait
mais nous paraissait inatteignable : on pouvait voir et revoir
*The Big Sleep, Notorious, Lady Eve, Scarlett Street,* ces films ne
nous suggéraient pas qu'un jour à notre tour nous viendrions à la
pratique du cinéma, ils nous montraient seulement que, si le cinéma
était un pays, Hollywood en était manifestement la capitale. C'est
donc probablement par son double aspect hollywoodien et antihollywoodien que *Citizen Kane* nous a tant remués et aussi par
sa jeunesse insolente et enfin par un élément fort qui est l'esprit
européen d'Orson Welles. Plus que ses voyages hors d'Amérique,
je pense que la fréquentation précoce et intensive de Shakespeare
a donné à Orson Welles une vision antimanichéenne du monde
et lui a fait brouiller et embrouiller à plaisir la notion de héros,
celle du bien et du mal. Je vais faire ici une confidence d'auto-
didacte : j'avais quatorze ans en 1946 et j'avais déjà stoppé les
études, c'est donc à travers Orson Welles que j'ai découvert Shakespeare, de même que c'est mon goût pour la musique de Bernard
Herrmann qui m'a amené à écouter celle de Stravinsky dont souvent
elle s'inspire.

   A cause de sa jeunesse et de son romantisme, le génie d'Orson
Welles nous a semblé plus proche de nous que le talent des metteurs

en scène américains traditionnels. Quand Everett Sloane, qui joue le personnage de Bernstein dans *Citizen Kane,* raconte qu'un jour de 1896, son ferry-boat a croisé dans la baie d'Hudson un autre ferry-boat sur lequel il y avait une jeune fille en robe blanche qui tenait une ombrelle à la main, qu'il n'a vu cette jeune fille qu'une seconde mais qu'il a pensé à elle une fois par mois durant toute sa vie, eh bien, derrière cette scène tchekovienne, ce n'était pas un big director que nous admirions mais un ami que nous découvrions, un complice que nous aimions et avec qui nous nous sentions en proximité de cœur et d'esprit.

Nous avons aimé totalement ce film parce qu'il était total : psychologique, social, poétique, dramatique, comique, baroque. *Citizen Kane* est tout à la fois une démonstration de la volonté de puissance et une dérision de la volonté de puissance, un hymne à la jeunesse et une méditation sur la vieillesse, un essai sur la vanité de toute ambition humaine en même temps qu'un poème sur la décrépitude et, derrière tout cela, une réflexion sur la solitude des êtres exceptionnels, génies ou monstres, monstrueux génies.

*Citizen Kane* est en même temps un *premier* film par son aspect fourre-tout expérimental et un film testamentaire par sa peinture globale du monde.

Je n'ai compris que longtemps après ce grand choc de juillet 1946, pourquoi *Citizen Kane* est le film qu'il est et en quoi il est unique ; c'est qu'il est le seul premier film réalisé par un homme célèbre. Chaplin n'était qu'un petit mime émigré quand il débuta devant la caméra ; Renoir n'était, aux yeux de la profession, qu'un fils à papa s'occupant de cinéma en amateur en dilapidant l'argent de sa famille lorsqu'il tournait *Nana ;* Hitchcock n'était qu'un dessinateur de génériques qui montait en grade lorsqu'il réalisa *Blackmail ;* Orson Welles, lui, avant même de commencer *Citizen Kane,* était connu de toute l'Amérique — et pas seulement par son émission sur les Martiens. Il était un homme déjà fameux et que l'on attendait au tournant : « *Silence, un génie travaille* », ironisaient les journaux corporatifs d'Hollywood. Généralement, on devient célèbre après avoir tourné de bons films mais il est rare que l'on soit célèbre à vingt-cinq ans et, qu'étant célèbre si jeune, on vous confie un film à réaliser. Pour cette raison *Citizen Kane*

est aussi le seul premier film qui prenne pour sujet... la célébrité
elle-même. Enfin, c'est évidemment la légendaire précocité d'Orson
Welles qui lui a permis de montrer avec plausibilité et vérité le
déroulement d'une vie entière puisque l'on suit Charlie Foster Kane
de son enfance jusqu'à sa mort... Contrairement au débutant craintif
qui s'efforce de tourner un bon film qui lui permettra de s'immiscer
dans l'industrie, Orson Welles, à cause de sa réputation considérable,
était contraint de tourner *LE* film, celui qui les résumerait tous et
préfigurerait ceux à venir, eh bien, mon Dieu, nous voyons bien
aujourd'hui que ce pari délirant a été tenu.

On a beaucoup discuté les questions techniques à propos d'Orson
Welles. A-t-il tout appris en quelques semaines avant de tourner,
avait-il regardé beaucoup de films ? Ce problème est un faux
problème. Hollywood est plein de cinéastes qui ont tourné quarante
films et qui ne savent pas se faire succéder harmonieusement deux
plans, par exemple Daniel Mann ou Delbert Mann... Pour faire
un bon film, il faut seulement avoir de l'intelligence, de la sensibilité,
de l'intuition et quelques idées. Orson Welles en avait à revendre.
A Thatcher qui lui lance : « *Alors, c'est vraiment ainsi que vous
concevez la direction d'un journal ?* », le jeune Kane répond : « *Je
n'ai aucune expérience de la direction d'un journal, Monsieur
Thatcher. J'essaie simplement toutes les idées qui me passent par
la tête.* »

Revoyant aujourd'hui *Citizen Kane*, je m'aperçois que je le connaissais par cœur, mais comme un disque plutôt que comme un film ;
je n'étais pas toujours certain de l'image qui allait suivre, mais je
l'étais du son qui allait éclater, du timbre de voix de tel personnage
qui allait prendre la parole, de l'enchaînement musical qui amènerait
la séquence suivante. (Avant *Citizen Kane*, personne ne savait placer
correctement la musique de films, à Hollywood.) De ce point de vue,
*Citizen Kane* serait le premier — et le seul — grand film radio-
phonique. Derrière chaque scène, il y a une idée sonore qui lui
donne sa couleur, la pluie sur la verrière du cabaret « El Rancho »
lorsque l'enquêteur rend visite à la chanteuse déchue retirée à
Atlantic City, les échos sur le marbre de la bibliothèque Thatcher,
les voix qui se chevauchent systématiquement dans toutes les scènes
à plusieurs personnages, etc. Beaucoup de cinéastes savent qu'il faut
suivre le conseil d'Auguste Renoir : remplir l'image coûte que coûte

mais Orson Welles est l'un des seuls à avoir compris qu'il fallait également remplir la bande sonore coûte que coûte.

Avant d'adopter le choix de *Citizen Kane,* Orson Welles avait préparé la réalisation de *Heart of Darkness* d'après Joseph Conrad qu'il envisageait de tourner sans montrer le narrateur qui serait remplacé par la caméra subjective. Il reste quelque chose de cette idée dans *Citizen Kane* où l'enquêteur, Thomson, est montré de dos tout au long de ce film qui refuse les règles du découpage classique par champ-contrechamp ; l'histoire avance comme un faux reportage journalistique et, décrivant l'aspect visuel du film, on pourrait parler de *mise en page* autant que de *mise en scène.* Un quart des plans sont truqués dans cette œuvre qui devient presque un film d'animation à force de manipulation de pellicule. Combien de plans basés sur la profondeur de champ — à commencer par celui du verre de poison dans la chambre de Susan — sont-ils obtenus à partir du trucage de « cache contre-cache » qui est l'équivalent cinématographique du photo-montage des journaux à sensation ? On peut donc voir aussi *Citizen Kane* comme un film de manipulation par rapport au suivant, *The Magnificent Ambersons,* film romanesque d'ailleurs réalisé en opposition constante à *Citizen Kane,* scènes longues, primauté de l'acteur sur la caméra, dilatation du temps réel, etc.

Dans *Les Amberson,* on dénombre moins de deux cents plans pour raconter une histoire qui court sur vingt-cinq ans (contre 562 plans dans *Citizen Kane),* comme si le second film avait été tourné violemment par un autre cinéaste qui détesterait le premier et voudrait lui administrer une leçon de modestie. Etant à la fois très artiste et très critique, Orson Welles est un cinéaste qui s'envole facilement et juge ensuite sévèrement ses envolées d'où l'importance grandissante, dans ses films postérieurs, du travail sur la table de montage. Bien des films récents d'Orson Welles donnent l'impression d'avoir été tournés par un exhibitionniste et montés par un censeur.

Revenons à *Citizen Kane* dans lequel tout se passe comme si Orson Welles, dans son fabuleux orgueil, avait refusé les règles du cinéma, ses limites optiques et comme si, à coups de trucs — plus astucieux et réussis les uns que les autres — il avait amené son film à ressembler plastiquement aux « comics » américains où la fantaisie du dessinateur permet de placer un personnage en gros plan puis, derrière lui, son interlocuteur en pied et, au fond du dessin, dix personnes dont le tracé des cravates est aussi net que la verrue sur le nez du personnage en gros plan. C'est ce miracle, unique, car jamais réédité, qui s'accomplit devant nous cinquante fois de suite et donne au film une stylisation, une idéalisation visuelles jamais tentées depuis les films de Murnau, *Le Dernier des hommes*, *Sunrise*. Les grands cinéastes plasticiens, Murnau, Lang, Eisenstein, Dreyer, Hitchcock ont tous débuté avant l'invention du parlant et il n'est pas exagéré de voir en Orson Welles le seul grand tempérament visuel qui soit arrivé après l'avènement du cinéma sonore.

Si vous regardez une très bonne scène de western, elle est peut-être de John Ford mais peut-être aussi de Raoul Walsh ou encore de William Wellman ou de Michaël Curtiz tandis que le style d'Orson Welles, comme celui d'Hitchcock, est reconnaissable sur une seule scène. Le style visuel d'Orson Welles n'appartient qu'à lui et il est inimitable, entre autres raisons parce que, comme chez Chaplin, il constitue une technique organisée autour de la présence physique de l'auteur-acteur au centre de l'écran. C'est Orson Welles qui marche en crabe à travers l'image, c'est Orson Welles qui organise un vacarme sonore qu'il rompt en prenant soudainement la parole à voix très basse, c'est Orson Welles qui lance ses répliques en regardant au-dessus de la tête de ses partenaires comme s'il ne consentait à dialoguer qu'avec les nuages (influence shakespearienne) c'est Orson Welles qui, contre tous les usages, libère le blocage horizontal de la caméra en sorte que parfois toute l'optique pivote accidentellement et qu'ainsi la terre semble basculer devant le héros qui marche à grandes enjambées vers l'objectif.

Orson Welles aurait le droit de juger tous les films mous, plats et statiques puisque les siens sont complètement dynamiques et se déroulent devant nos yeux comme de la musique.

En revoyant *Citizen Kane* aujourd'hui, on fait une autre découverte : ce film qui paraissait démentiel de luxe et de richesse est fait avec des bouts de ficelles et littéralement bricolé ; il y a très peu de figuration, mais beaucoup de stocks-shots, beaucoup de grands meubles, mais beaucoup de murs dessinés en trompe-l'œil et surtout beaucoup de gros plans de sonnettes, de cymbales, « plans d'inserts » : d'innombrables journaux, accessoires, photos, miniatures, beaucoup de fondus-enchaînés. La vérité est que *Citizen Kane* était un film sinon pauvre en tous cas modeste qui est devenu riche et somptueux sur la table de montage et dans l'auditorium, grâce à un travail prodigieux de mise en valeur de tous les éléments et surtout un extraordinaire renforcement de la bande image par la bande son la plus inventive de l'histoire du cinéma.

*⁂*

Lorsque je voyais *Citizen Kane* en tant que *cinéphile* adolescent, j'étais rempli d'admiration pour le personnage central du film, je le trouvais prestigieux et magnifique, je confondais dans une même idolâtrie Orson Welles et Charlie Foster Kane et je croyais que le film faisait l'éloge de l'ambition et de la puissance. Ensuite, en revoyant le film plusieurs fois, étant devenu *critique de cinéma,* c'est-à-dire plus entraîné à analyser mon plaisir, j'ai découvert l'aspect justement critique de *Citizen Kane,* son côté pamphlet ; j'ai compris que c'est le personnage de Jedediah Leland (interprété par Joseph Cotten) avec lequel nous devons sympathiser, j'ai vu que le film montre clairement le côté dérisoire de toute réussite sociale. Aujourd'hui, devenu metteur en scène, je revois *Citizen Kane* peut-être pour la trentième fois, et c'est son double aspect de conte de fées et de fable morale qui me frappe le plus.

Je ne serai pas capable de dire si l'œuvre de Welles est puritaine car je connais mal la signification de ce mot en Amérique mais j'ai toujours été frappé par sa chasteté ; la dégringolade de Kane est provoquée par un scandale sexuel : « *Candidate Kane found in love nest with ' Singer '* » et pourtant nous avons bien vu que les relations Kane-Susan sont du genre père-fille, des relations protectives. Cette liaison, si toutefois on peut l'appeler ainsi, est justement rattachée à l'enfance de Kane et à l'idée de famille puisque c'est en revenant d'un pèlerinage familial — il a été revoir les meubles de ses parents dont probablement le traîneau Rosebud, entreposés dans un hangar — qu'il rencontre Susan sur un trottoir. Elle sort d'une pharmacie et se tient la mâchoire car elle a mal aux dents. Lui, vient justement de se faire éclabousser par une voiture. Remarquons que, plus tard, Kane prononcera deux fois le mot *Rosebud,* en mourant évidemment mais une fois auparavant, lorsque

Susan le quitte. Il casse tous les meubles de sa chambre, cette
scène est bien connue, mais a-t-on remarqué que la colère de Kane
ne s'apaise que lorsqu'il prend en main la boule de verre ? Alors,
il est bien clair que *Rosebud*, déjà lié à l'arrachement maternel, le
sera désormais à son abandon par Susan. Il y a des départs qui
sont comme des morts.

Ce qu'on trouve déjà dans *Citizen Kane*, mais que l'on retrouvera
encore mieux exprimé dans le reste de l'œuvre d'Orson Welles,
c'est une philosophie du monde à la fois personnelle, généreuse et
noble. Aucune vulgarité, aucune mesquinerie dans ce film pourtant
satirique, imprégné d'une morale inventée et inventive, antibour-
geoise, une morale de comportement, des choses à faire et des
choses à ne pas faire.

Ce qu'il y a de commun à tous les films d'Orson Welles c'est
le libéralisme, l'affirmation que le conservatisme est une erreur ; les
géants fragiles qui sont au centre de ses fables cruelles découvrent
qu'on ne peut rien conserver, ni la jeunesse, ni la puissance, ni
l'amour ; Charlie Foster Kane, George Minafer Amberson, Michel
O'Hara, Gregory Arkadin sont amenés à comprendre que la vie
est faite de déchirements.

*(Inédit — 1967)*


## MONSIEUR ARKADIN


Voici le retour d'Orson Welles avec un film dont la nationalité
est imprécise. Si le metteur en scène est américain, le chef-opérateur
est français, tandis que les acteurs sont anglais, américains, turcs,
russes, allemands, italiens, français et espagnols. Les lieux de tournage ne sont pas moins variés : Barcelone, Munich, Paris, Mexico.
Enfin, les capitaux de la production seraient suisses !

*Monsieur Arkadin,* film admirable qu'il n'était pas utile de flan-
quer d'un sous-titre, « Dossier secret », commence mal et même

très mal, un peu comme un thriller de série Z. Tout paraît minable et crasseux : les décors, les costumes, la photo grisâtre et jamais un jeune premier (Robert Arden) ne nous fut d'emblée aussi antipathique. Orson Welles, lui-même, tellement attendu, arrive et nous déçoit à son tour. Lui, d'ordinaire si habile à se « faire une tête », à composer un personnage, semble avoir raté son maquillage : comment trouver prestigieux ce Gregory Arkadin dont la perruque se décolle et qui ressemble à un Père Noël ou, plus précisément, à un Neptune de patronage ? (Welles fut si conscient de cette ressemblance — voulue au départ, ou non — avec le dieu de la mer qu'un personnage de l'intrigue le compare à Neptune dans le dialogue du film.)

Et puis le charme opère, nous acceptons le dénuement de l'entreprise et entrons enfin dans le jeu. Gregory Arkadin, orgueilleux comme Charles Foster Kane, cynique comme le troisième homme, fier comme George Minnafer Amberson, est bien un personnage wellesien. La route qui l'a conduit à la fortune est jonchée de cadavres encore tièdes. Mais M. Arkadin a une fille, Raina, qu'il chérit et souffre de voir courtiser par des individus douteux. Le dernier en date, Van Stratten (Robert Arden), est un jeune trafiquant, quelque peu maître chanteur. Arkadin ayant pris ses renseignements s'aperçoit que Van Stratten ne courtise sa fille que dans le but d'en apprendre plus long sur lui et de le faire chanter. Feignant d'avoir perdu la mémoire de son passé « ancien », Arkadin charge alors Van Stratten de mener une enquête et de reconstituer son fabuleux itinéraire ; le vieux milliardaire profite de l'opération itinérante pour assassiner tous les complices et témoins de son tumultueux passé, au fur et à mesure qu'ils sont retrouvés par Van Stratten. Quand il ne reste plus à supprimer que Van Stratten lui-même, celui-ci accule Arkadin au suicide en lui faisant croire qu'il vient de mettre Raina, sa fille, au courant de ce qu'a été la vie de son père. Van Stratten ne gagnera que d'avoir la vie sauve car Raina, qui le méprise et ne veut plus de lui, part avec un jeune aristocrate anglais qui attendait son heure.,

Tout au long du film, nous suivons Van Stratten dans son enquête qui le mène dans toutes les villes du monde : Mexico, Munich, Vienne, Paris, Madrid. Les personnages sont plaqués contre les murs d'appartements réels et la caméra d'Orson Welles, naguère si mobile, doit calmer sa fièvre et les filmer en contreplongées, écrasés par des plafonds ceux-là inévitables. Une fête espagnole où les invités dissimulent leur visage derrière des masques à la Goya nous donne la nostalgie d'un temps qui ne reviendra plus : celui où la puissante R.K.O. donnait carte blanche à un jeune homme de vingt-cinq ans pour réaliser comme il l'entendait son premier film, *Citizen Kane*. La liberté fut perdue brutalement, puis patiemment reconquise à force de volonté, mais les « moyens » d'aujourd'hui ne sont pas même ceux d'un petit western hollywoodien. Orson Welles aborde à son tour le cinéma « bouts de ficelle », celui des cinéastes maudits. Qu'importe alors la facture et si les idées priment l'exécution, admirons les idées puisqu'elles sont effectivement admirables ! Orson Welles, toute sa vie, sera influencé par Shakespeare qu'il déclamait tout enfant. Il a, comme personne, le don de survoler une action, une situation et d'écrire sur le thème de la solitude des grands des dialogues cosmopolites, philosophiques et moraux où chaque phrase met en cause le monde entier et où se diluent jusqu'aux notions de temps et d'espace. (Orson Welles est la seule personnalité dont on n'annonce pas les voyages ; on entend couramment : Welles était à New York avant hier — hier soir, je dînais avec lui à Venise — moi, j'ai rendez-vous avec lui après-demain à Lisbonne.)

A un certain moment, de la terrasse d'un hôtel mexicain, le héros Van Stratten parle au téléphone avec Arkadin qu'il croit en Europe ; la conversation se termine par un énorme éclat de rire du milliardaire ; Van Stratten raccroche le récepteur, le rire énorme continue à se faire entendre : Arkadin était là, à Mexico, dans le même hôtel que Van Stratten. Orson Welles était un cinéaste de l'ambiguïté, le voilà à présent cinéaste de l'ubiquité !

Il faudrait pouvoir opposer, dans une étude particulière, les cinéastes sédentaires aux cinéastes voyageurs. Les premiers filment des histoires et ne parviennent que très difficilement à passer, vers la fin de leur carrière, des idées particulières aux idées générales, tandis que les seconds, insensiblement, parviennent à filmer le monde. De par leur condition sociale qui les maintient sédentaires, les hommes qui exercent le métier de critique sont généralement insensibles aux plus fortes beautés des films de Renoir, Rossellini, Hitchcock, Welles, parce que ce sont des idées d'hommes itinérants,

Ce jeune homme s'appelait James Dean

Dorothy Malone et Humphrey Bogart dans Big Sleep (1946)

Laszlo Szabo tourne Zig-Zig (1974)

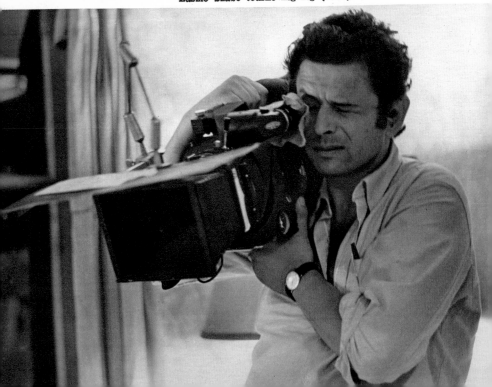

d'émigrés, d'observateurs internationaux. Dans les meilleurs films de notre époque, il y a toujours une scène d'aéroport ; la plus belle est désormais celle de *Confidential Report,* lorsque, l'avion étant complet, M. Arkadin, en hurlant dans le hall d'embarquement, offre 10 000 dollars au voyageur qui lui cédera son billet, magnifique variante, à l'époque atomique, du fameux appel de Richard III : « *Mon royaume pour un cheval !* »

Oui, c'est bien un souffle shakespearien qui traverse la moindre séquence filmée par cet homme étonnant qu'André Bazin surnommait « un homme de la Renaissance dans le xxᵉ siècle ». Plus ou moins bénévolement, les meilleurs amis d'Orson Welles lui ont prêté leur concours et ils n'ont pas eu tort car jamais Michael Redgrave, Akim Tamiroff, Suzanne Flon, Katina Paxinou, O'Brady, Misha Auer, Peter van Eyck et Patricia Medina ne furent meilleurs que dans les brèves mais fulgurantes silhouettes que le génial cinéaste a tracées pour eux, silhouettes apeurées et traquées d'aventuriers qui, dans une heure, ont rendez-vous avec la mort.

Dans ce beau film, on retrouve, derrière chaque image, le souffle d'Orson Welles, son grain de folie et son grain de génie, sa puissance, son éclatante santé et sa corpulente poésie. Il n'est pas de scène qui ne repose sur une idée neuve ou rare. Le film sera jugé déroutant peut-être mais combien excitant, stimulant, enrichissant, on aimerait en parler pendant des heures tant il est plein de ce que nous aimons trouver dans un film : lyrisme et invention.

*(1956)*

## TOUCH OF EVIL

On pourrait ôter le nom d'Orson Welles au générique que cela n'aurait aucune importance car dès le premier plan, celui du générique précisément, il est évident que le citoyen Kane est derrière la caméra.

Le film *(La Soif du mal)* s'ouvre donc sur le mécanisme d'horlogerie d'une bombe qu'un homme va déposer dans le coffre arrière
d'une voiture ; un couple vient s'installer dans la voiture qui démarre
et que l'on va suivre dans la ville, tout cela dans le même plan
depuis le début ; la caméra, perchée sur une grue motorisée, perd
et retrouve tour à tour la voiture blanche qui passe derrière les
maisons, puis la précède ou la rattrape, jusqu'à l'explosion attendue.

L'image est sensiblement déformée par l'emploi systématique d'un
objectif à grande ouverture qui permet de donner une plus grande
netteté dans les arrière-plans et qui poétise la réalité puisqu'un
homme qui marche vers la caméra paraît avancer de dix mètres en
cinq enjambées. Nous sommes d'ailleurs en pleine féerie tout au
long de ce film dans lequel les personnages semblent marcher avec
des bottes de sept lieues quand ils ne paraissent glisser sur un tapis
roulant.

Il y a le cinéma tel que le pratiquent des incapables qui sont
aussi des cyniques, *The Bridge on the river Kwaï (Le Pont de la
rivière Kwaï), The Young Lions (Le Bal des maudits),* un cinéma
bluffeur, destiné à flatter le public qui sort de là en se sentant
meilleur ou plus intelligent. Il y a le cinéma intime et fier que
pratiquent sans compromis quelques artistes sincères et intelligents
qui préfèrent inquiéter que rassurer, réveiller qu'endormir. En sortant
du *Nuit et Brouillard* d'Alain Resnais, on ne se sent pas « meilleur »,
on se sent *pire.* En sortant de *Nuits Blanches* ou de *Touch of Evil
(La Soif du mal)* on se sent moins intelligent qu'en entrant mais
comblé cependant par tant de poésie et tant d'art. Ce sont des films
qui rappellent le cinéma à l'ordre et qui nous font honte pour
avoir marqué de l'indulgence à l'égard d'entreprises construites sur
un peu de talent et beaucoup de clichés.

Eh quoi ! me direz-vous, que de foin pour un petit film policier
alimentaire, dont Welles écrivit le scénario et les dialogues en
huit jours, dont il n'eut pas même le droit de surveiller le montage
final dans lequel on inséra une dizaine de plans explicatifs qu'il
s'était refusé à tourner, film de commande qu'il n'a lui-même jamais
vu achevé et qu'il renie avec violence !

Je sais tout cela mais aussi que l'esclave qui brise un soir ses
chaînes vaut mieux que celui qui ne se sait pas enchaîné et que
ce film, *Touch of Evil,* est le plus libre qu'on puisse voir. Du

*Barrage contre le Pacifique,* René Clément a tout dominé ; il a monté lui-même le film, choisi la musique, mixé, cent fois coupaillé. Il n'empêche que c'est Clément l'esclave et Orson Welles le troubadour. Je vous recommande ici, chaleureusement, les films de troubadours.

Orson Welles a adapté pour l'écran un lamentable petit roman policier publié en français sous le titre *Manque de pot* en simplifiant à l'extrême l'imbroglio criminel jusqu'à le faire coïncider avec son canevas favori : le portrait d'un monstre paradoxal, interprété par lui, à la faveur duquel se dessine la plus simple des morales, celle de l'absolu et de la pureté des absolus. Génie capricieux, Orson Welles prêche pour sa paroisse et semble nous dire en clair : je m'excuse d'être un salaud, ce n'est pas ma faute si je suis un génie, je me meurs, aimez-moi.

Comme dans *Citizen Kane, The Stranger, Les Ambersons* et *M. Arkadin,* deux personnages s'affrontent, le monstre et le sympathique jeune premier. Il s'agit, en rendant le monstre de plus en plus... monstrueux et le jeune premier de plus en plus sympathique, de nous amener tout de même, finalement, à verser une larme virtuelle sur le cadavre du monstre prestigieux ; le monde ne tolère pas l'exception mais l'exception, fût-elle néfaste, est l'ultime refuge de la pureté. Heureusement, le physique d'Orson Welles semble lui interdire d'incarner Hitler mais qui nous prouve qu'un jour il ne nous obligera pas à pleurer sur le destin de Herman Goering ?

Orson Welles s'est donné ici le rôle d'un policier brutal et avide, un as de l'enquête, très réputé. Comme il n'est mû que par sa seule intuition, il démasque les meurtriers sans avoir besoin de preuves. Mais l'appareil judiciaire, composé de médiocres, ne peut condamner un homme sans preuves. Aussi, l'inspecteur Quinlan — c'est Welles — s'est-il habitué à fabriquer des preuves, à susciter de faux témoignages pour faire triompher son point de vue, pour faire triompher la justice.

Après l'explosion de la bombe dans la voiture, il suffit qu'un policier américain en voyage de noces (Charlton Heston) vienne s'immiscer dans l'enquête pour que tout aille de travers. Une lutte féroce s'engage donc entre les deux policiers. Charlton Heston *trouve* des preuves contre Orson Welles tandis que celui-ci *fabrique* des preuves contre lui ; bientôt, et après une séquence délirante

dans laquelle Orson Welles nous prouve qu'il adapterait les romans
de Sade comme personne, la femme de Charlton Heston est trouvée
dans un hôtel, nue et droguée, apparemment responsable du meurtre
d'Akim Tamiroff, tué en réalité par l'inspecteur Quinlan qu'il
assista naïvement dans cette mise en scène démoniaque.

Comme dans *M. Arkadin,* le personnage sympathique est amené
à commettre une bassesse pour perdre le monstre : Charlton Heston
enregistre sur un magnétophone les quelques phrases décisives,
*preuves suffisantes* pour abattre Welles. L'esprit du film se résume
très bien dans cet épilogue : le mouchardage et la médiocrité ont
triomphé de l'intuition et de la justice absolue. Le monde est
affreusement relatif, approximatif, malhonnête dans la pratique de
sa morale, impur dans son équité.

Si j'ai employé plusieurs fois le mot monstre, c'est pour mieux
souligner le caractère féerique de ce film et de tous les films de
Welles. Tous les cinéastes qui ne sont pas des « poètes » recourent
à la psychologie pour donner le change et le succès commercial des
films psychologiques peut sembler leur donner raison. *Tout grand
art est abstrait,* a dit Jean Renoir et l'on n'atteint pas l'abstraction
en passant par la psychologie, au contraire. Par contre, l'abstraction
débouche tôt ou tard sur la morale, sur la seule morale qui nous
préoccupe, celle sans cesse inventée et réinventée par les artistes.

Tout cela recoupe très exactement le propos d'Orson Welles :
aux médiocres les preuves, aux autres l'intuition. Voilà la source
du grand malentendu et si le comité directeur du Festival de
Cannes avait eu la sagesse d'inviter *Touch of Evil* plutôt que *The
Long hot Summer* de Martin Ritt *(Les Feux de l'été)* (où Welles
n'est qu'acteur), le jury aurait-il eu la sagesse d'y voir précisément
toute la sagesse du monde ?

*Touch of Evil* nous réveille et vient nous rappeler que parmi les
pionniers du cinéma il y eut Méliès, il y eut Feuillade. C'est un
film magique qui nous fait penser aux contes de fées : La Belle
et la Bête, Le Petit Poucet et aux fables de La Fontaine. C'est un
film qui nous humilie un peu parce qu'il est celui d'un homme
qui pense beaucoup plus vite que nous, beaucoup mieux et qui
nous jette à la figure une image merveilleuse alors que nous sommes
encore sous l'éblouissement de la précédente. D'où cette rapidité,
ce vertige, cette accélération, cette ivresse.

Qu'il nous reste toutefois suffisamment de goût, de sensibilité et d'intuition pour admettre que cela est grand et que cela est beau. Si des confrères critiques s'avisent de chercher des preuves contre ce film qui est une *évidence d'art* et rien d'autre, nous assisterons au spectacle grotesque de lilliputiens critiquant Gulliver.

*(1958)*

# Humphrey Bogart

## PORTRAIT D'HUMPHREY BOGART

La dernière image de Bogart nous le montre devant sa machine à écrire, à la fin de *Harder they Fall (Plus dure sera la chute)*, lorsqu'il entreprend de rédiger sa confession. Plutôt que ce dernier rôle dans lequel il fut mollement dirigé par Mark Robson, nous retiendrons celui du metteur en scène de cinéma dans *The Barefoot Contessa (La Comtesse aux pieds nus)* ; à l'enterrement d'Ava Gardner, il est là sous la pluie, en imperméable, et il dit avant de quitter le cimetière : « *Demain il y aura du soleil, on va pouvoir travailler.* » Dans *La Comtesse,* Bogart tenait exactement le rôle de Joseph Mankiewicz.

Humphrey Bogart s'est toujours amusé à faire croire qu'il était né le jour de Noël d'une année où ce fut Noël tous les jours : 1900. Humphrey était le nom de famille de sa mère actrice, il en fit son prénom. Mauvais élève, mauvais marin, mauvais mari, il attendait que le cinéma fît de lui le meilleur en tout.

La première fois qu'il fut question de lui dans un journal, c'était à propos d'une pièce dans laquelle il tenait un petit rôle : « *Pour parler gentiment, nous dirons de cet acteur qu'il est inadéquat.* » Humphrey en resta pétrifié et c'est précisément à cette époque que Leslie Howard lui fit jouer à ses côtés *The Petrified Forest*, au théâtre d'abord et puis au cinéma. Suivirent une trentaine de thrillers dans lesquels Bogart tint des emplois de seconds rôles, crapuleux, servant de repoussoir à la vedette : Victor McLaglen, Spencer Tracy, Edward G. Robinson, James Cagney, George Raft ou encore Paul Muni. La tradition hollywoodienne exige qu'un acteur devenu célèbre en jouant les gangsters s'élève dans la hiérarchie en changeant de camp, le tueur devient flic et voit son salaire décuplé ; nous sommes au cinéma et le destin de Vidocq, pile et face, illustre bien cette amère promotion.

De 1936 à 1940, Humphrey Bogart dort debout en tournant des histoires qui l'y incitent. Le 1er janvier 1941, il saisit sa chance à pleins bras et à pleines lèvres : le corps et la bouche d'Ida Lupino. Il étreint le premier et baise la seconde. Il s'agissait d'*High Sierra (La Grande Evasion),* l'un des meilleurs Raoul Walsh sur un scénario de John Huston... et dans un rôle refusé par James Cagney.

Un peu plus tard, John Huston est sur le point de tourner son premier film : *The Maltese Falcon.* Pour interpréter Sam Spade, le beau personnage de Hammett, il songe immédiatement à... George Raft, qui refuse pour le plus grand bénéfice de Bogart, lequel accepte de rechercher le faux faucon. Le vrai, s'il existe, vole encore. Le bandit est devenu un « privé » avec carte de flic dans sa poche, sans quoi on risquerait de s'y tromper. Il a passé le cap du kill et il fait son bilan : en moins de quarante films, il est mort électrocuté sur une chaise une douzaine de fois et totalise plus de huit cent années de bagne. Seul parlait auparavant son luger, à présent c'est lui et que dit-il ? Mesdames, je mesure un mètre soixante-dix-sept et je pèse soixante-dix-sept kilos. Mes cheveux sont bruns et marron, mes mirettes. Mon premier mariage n'a duré que dix-huit mois (de trop) et le second huit ans (de trop) et l'on ne m'y reprendra plus jusqu'à la prochaine fois.

Marcher et parler, parler et marcher tel est son nouveau job. En traversant les rues, il touche de la main sur tout ce qui est à sa portée, c'est ainsi qu'une borne d'incendie, une rampe d'escalier, le crâne d'un gamin deviennent autant de jalons sur sa route ; Bogart s'adapte formidablement à la vie et colle à elle. Puis il construit son personnage, il apprend à se pincer l'oreille pour exprimer l'étonnement. Vous croyez qu'il se brosse les ongles sur

le revers de son veston ? Regardez bien, voyez se détendre le bras
et recevoir le marron en pleine poire. « *Porte ce message à ton
patron.* » Quand je vous disais qu'avec lui il faut savoir garder ses
distances !

Les meilleurs scénaristes et dialoguistes ont écrit sur mesure pour
lui leurs meilleurs scénarios et leurs meilleurs dialogues. Il est donc
possible de parler de « l'œuvre écrite » d'Humphrey Bogart.
« *Allo douceur ? Ce qui serait idéal, c'est une femme qui pourrait
se réduire à dix centimètres, on pourrait la mettre dans sa poche.* »
Ou bien : « *J'ai rarement vu autant de revolvers pour aussi peu de
cervelle.* »

Avez-vous assisté à sa mort dans *The Big Shot (Le Caïd)*
de Stuart Heisler ? Il veut se rendre à la justice et il s'agit pour
lui de semer les motards de la police et d'arriver avant eux à la
prison. Il triomphe dans ce rallye paradoxal mais c'est en mourant
qu'il prononce devant le directeur de la prison les paroles qui
innocenteront le petit jeune qui n'avait rien fait de mal : « *Mariez-
vous, faites des gosses, comme dans les histoires !* » Le directeur
de la prison lui offre une cigarette : « *Alors, vous fumez toujours
la même saleté ?* »

Mais Bogart a joué des rôles plus sérieux et non moins dramatiques. Celui du journaliste incorruptible dans *Deadline (Bas les
Masques)* que Richard Brooks, à l'italienne, tourna dans les bureaux
du « New York Daily News » avec les linotypistes pour figurants.
Dans ce film, pas de salade et pas de musique ; seulement les
bruits de rotatives, des téléphones et des machines à écrire. Un
autre Richard Brooks : *Battle Circus (Le Cirque Infernal)* méconnu
d'entre les méconnus, lui offrit un de ses beaux rôles : celui d'un
médecin militaire qui voudrait bien aimer June Allyson sans être
obligé de se laisser traîner chez le marieur.

Un jour, Mme Howard Hawks, qui est la femme du metteur en
scène américain le plus intelligent, repère sur la couverture d'un
magazine une belle fille aux yeux rêveurs : c'est la future « the
look », Laureen Bacall, qui fait alors la connaissance de M. Howard
Hawks, puis de Bogart. C'est en feignant *The Big Sleep (Le Grand
Sommeil)* que leur amour s'éveillera et qu'ils décideront de dormir
ensemble pour la vie. Cette rencontre ce fut Don Juan mis en échec
par un regard. *The Big Sleep* est le film du coup de foudre, *To*

*have and have not* sera celui du mariage et la panoplie de Bogart : chapeau, luger, cigarette et téléphone s'enrichit d'un accessoire qui est Betty. Ils se marient chez Louis Bromfield et achètent dans le Benedick Canyon le ranch de Thomas Ince encore imprégné du parfum d'Heddy Lamarr qui y vécut. Leur yacht s'appelle le « Santana » et Bogart ne tarde pas à fonder sa propre maison de production : la Santana où Nicholas Ray fait ses coups d'essai de maître : *Knock on any Door (Les Ruelles du Malheur), In a Lonely Place (Le Violent).* C'est Nicholas Ray qui fera définitivement de Bogart un héros éloquent, davantage et mieux qu'un acteur, un personnage dont je vais tenter de vous faire la description.

Rasé du jour mais déjà barbu, les sourcils inclinés vers les tempes, les paupières mi closes, une main lancée en avant, prêt à disculper ou à confondre, Humphrey Bogart de film en film arpente de long en large le tribunal de la vie, la démarche scandée par les accords de Max Steiner. Il s'arrête, écarte raisonnablement les jambes, déboutonne son veston, passe les pouces dans la ceinture de son pantalon et commence à parler. Chaque début de phrase révèle une denture vagabonde. Son élocution saccadée favorise la voyelle A et la consonne K. On sait à quel prestige, prononcé par lui, se hausse le mot racket. La crispation de sa mâchoire évoque irrésistiblement le rictus d'un cadavre gai, l'expression dernière d'un homme sur le point de mourir en souriant.

Oui, c'était bien là le sourire de la mort et quelques semaines avant sa mort, ayant perdu dix-huit kilos, il ricanait : « *Je ne sors pas dans la rue de crainte de m'envoler, mais dès que j'aurai repris un peu de poids je tournerai un film avec John.* » Il s'agissait de Huston.

Ce qu'il faisait, Bogart le faisait mieux que personne. Il pouvait jouer plus longtemps qu'un autre sans parler. Il menaçait comme personne et machinait ses coups admirablement. On aurait tordu ses chemises tant il suait quand il suait.

Humphrey Bogart avait une belle tête de dur ; lui convenaient la sueur de l'effort avec Huston, la violence raisonneuse avec Nicholas Ray, l'intelligence froide et lucide avec Howard Hawks. Ce visage fascinant, un de ses derniers films le porta au sublime, *Caine Mutiny ;* dans le rôle d'un général dur à cuire, Boggy apparut tel qu'il était vraiment parce qu'on ne maquillait pas les acteurs dans les anciens films en Technicolor. On voyait pour la première fois sur sa lèvre supérieure, la cicatrice laissée il y a bien longtemps, dans la marine, par un éclat de bois alors qu'il briquait le pont avec un cul de bouteille.

Humphrey Bogart était un héros moderne. Le film « de période » ne lui convenait guère, historique ou pirate. Il était l'homme du starter, du revolver dans lequel il ne reste plus qu'une balle, l'homme du feutre que l'on transforme avec ses doigts selon qu'il s'agit d'exprimer la colère ou la gaieté, l'homme du microphone : « *Allô ! Allô ! Appel à toutes les voitures...* »

Si l'apparence de Bogart était moderne, sa morale, justement, était classique, il était plus proche du duc de Nemours de « La Princesse de Clèves » que du commissaire Maigret et savait que les causes valent moins que la beauté des gestes qui les servent et que toute action est pure qui ne se dérobe à son achèvement logique.

*(1958)*

# James Dean

## JAMES DEAN EST MORT

Le 30 septembre 1955 au soir, négligeant les conseils de prudence que lui prodiguaient les chefs du studio Warner Bros, James Dean s'installait au volant de sa voiture de course et trouvait une mort accidentelle sur une route du nord de la Californie.

La nouvelle, apprise à Paris le 31, ne suscita point une émotion profonde : un jeune acteur de vingt-quatre ans était mort, voilà tout. Six mois ont passé, deux films sont sortis et nous avons appris à mesurer toute la gravité de cette perte.

James Dean avait été remarqué il y a deux ans à Broadway, alors qu'il tenait le rôle du jeune arabe dans une adaptation théâtrale de *L'Immoraliste* d'André Gide. A la suite de quoi, Elia Kazan le faisait débuter au cinéma en lui confiant d'emblée la vedette de *East of Eden (A l'Est d'Eden).* Puis Nicholas Ray le choisit pour être le héros de *Rebel without a cause (La Fureur de Vivre)* et, enfin, George Stevens le prit pour jouer dans *Giant (Géant)* le rôle principal, celui d'un homme que l'on regarde vieillir de sa vingtième à sa soixantième année. Son prochain rôle devait être celui du boxeur Rocky Graziano dans *Somebody up there likes me (Marqué par la haine).*

Pendant le tournage de *Giant,* James Dean se montra extrêmement assidu, ne quittant pas de l'œil George Stevens et la caméra. Lorsque le film fut terminé, il fit part à son agent, Dick Clayton, de son désir : « *Je crois que je puis être meilleur metteur en scène qu'acteur.* » Il désirait fonder une compagnie indépendante afin de ne tourner que les sujets de son choix. Clayton promit d'en parler aux directeurs de la Warner Bros ; là-dessus Dean qui, par obligation de contrat, n'avait pas piloté sa voiture pendant toute la durée du tournage, s'en fut à Salinas pour participer à une course...

Accident : « *Je crois que je vais faire une balade dans la Spyder* », dit James Dean à George Stevens ; la « Spyder » était le nom de série de sa Porsche. Près de Paso Robles, c'était le soir, sa « Spyder » fut accrochée par une autre voiture débouchant par côté, d'une route secondaire. James Dean mourut pendant qu'on le transportait à l'hôpital, des suites de fractures multiples des deux bras et de contusions internes.

Le destin de James Dean le faisait passer avant l'heure par la sortie des artistes.

*<br>**

Le jeu de James Dean contredit cinquante ans de cinéma, chaque geste, chaque attitude, chaque mimique sont une gifle à la tradition psychologique. James Dean ne met pas « en valeur » son texte avec force sous-entendus comme Edwige Feuillère, il ne le poétise pas comme Gérard Philipe, il ne joue pas au plus malin avec lui comme Pierre Fresnay, il n'est pas soucieux, contrairement aux comédiens que je viens de citer, de montrer qu'il comprend parfaitement ce qu'il dit et mieux que vous, il joue *autre chose* que ce qu'il prononce, il joue *à côté* de la scène, son regard ne suit pas sa conversation, il *décale* l'expression et la chose exprimée comme, par sublime pudeur, un grand esprit prononcera de fortes paroles sur un ton humble comme pour s'excuser d'avoir du génie, pour ne pas en importuner autrui.

Dans ses grands moments, Chaplin atteint à l'extrême pointe du mimétisme ; il devient arbre, lampadaire ou descente de lit carnassière. Le jeu de James Dean est plus animal qu'humain et c'est en cela qu'il est imprévisible : quel sera le geste qui va suivre ? James Dean peut, en parlant, se mettre à tourner le dos à la caméra et terminer la scène de cette façon, il peut rejeter brusquement la tête en arrière ou bouler en avant, il peut lever les bras au ciel ou les lancer vers l'objectif, paumes vers le ciel pour convaincre, paumes vers la terre pour renoncer. Il peut, au cours d'une même scène, apparaître comme un fils de Frankenstein, un petit écureuil, un bambin accroupi ou un vieillard cassé en deux. Son regard de myope accroît le sentiment de décalage entre le jeu et le texte, vague fixité, demi-sommeil hypnotique.

Lorsqu'on a la chance d'écrire un rôle pour un acteur de cette nature, un acteur qui joue physiquement, charnellement, au lieu de tout filtrer par le cerveau, le meilleur moyen de faire du bon travail est de raisonner abstraitement ; exemple : James Dean est un chat, voire un félin, sans oublier l'écureuil. Que peuvent faire un chat, un lion, un écureuil, qui soit le plus éloigné du comportement gymnique de l'homme ? Le chat peut tomber de très haut et se retrouver sur ses pattes ; il peut passer sans dommage sous une roue de voiture ; il fait le dos rond et semble se désarticuler facilement. Le lion rampe et rugit, l'écureuil saute de branche en branche. Il ne reste plus qu'à écrire pour James Dean, des scènes où il rampera (au milieu des haricots), rugira (dans un commissariat), sautera de branche en branche, tombera de très haut sans se faire de mal dans une piscine vide. J'aime croire que c'est ainsi qu'ont procédé Elia Kazan, puis Nick Ray et, je l'espère, George Stevens.

Le pouvoir de séduction de James Dean est tel qu'il pourrait tous les soirs sur l'écran tuer père et mère avec la bénédiction du public, tout le public et le plus snob comme le populaire. Il faut avoir perçu l'indignation de la salle lorsque dans *East of Eden*, son père refuse d'accepter l'argent que Cal a gagné avec les haricots, le salaire de l'amour.

Davantage qu'un acteur, James Dean, en trois films, était devenu un personnage, comme Charlot : *Jimmy et les haricots, Jimmy et la fête foraine, Jimmy sur la falaise, Jimmy dans la maison abandonnée.* Grâce à la sensibilité d'Elia Kazan et Nicholas Ray, leur sens des acteurs, James Dean a joué au cinéma un personnage proche de ce qu'il était réellement : un héros baudelairien.

Les raisons profondes de son succès ? Auprès du public féminin, elles sont évidentes et se passent de commentaires. Auprès des garçons, elles se résument, je pense, dans le phénomène de l'identification qui est à la base de la rentabilité des films dans tous les pays

du monde. Il est plus facile de s'identifier à James Dean qu'à
Bogart, Cary Grant ou Marlon Brando parce que le personnage
de Dean est plus vrai. Au sortir d'un film de Bogart, un spectateur
abaissera le rebord de son chapeau, ce ne sera pas le moment de
lui marcher sur les pieds. Un autre, quittant Cary Grant, fera le
pitre sur le trottoir ; celui qui vient de voir Marlon Brando lancera
des regards par en dessous et sera tenté de rudoyer les filles de
son quartier. Avec James Dean, l'identification est à la fois plus
profonde et plus totale puisqu'il porte en lui, dans son personnage,
notre propre ambiguïté, notre dualité et toutes les faiblesses humaines.

Là encore, il faut revenir à Chaplin ou plutôt à Charlot. Charlot
part toujours du plus bas pour accéder au plus haut. Il est faible,
brimé, méprisé, en dehors du coup. Il rate ses effets et n'aspire à
l'aisance corporelle que pour aussitôt se retrouver par terre, ridicule
aux yeux de la femme qu'il courtise ou à ceux de la brute qu'il
entendait bien corriger. C'est ici qu'intervient la ruse qui n'est pour
Dean que la grâce reçue : Chaplin va se venger et triomphera.
Tout à coup, il se met à danser, à patiner, à virevolter mieux que
personne et, d'un coup, éclipse tout le monde, triomphe, renverse
la vapeur et met les rieurs de son côté.

Ce qui était *inadaptation* devient *suradaptation* ; le monde entier,
choses et gens, allait contre lui et se place maintenant à son service,
aveuglément. Tout cela vaut aussi pour James Dean, compte tenu
de cette différence fondamentale : jamais on ne surprend dans son
regard la moindre frayeur. James Dean est *à côté* de tout, l'essence
de son jeu est telle que le courage ou la lâcheté n'y ont aucune
part, non plus que l'héroïsme ou la peur. Il s'agit d'*autre chose,*
d'un jeu poétique qui autorise toutes les libertés et même les
encourage. Jouer juste ou jouer faux, ces deux expressions n'ont
plus de sens avec Dean puisqu'on attend de lui une surprise de
tous les instants ; il peut rire là où un autre acteur pleurerait et
inversement puisqu'il a tué la psychologie le jour même où il est
apparu sur une scène.

En James Dean, tout est grâce et dans tous les sens du mot.
Le secret est là. Dean ne fait pas mieux que les autres, il fait
*autre chose* qui est le contraire et le pare d'un prestige qu'il
conserve dès lors jusqu'à la fin du film. Personne n'a jamais vu
James Dean marcher : il traîne ou il court comme le chien du

facteur (pensez au début de *East of Eden).* En James Dean, la jeunesse actuelle se retrouve tout entière, moins pour les raisons que l'on dit, violence, sadisme, frénésie, noirceur, pessimisme et cruauté que pour d'autres infiniment plus simples et quotidiennes : pudeur des sentiments, fantaisie de tous les instants, pureté morale sans rapport avec la morale courante mais plus rigoureuse, goût éternel de l'adolescence pour l'épreuve, ivresse, orgueil et regret de se sentir « en dehors » de la société, refus et désir de s'y intégrer et finalement acceptation — ou refus — du monde tel qu'il est.

Sans doute, le jeu de James Dean, par sa modernité, inaugure-t-il un nouveau style d'interprétation à Hollywood mais la perte est irréparable d'un jeune acteur, le plus génialement inventif peut-être du cinéma et qui, en bon cousin de Dargelos qu'il était, trouva sur la route, par une fraîche soirée de septembre 1955, la mort du jeune américain des *Enfants Terribles* décrite par Jean Cocteau en 1929 : « *... la voiture dérapait, se broyait, se cabrait contre un arbre et devenait une ruine de silence avec une seule roue qui tournait de moins en moins vite en l'air comme une roue de loterie.* »

*(1956)*

# V

# MES COPAINS
# DE LA NOUVELLE VAGUE

# Nuit et brouillard

## d'*ALAIN RESNAIS*

A partir de documents réels — bouts d'actualités, photos, archives — et en les reliant avec des images filmées par lui l'an dernier, Alain Resnais nous donne une leçon d'histoire, cruelle sans doute mais méritée.

Il est quasiment impossible de parler de ce film avec les mots de la critique cinématographique. Il ne s'agit ici ni d'un documentaire, ni d'un réquisitoire, ni d'un poème mais d'une méditation sur le phénomène le plus important du XXᵉ siècle.

*Nuit et Brouillard* traite en effet de la déportation et du phénomène concentrationnaire avec un tact sans défaillance et une rigueur tranquille qui en font une œuvre sublime et « incritiquable » pour ne pas dire indiscutable.

Toute la force de ce film en couleurs qui s'ouvre par des images d'herbes repoussées au pied des miradors, réside dans ce ton d'une *douceur terrible* qu'ont su trouver et conserver Alain Resnais et Jean Cayrol (qui a écrit le commentaire). *Nuit et Brouillard* est très précisément une interrogation qui nous met tous en cause : ne sommes-nous pas tous des « déporteurs », ne pourrions-nous pas tous le devenir, au moins par complicité ?

Le travail de Resnais, combinant un reportage en couleurs et des documents d'époque en noir et blanc, fut d'ôter à ceux-ci

toute leur théâtralité macabre, leur horrifiant pittoresque afin de
nous obliger, nous spectateurs, à réagir avec notre cerveau plutôt
qu'avec nos nerfs. Après avoir regardé ces étranges bagnards de
trente kilos, nous comprenons que *Nuit et Brouillard* est le contraire
de ces films dont on dit qu'on se sent meilleur après les avoir vus.

Tandis que la caméra d'Alain Resnais frôle les herbes repoussées
et « visite » les camps désaffectés, Jean Cayrol nous informe sur
le rituel concentrationnaire et s'interroge sourdement sur « *nous
qui feignons de croire que tout cela est d'un seul temps et d'un
seul pays et qui ne pensons pas à regarder autour de nous et qui
n'entendons pas qu'on crie sans fin* ».

Des kilomètres de pellicule s'impressionnent chaque jour dans tous
les studios du monde : pour un soir, il nous faut oublier notre
qualité de critique ou de spectateur. C'est l'homme en nous qui
est concerné, qui doit ouvrir grand les yeux et à son tour s'inter-
roger. *Nuit et Brouillard* efface pour quelques heures de notre
mémoire tous les films : il faut voir celui-ci, absolument.

Lorsque la lumière se rallume, on n'ose pas applaudir, on reste
sans voix devant une telle œuvre, confondu par l'importance et la
nécessité de ces mille mètres de pellicule.

*(1955)*

# Les mauvaises rencontres

## d'ALEXANDRE ASTRUC

Comme dans les films d'Alfred Hitchcock, il y a deux sujets
dans *Les Mauvaises Rencontres*.

En perquisitionnant au domicile d'un médecin « complaisant »
en fuite, la police a trouvé une lettre de Catherine Racan (Anouk
Aimée). La jeune femme, soupçonnée d'avoir fait appel, pour un
avortement, aux services du docteur Danieli (Claude Dauphin), est
interrogée au quai des Orfèvres par l'inspecteur Forbin (Yves
Robert). Le suicide du médecin mettra fin à l'interrogatoire.

Cela, c'est le premier sujet du film ou plus exactement le support du sujet réel qui est, tout simplement, l'histoire de Catherine Racan.

Il y a trois ans, cette petite cousine de Rastignac a quitté sa province pour « réussir » à Paris avec l'homme qu'elle aime, Pierre Jeager (Giani Esposito). Mais celui-ci, découragé, a abandonné la lutte et il est retourné en province. Puis il y a eu la rencontre avec Blaise Walter (Jean-Claude Pascal), directeur d'un grand quotidien. Catherine est devenue sa maîtresse mais l'a quitté, après être entrée, grâce à lui, à la rédaction d'un journal de mode. Ce fut ensuite une courte liaison avec un photographe, Alain Bergère (Philippe Lemaire). Au cours d'une soirée, Blaise et Catherine se sont retrouvés. Catherine, désemparée, est retournée à Besançon, a tenté de renouer avec Pierre ; mais ayant échoué, elle est revenue à Paris, enceinte, et c'est alors qu'elle a eu recours aux services du docteur Danieli.

La fin du film nous la montre, désenchantée, quittant le quai des Orfèvres, mitraillée par les flashes des photographes : ce n'est pas de cette manière qu'elle avait rêvé d' « *avoir, un jour, son nom dans les journaux* ».

Il n'y a donc rien de bien compliqué à comprendre dans le scénario de ce film, en dépit de sa construction peut-être un peu trop savante pour être parfaitement suivie lors d'une première vision, à moins d'être un spectateur attentif. En trois heures, Catherine Racan, au quai des Orfèvres, « revit » trois années de sa vie. Ces retours en arrière s'effectuent sans heurt, naturellement, et peuvent surprendre par leur ingéniosité. Encore une fois, il suffit d'arriver au début du film et de ne pas bavarder avec son voisin, pour ne pas s'y perdre.

Restent les intentions profondes du film que d'aucuns jugent mystérieuses ; elles furent énoncées en clair dans « ARTS » en juin, au cours d'une interview de l'auteur : « *Pour rester dans un domaine balzacien, disons que ce sont un peu* Les Illusions Perdues. *Cette fille évolue dans des décors différents et regarde autour d'elle. En termes de mise en scène, c'est un gros plan qui juge des plans d'ensemble... J'ai voulu faire un film très romanesque, pas romantique mais romanesque... Ce qui m'intéresse, c'est la situation des personnages par rapport à quelque chose qu'ils ne savent pas.* »

Il ne faut pas aborder *Les Mauvaises Rencontres* comme s'il s'agissait d'un film policier ou de la relation d'un fait divers. Il n'y a là ni criminel ni victime mais seulement de jeunes gens, intellectuels d'aujourd'hui. Si je crois, moi aussi, que *Les Mauvaises Rencontres* est un film en avance sur son temps, c'est qu'il est le premier :

*a*) à prendre pour thème profond le désarroi de la jeunesse intellectuelle ;

*b*) à parler de Paris autrement que de manière touristique et by night ; le premier à en parler d'une façon balzacienne : *Les Mauvaises Rencontres* sont de nouvelles « scènes de la vie parisienne » ;

*c*) à parler de la « réussite » sans cynisme, sans moquerie, sans convention et sans hypocrisie.

Ce qui me touche le plus dans *Les Mauvaises Rencontres,* c'est la justesse des dialogues. Certes ils sont littéraires mais ce sont des intellectuels qui parlent. Astruc ne juge pas ses personnages ; il les regarde avec une très grande lucidité, une très grande tendresse et surtout une franchise absolue puisqu'il est un peu en chacun d'eux. Ces Blaise Walter, ces Pierre Jaeger, ces Alain Bergère sont des purs qui souffrent de ne pouvoir le demeurer. Ils passent le plus clair de leurs loisirs à se justifier, à se juger entre eux et surtout à se haïr soi-même. Ils sont aussi des êtres faibles, vulnérables mais dont les préoccupations sont essentiellement morales. Tout cela est propre à notre génération et il n'est pas surprenant que ceux qui ne se posent jamais de questions ne voient pas très clairement l'intérêt de l'entreprise.

Ce sujet difficile et spécifiquement « 1955 » a été traité avec une générosité dont nous avaient déshabitués les scénaristes français qui ne savent que dominer de très haut leurs personnages en se « payant leur tête » et en les caricaturant.

Tout cela évidemment sonne plus hollywoodien que joinvillais, mais ce n'est pas pour me déplaire sans compter que, techniquement, rien ou presque ne différencie *Les Mauvaises Rencontres* d'un film américain tel que nous les aimons, tel que les aime Astruc : « *On va au cinéma, est-ce qu'il y a un film américain à voir ?* » interroge l'héroïne du film. Voilà aussi le premier film français tourné presque entièrement à la grue, ce qui dote les mouvements de caméra d'une souplesse que l'on ne trouvait guère que dans les bandes de Preminger ou de Fritz Lang. La photographie de Robert Lefebvre est extraordinaire et aussi les décors de Max Douy. Des comédiens comme Jean-Claude Pascal ou Yves Robert sont, ici, d'une justesse surprenante ; Philippe Lemaire, Giani Esposito et Claude Dauphin sont parfaits et, bien sûr, Anouk Aimée qui repart sans doute pour une seconde et plus longue carrière.

Je me suis rendu compte, lors du Festival de Venise, que *Les Mauvaises Rencontres* n'était pas du goût de tout le monde ; j'ai acquis cependant une certitude : si plusieurs confrères et spectateurs jugeaient le film trop intellectuel, littéraire et trop bien fait, si certains, indifférents au scénario, considéraient l'entreprise comme un brillant exercice de style et rien que cela, je n'ai rencontré aucun spectateur de moins de 30 ans qui n'ait été ému et ne se soit reconnu dans l'un des personnages du film.

*Les Mauvaises Rencontres* bouscule quelque peu les modes de narration, les routines et ne ressemble guère à ce qui se fait actuellement dans le cinéma.

A un journaliste étranger qui, à Venise, déclarait à Astruc : « *Vous avez trop surestimé le public* », l'auteur des *Mauvaises Rencontres* répondit : « *On ne surestime jamais assez le public !* »

*(1955)*

# La pointe courte

## d'*AGNES VARDA*

A deux pas du métro Vavin et du « Dôme », presque impossible à dénicher à la première expédition mais familier à tous les cinéphiles, le Studio Parnasse est depuis huit ans la salle parisienne la mieux « programmée », celle où l'on peut voir le plus de chefs-d'œuvre en une année.

Exceptionnellement, délaissant les « classiques », le Studio Parnasse, pour deux semaines, se transforme en salle d'exclusivité, au bénéfice, il est vrai, d'un film qui ne resterait pas trois jours à l'affiche d'un cinéma des Champs-Elysées ou des boulevards.

Essai cinématographique, œuvre expérimentale ambitieuse, probe et intelligente, *La Pointe Courte,* premier film réalisé par Agnès Varda, photographe du T.N.P., est parfaitement à sa place sur l'écran du Studio Parnasse.

Il s'agit, selon la publicité (pour une fois « synchrone » avec l'œuvre vantée), d'un « essai de film à lire », fait de deux chroniques — celle d'un couple après quatre ans de mariage — et celle d'un village de pêcheurs (La Pointe Courte, près de Sète)... Ce film ne veut ni faire éprouver ni prouver quoi que ce soit. Il raconte lentement, au rythme du temps qui passe, qui use et transforme, au rythme du temps inexorable et dans la lumière lucide d'un égal beau temps.

Derrière la simplicité suspecte du propos se cachent, on l'aura deviné, bien des intentions secrètes, inavouées parce que peu formulables et dont on peut craindre qu'elles n'aient qu'un rapport assez lointain avec la mise en scène et la direction d'acteurs.

Que l'héroïne de ce film ne se trouve en contact qu'avec le fer, et son partenaire qu'avec le bois, il s'ensuit, paraît-il, une intense minute de « crise » lorsque la scie, à un certain moment, entame un bout de bois ! Voilà le genre d'idées — je n'aurais point trouvé celle-ci tout seul ! — qui émaillent *La Pointe Courte* tandis que défilent des images un peu trop « cadrées » et que s'échangent des répliques qui relèvent du théâtre de Maurice Clavel.

Difficile de porter un jugement sur un film où s'entremêlent, selon des lois mal connues de nous, le vrai et le faux, le vrai faux et le faux vrai !

Silvia Montfort et Philippe Noiret couchés, côte à côte, considèrent l'ampoule qui éclaire leur chambre :

*ELLE.* — C'est l'eau du canal qui est sur le plafond ?

*LUI.* — Oui, parce que la lune est dans l'eau du canal !

Selon que l'on jugera ces deux répliques subtiles ou grotesques, poétiques ou prétentieuses, il faut aller voir *La Pointe Courte* ou s'abstenir. Pour ma part, je crois qu'elles sont tout cela à la fois,

bonnes et mauvaises, d'un réalisme, d'une « justesse » un peu
laborieux ; on pense : « *C'est ce muscle-là qui travaille.* »

Si par la nature de ses ambitions *La Pointe Courte* entre dans
la famille des films *extérieurs* au cinéma : *Minna de Venghel, Le
Pain vivant, Huis Clos,* il leur est cependant supérieur, d'abord
parce que le résultat ici est conforme aux intentions de l'auteur,
ensuite parce qu'il n'est pas exclu que Agnès Varda se pose un
jour — et affronte — les problèmes essentiels de la mise en scène.

Ce film auquel, en définitive, je n'ai pas compris grand-chose de
plus que mes confrères élogieux ou non, présente l'inconvénient
majeur d'être mollement dirigé. Je ne parle pas de la technique qui,
pour un premier film, surprendrait plutôt par son adresse, mais de
la direction d'acteurs qui manque totalement de fermeté. Le jeu
de Silvia Montfort et de Philippe Noiret (dont la ressemblance avec
Mlle Agnès Varda n'est peut-être pas accidentelle) reste incertain ;
les gestes, les attitudes, les regards et les intonations demeurent
*intentionnels, théoriques,* faute d'une plus grande précision.

Au terme de ce compte rendu insolite d'un film qui ne l'est
pas moins, je m'aperçois que j'ai traité du contenant plutôt que
du contenu : c'était le plus sûr moyen de ne pas écrire les balour-
dises qu'attend de pied ferme la très cérébrale réalisatrice.

La crainte me vient soudain de ne pas avoir su donner l'envie
d'aller voir ce film et ce serait dommage. Chaque soir, à l'issue
de la projection, le directeur du Parnasse, J.L. Chéray, anime un
débat au cours duquel *La Pointe Courte* est émoussée ou aiguisée
par les spectateurs comblés ou mécontents.

Il faut avoir vu une fois dans sa vie *A Propos de Nice,* le premier
film de Jean Vigo, qui ouvre le programme.

*(1956)*

# Et Dieu créa la femme

## _de ROGER VADIM_

Tout Paris l'a vu, tout Paris en parle ; il y a ceux qui se lamen-
tent : « _Ce n'est même pas cochon !_ » et ceux qui s'offusquent :
« _C'est indécent !_ » _Et Dieu créa la Femme,_ dont il y avait tout à
craindre après la campagne publicitaire gratuite menée par la censure,
est un film sensible et intelligent dans lequel on ne décèle pas une
vulgarité ; c'est un film typique de notre génération, car il est
amoral (refusant la morale courante et n'en proposant aucune autre)
et puritain (conscient de cette amoralité et s'en inquiétant). Ce
n'est pas un film grivois, mais lucide et d'une grande franchise.

Bien des films sont basés sur le sexe et l'on n'a toujours pas
trouvé un meilleur moyen de faire entrer le public dans les salles
qu'en lui promettant, grâce à des affiches et des photos « sug-
gestives » punaisées à l'entrée, monts et merveilles, c'est-à-dire de
la chair fraîche, celles des jeunes corps, féminins en général. Notons
que la clientèle féminine n'est pas insensible non plus à l'attraction
charnelle masculine : comptez plutôt les films dans lesquels Georges
Marchal, James Dean, Curd Jurgens ne se montrent pas un moment
torse nu. (Pierre Fresnay, lui, se réserve toujours une scène avec
pull-over à col roulé).

Et cependant, cette chair fraîche, dès qu'elle apparaît sur l'écran,
ce ne sont que gloussements, ricanements et bruits de la bouche
de la part d'un public roué qui vient secrètement chercher des
émotions, mais qui, plutôt que d'être surpris la gorge serrée, aime
mieux jouer au plus malin avec les auteurs.

C'est pour éviter d'être raillés que bien des metteurs en scène
renoncent aux scènes érotiques qu'impliquent cependant souvent
les scénarios ; il est déprimant d'entendre ricaner le public devant
une scène audacieuse que l'on a voulue forte et grave. Les cinéastes
français se rattrapent sur l'érotisme de dialogue et nos grivoiseries

nationales, d'une vulgarité et d'une complaisance incroyables, passent pour de spirituelles comédies satiriques.

C'est sur cette question de l'érotisme et des mœurs que les générations s'opposent le plus nettement ; c'est pourquoi, malgré la très vaste audience que trouvera certainement *Et Dieu créa la Femme*, seuls les jeunes spectateurs se rangeront du côté de Vadim qui voit les choses comme eux, avec le même regard.

Vadim, sous prétexte de nous raconter une histoire qui vaut ce qu'elle vaut, ni plus, ni moins, nous présente, sous toutes les coutures, une femme qu'il connaît bien, la sienne. Exhibitionniste quelque peu inconsciente, de tempérament très nudiste, Juliette, femme-enfant ou plutôt femme-bébé, se promène dans le soleil méditerranéen, les cheveux au vent de la mer, suscitant des désirs troubles et précis, purs ou impurs, des désirs. C'est une brave fille qu'on aime trop ou pas assez, qu'on aime mal et qui ne demande, elle, qu'à aimer vraiment, définitivement, et qui y parvient.

Le scandale, puisque petit scandale il y a, vient de l'inhabituelle franchise du scénario ; pour aguicher le public et le laisser partir avec sa bonne conscience, Leonide Moguy présente des « cas médicaux », Cayatte des « cas judiciaires » et Ralph Habib des « cas sociaux » ; il suffit de montrer un figurant en blouse blanche à l'entrée d'un hôpital pour sauver les apparences et mettre les censeurs, plus crétins les uns que les autres, de son côté. Vadim n'a pas voulu recourir à ces procédés hypocrites, il a joué la carte du réalisme, de la vie, sans aucun cynisme et sans provocation, et il a gagné à coups d'idées et d'inventions incessantes.

Evidemment, le film n'est pas parfait ; le scénario était améliorable, cinq ou six mots d'auteur pourraient sauter ; il n'y a pas de rythme et la direction d'acteurs est inégale. Mais l'essentiel est que ce qu'il y a de bon le soit vraiment : Brigitte Bardot est magnifique, pour la première fois totalement elle-même ; il faut voir ses lèvres trembler violemment après les quatre gifles que lui assène Trintignant ; elle est conduite amoureusement, en petit animal, comme jadis Jean Renoir dirigea Catherine Hessling dans *Nana*.

Aucune vulgarité, nulle faute de goût. La photo de Thirard est excellente ainsi que les décors de Jean André. Curd Jurgens

confirme qu'il est l'un des quatre plus mauvais acteurs du monde ;
Christian Marquand est en net progrès.

*Et Dieu créa la Femme,* film intime, film carnet de notes, révèle
donc un nouveau metteur en scène français plus personnel que
Boisrond, Boissol, Carbonnaux et Joffé, et aussi doué.

*(1957)*

# Le beau Serge

### *de CLAUDE CHABROL*

Le meilleur film projeté hors festival est de l'avis unanime *Le
Beau Serge,* de Claude Chabrol, qui participera à la compétition
bruxelloise puisqu'il a été ici écarté au dernier moment par les
« protecteurs » officiels de *L'Eau Vive.* Du *Beau Serge,* Chabrol
est tout à la fois le producteur, le scénariste-dialoguiste et le réalisateur. Son film démarre psychologique et s'achève métaphysique.
C'est une partie de dames jouée par deux jeunes hommes Gérard
Blain le pion noir et Jean-Claude Brialy le pion blanc. Au moment
précis où les deux se rencontrent, ils changent de couleur et gagnent
ex-aequo. Mon interprétation risque de faire croire à une œuvre
purement intentionnelle ; il n'en est rien et *Le Beau Serge* impressionne par la vérité de l'ambiance paysanne — l'action se déroule à
Sardent, Creuse — et des personnages. Dans le rôle de Serge,
Gérard Blain nous donne sa meilleure composition et Jean-Claude
Brialy, dans un rôle très difficile, révèle ses dons dramatiques.
Techniquement, le film est maîtrisé comme si Chabrol s'adonnait à
la mise en scène depuis dix ans, ce qui n'est pas le cas puisqu'il
s'agit de son tout premier contact avec une caméra. Voilà donc un
film insolite et courageux qui relèvera le niveau de la production
nationale en 1958 !

*(1958)*

# Les amants

## de LOUIS MALLE

*Les Amants* est un film passionnant ; ce n'est pas un chef-d'œuvre car ce n'est pas complètement dominé, mais libre, intelligent, d'un tact absolu et d'un goût parfait ; il avance avec la spontanéité des anciens films de Renoir, c'est-à-dire que l'on éprouve le sentiment de découvrir les choses en même temps que le cinéaste et non pas d'être précédé ou cerné par lui.

L'amour est le sujet des sujets, particulièrement au cinéma où l'aspect charnel est indissociable des sentiments. Louis Malle a réalisé le film que tout le monde porte en son cœur et rêve de concrétiser : l'histoire minutieuse d'un coup de foudre, le brûlant « *contact de deux épidermes* » qui n'apparaîtra que beaucoup plus tard comme « *l'échange de deux fantaisies* ».

Très supérieur à *Ascenseur pour l'Echafaud*, *Les Amants* surclasse également *Et Dieu créa la Femme*, *Le Beau Serge*, *Le Dos au Mur* et apparaît comme le meilleur film offert par un « moins de trente ans ».

L'acte sexuel ne peut être montré au cinéma car il y aurait un trop grand décalage entre l'abstrait et le concret, c'est-à-dire incommunicabilité entre l'inspiration du cinéaste et la présentation visuelle de son idée ; ce serait tout à la fois laid et abusif mais pas plus — ni moins — que ne sont laides et abusives les larmes que verse un petit garçon devant son ballon rouge crevé sur le trottoir. La censure veille dans le premier cas mais non dans le second simplement parce qu'elle est mal faite et composée de gens qui ignorent la morale esthétique, la seule qui compte.

Ce qui intéresse donc le cinéaste c'est de montrer, avec le plus de vérité possible, ce qui se passe AVANT et APRES l'amour, c'est-à-dire au moment où les deux partenaires se présentent à nous, humains à part entière, dans une parfaite concordance des corps et des âmes. Pendant des années, le cinéma français nous a refusé cette vérité-là, lui substituant la grivoiserie allusive et la menue bassesse qui font le succès de notre théâtre de boulevard. Si *Et Dieu créa la Femme* devait être défendu, c'est qu'il constituait le premier effort réel vers une présentation loyale de l'amour au cinéma ; le défaut du premier film de Vadim (que l'on peut signaler à présent puisque Malle y a échappé) était de s'éloigner parfois de l'aspect charnel au profit d'un érotisme insidieux donc moins pur : petites culottes, attitudes composées pour la caméra, robe mouillée dans la mer, agressivité antisociale de l'héroïne, etc. Louis Malle admirablement épaulé par Louise de Vilmorin a réussi un film parfaitement familier et presque banal, d'une pudeur absolue et moralement inattaquable.

Pendant toute la seconde moitié du film qui est à l'acte d'amour ce que le hold-up du *Rififi* était à l'action de voler, Jeanne Moreau est tour à tour en chemise de nuit ou complètement nue sans aucun effet indirect tel que par exemple la silhouette découpée par la lumière que l'on nous infligea dans tous les Martine Carol.

*Les Amants* synthétise exactement les audaces d'un timide : c'est frais et naturel, sans habileté, sans artifice. Au contraire des films de Vadim, celui-ci se veut délibérément inactuel, sans valeur de témoignage puisque l'amour est éternel et qu'il s'agit moins ici d'une femme d'aujourd'hui que de la femme en général, celle de Flaubert, qui est aussi celle de Giraudoux. Oui, *Les Amants* est peut-être le premier film giralducien.

*(1958)*

# Tous les garçons s'appellent Patrick

## de JEAN-LUC GODARD

En 1930, l'avant-garde c'était *A Propos de Nice*. En 1958, c'est *Tous les Garçons s'appellent Patrick* de Jean-Luc Godard sur un scénario d'Eric Rohmer.

On connaît la présentation, par Jean Vigo, de son premier film au Vieux-Colombier : « *Au cinéma, nous traitons notre esprit avec un raffinement que les Chinois réservent d'habitude à leurs pieds.* » Les pédicures de la caméra, aujourd'hui, opèrent volontiers dans le court-métrage où les subventions, l'équipe réduite et l'absence d'acteurs encouragent souvent leur maniaquerie vicieuse.

J'aime les travellings d'Alain Resnais, je déteste, ailleurs, les travellings « à la Resnais ». J'aime les éclairs de folie de Georges Franju, je déteste les trouvailles « dignes de Franju ». Or qu'est-ce que le court-métrage en 1958 ? Deux artistes, Resnais et Franju, flanqués chacun d'une demi-douzaine de copieurs serviles, sans personnalité, caricaturant la rigueur du premier, les obsessions du second.

Alors, quelques noms propres ont fait leur apparition : Agnès Varda, Jacques Rivette, Henri Gruel, Jacques Demy, Jean-Luc Godard, tous influencés par le seul Louis Lumière.

Tourné en quatrième vitesse avec 1 000 mètres de négatif, *Tous les Garçons s'appellent Patrick* est un marivaudage en forme d'actualités de la semaine du Tendre et qui témoigne du maximum de rigueur dans le bâclage, du minimum de bâclage dans la rigueur.

A babord puis à tribord, Patrick se lance à l'abordage, l'ambiguïté fille d'ubiquité se chargeant du reste. Faisant du char à Véronique et la nique à Charlotte, Patrick (Jean-Claude Brialy), matheux amateur enfin maté, est le héros d'une aventure menée au comble de la liberté, de l'aisance, de la désinvolture, quelque part vers la grâce.

*(1958)*

# Paris nous appartient

## de *JACQUES RIVETTE*

On annonce tous les mois l'agonie de la « nouvelle vague ». Or, si en 1960 sont sortis vingt-quatre « premiers films », en 1961 ce chiffre s'élèvera à trente-deux films et il sera dépassé en 1962.

Jacques Rozier, Jean-Louis Richard, Eric Rohmer, Marcel Bluwal, Alain Cavalier, André Versini, Bernard Zimmer, Lola Keigel, Jabely, Jacques Ertaud, ces noms de jeunes cinéastes qui terminent leur premier film vous seront connus dans le premier semestre de l'année prochaine et d'autres viendront s'y ajouter avant la fin de 1962 : Alain Robbe-Grillet, Marcel Ophuls, Francis Blanche, François Billetdoux, Paul Gegauff, Jean-François Hauduroy, Jean Herman, Serge Bourguignon et pas mal d'autres.

Mais parmi eux, réservons une mention spéciale à Jacques Rivette. La sortie de *Paris nous appartient,* son premier film, est un événement pour chaque membre de l'équipe — ou de notre maffia si vous y tenez...

Le tournage de *Paris nous appartient* a commencé il y a trois ans et demi, au début de l'été 1958. Le scénario était terminé depuis plusieurs mois et aucun producteur ne s'y intéressait ; alors Jacques Rivette décida de se jeter à l'eau : il emprunta quatre-vingt mille francs à la caisse des « CAHIERS DU CINÉMA », de quoi payer comptant quelques boîtes de pellicule. Caméra et laboratoire à crédit, techniciens et acteurs « en participation totale ».

L'entreprise semblait perdue d'avance et, cependant, elle n'était pas totalement insensée. Deux ans plus tôt, Rivette avait tourné, dans l'appartement de Claude Chabrol, pour le prix de la pellicule, un film de vingt minutes, *Le Coup du Berger ;* dès la fin du tournage, le producteur Pierre Braunberger avait vu le film, l'avait pris en charge et en avait assumé les frais de terminaison. Ce petit film, depuis, a été vendu dans le monde entier.

Chacun de nous avait pensé : si *Le Coup du Berger* avait duré une heure de plus, il eût constitué un très honorable « grand film » tourné pour une somme dix fois inférieure à celle du film français moyen.

L'exemple du *Coup du Berger* me décida à tourner *Les Mistons,* puis Claude Chabrol à tenter l'aventure du grand film avec *Le Beau Serge* et, dans le même temps, les courts-métragistes les plus prestigieux, Alain Resnais et Georges Franju, se voyaient proposer leur premier grand film. C'était parti.

Oui, c'était parti mais c'est à Jacques Rivette que nous le devions, car de nous tous il était le plus farouchement déterminé à passer aux actes. Il était arrivé de province — encore un point commun

avec Balzac — avec, dans sa valise, un petit film en 16 mm :
*Aux Quatre Coins*. A Paris, il en réalisa deux autres, *Le Quadrille,*
interprété notamment par Jean-Luc Godard, et *Le Divertissement*.
Sous son influence, je me décidai à mon tour et tournai dans l'appartement de Doniol-Valcroze un brouillon, sans intérêt même à
l'époque, intitulé *Une Visite* et dont Rivette, par amitié et pour se
perfectionner, accepta d'être le chef-opérateur. Nous admirions tous
Edouard Molinaro qui avait réussi à commercialiser sa production
16 mm et Alexandre Astruc qui refusait de montrer la sienne, mais
le maître du 16 mm était, sans conteste, Eric Rohmer ; les deux
films de Rohmer, *Bérénice,* d'après Edgar Poë, et surtout *La Sonate
à Kreutzer,* tournés en 16 mm et sonorisés sur magnétophone, sont
des films admirables. Je les ai vus souvent et assez récemment
encore pour en être certain : ils soutiennent la comparaison avec
les meilleurs films professionnels (en 35 mm) tournés depuis cinq
ans.

Un film de quinze minutes en 16 mm coûte de trente à quarante
mille francs, et je n'ai jamais compris pourquoi les producteurs,
lorsqu'ils hésitent à engager un nouveau venu, ne songent pas à lui
faire réaliser une des séquences du film en 16 mm... Souvent je
renvoie à la pratique du 16 mm les trop frénétiques postulants
stagiaires désireux de « *regarder dans un coin, sans déranger, pour
apprendre* », car on apprend beaucoup plus de choses importantes
en tournant un film en 16 mm, dont on fait le montage soi-même,
qu'en étant stagiaire ou assistant.

De notre bande de fanatiques, Rivette était le plus complètement
fanatique. Le premier jour d'exclusivité du *Carrosse d'Or* il resta
dans son fauteuil de 14 heures jusqu'à minuit, c'est un exemple,
mais cela ne l'empêchait pas, un autre jour, de se renseigner sur
les tarifs de laboratoire et de location des travellings.

Un jour, il lui vint une idée superbe, la création des « Cinéastes
Associés ». Un film français moyen coûtait cent millions ; nous
nous sentions capables d'en tourner qui coûteraient cinq fois moins
et nous irions trouver les producteurs en leur proposant de financer
les cinq films. Alain Resnais, que l'idée séduisit, devait tourner le
premier (d'après *Les Mauvais Coups* de Vailland), Rivette serait son
assistant. Alexandre Astruc tournerait le second et j'en serais l'assistant. Jacques Rivette tournerait le troisième, moi le quatrième, etc.

Mais, je le répète, c'est Rivette qui prenait ces initiatives, se démenait, travaillait et nous faisait travailler. Sous sa direction s'élabora bientôt un épais scénario original : *Les Quatre Jeudis*. Jean-Claude Brialy devait en être la vedette, il était notre ami, il était notre espoir ; il n'avait jamais tourné ni joué, mais le soir à 9 heures, en évoquant les rideaux de théâtre qui se levaient sur d'autres comédiens, il était pris d'un incroyable délire tragi-comique qui était la marque du génie.

Ce scénario, *Les Quatre Jeudis*, laborieusement mené à son terme par Jacques Rivette, Claude Chabrol, Charles Bitsch et moi, dort encore dans les tiroirs des producteurs.

Notre erreur était de croire que les producteurs avaient intérêt à tourner des films bon marché alors qu'en vérité, dans la plupart des cas, simples intermédiaires entre les banques et les distributeurs, leur marge bénéficiaire est proportionnelle au devis du film. Donc, là encore, accueil sympathique et amusé, mais « ne fermez pas la porte, le blount s'en chargera » !

Dès juillet 1958, le problème de Jacques Rivette, tournant *Paris nous appartient,* fut de chercher tous les dimanches un peu d'argent pour reprendre le travail le lundi. Et quel travail ! Un film-fleuve comprenant trente personnages, trente lieux de tournage, des scènes de nuit, d'aube, tout cela sans secrétariat, sans régie, sans voiture, sans « frais divers » et en période de vacances !

Lorsque Claude Chabrol, continuant sur sa lancée, commença le tournage des *Cousins,* quelques boîtes de pellicule passèrent d'un film à l'autre. Trois mois plus tard, *Paris nous appartient* n'était pas encore terminé, je commençai *Les 400 Coups*. Rivette termina en même temps que moi son tournage, mais il n'y avait que l'image. Il y avait trop de dettes sur *Paris nous appartient* pour attaquer, même à crédit, le doublage et le montage.

C'est au moment du Festival de Cannes, en 1959, que nous décidâmes, Claude Chabrol et moi, de devenir après coup, coproducteurs de *Paris nous appartient*. Montage, doublage, sonorisation, le film est terminé depuis plusieurs mois et fera sa carrière française dans les salles dites d'Art et d'Essai. Il va sortir prochainement en Allemagne, en Belgique, et au Canada.

Jacques Rivette était le plus cinéphile d'entre nous, son film prouve aussi qu'il est le plus cinéaste. Compte non tenu des conditions de tournage, *Paris nous appartient* est, de tous les films qui sont nés de l'équipe des « Cahiers du Cinéma », le plus « mis en scène », un film dans lequel les difficultés techniques ne sont pas escamotées, mais affrontées une par une avec un orgueil têtu, une loyauté de tous les instants et une adresse de vieux routier.

Tout en ayant peu écrit, Jacques Rivette, par la sûreté de ses jugements, a influencé toute la jeune critique ; tout en ayant peu tourné, il offre aujourd'hui ce film commencé en 1958, l'étalon de nos tentatives.

Selon Péguy, Paris n'appartient à personne, nous rappelle Rivette au début de son film, mais le cinéma appartient à tout le monde.

*(1961)*

# Vivre sa vie

## *de JEAN-LUC GODARD*

Que chacun vive sa vie pourvu que ce soit en progressant. La Nouvelle Vague ? Pierre dit du bien de Georges qui délire sur Julien qui supervise Popaul qui coproduit Marcel dont Claude a fait l'éloge !

Eh bien ! c'est de Jean-Luc qu'aujourd'hui je chante les louanges, Godard qui tourne des films de cinéma, tout comme moi, mais deux fois plus souvent.

Lorsque j'étais critique de films, je voulais à toutes forces *convaincre*, probablement parce que, ignorant des vrais problèmes qui se posent au cinéaste, je cherchais instinctivement à me convaincre d'abord moi-même que ceci était bon et que cela ne l'était pas.

La joie *physique* et la douleur *physique* que procurent certains moments de *A Bout de Souffle* et de *Vivre sa Vie,* je ne chercherai jamais à les communiquer par l'écriture à ceux qui ne les ressentent pas.

L'irréalité totale, voulue ou non, de certains styles de cinéma est séduisante, mais installe un certain malaise. La réalité la plus forte nous séduit un moment, mais peut finalement nous laisser sur notre faim. Un film comme *Vivre sa Vie* nous entraîne constamment aux limites de l'abstrait, puis aux limites du concret et c'est sans doute ce balancement qui crée l'émotion.

Le cinéma émouvant, voilà l'intérêt, voilà le passionnant, que cette émotion soit créée scientifiquement, comme chez Hitchcock et Bresson, ou naisse simplement de la communicative émotivité de l'artiste comme chez Rossellini et Godard.

Il y a des films que l'on admire et qui découragent : à quoi bon continuer après lui, etc. Ce ne sont pas les meilleurs, car les meilleurs donnent l'impression d'ouvrir des portes et aussi que le cinéma commence ou recommence avec eux. *Vivre sa Vie* est de ceux-là.

*(1962)*

# Adieu Philippine

## de *JACQUES ROZIER*

Quel metteur en scène a jamais déclaré : ce qui m'intéresse, c'est le faux, j'ai tenté avec ce film d'exprimer de la manière la moins sincère des sentiments les plus truqués possibles... etc.

Non, tout le monde se réclame du vrai, tout le monde veut exprimer sa vérité et dans neuf cas sur dix les polémiques, qui opposent les admirateurs aux détracteurs d'un film, tournent autour de : « *C'est vrai* », ou bien de : « *C'est comme ça que ça se passe* », ou encore : « *Qu'en savez-vous, vous n'en avez jamais vu* », ou enfin : « *Vous ne pouvez pas parler, vous n'y êtes jamais allé.* »

La jeunesse, tout le monde s'y intéresse, tout le monde s'en occupe, tout le monde a son idée là-dessus. Tous les scénaristes vous diront que les dialogues les plus difficiles à écrire sont ceux que l'on destine aux enfants ou aux adolescents parce que dans ce domaine *l'à peu près* frise le blasphème. Plus on vieillit et moins il est aisé de donner un portrait de la jeunesse qui soit ressemblant. On peut s'en tirer par la stylisation comme Renoir dans *Le Caporal épinglé* ou Castellani dans *Roméo et Juliette,* mais il faut alors renoncer à cette vérité globale à laquelle prétendaient André Cayatte avec *Avant le déluge,* Marcel Carné avec *Les Tricheurs* et Clouzot avec *La Vérité.* Ces trois films ont rencontré le succès auprès de la génération des parents mais le jeune public ne s'y est pas reconnu, et pour cause.

Rien que pour cela, la nouvelle vague devait exister, pour filmer des personnages de quinze et vingt ans avec le décalage de dix ans, juste assez pour prendre le recul sans perdre en route *la justesse de ton* qui est une fin en soi comme dans certains romans de Raymond Queneau.

Le premier film de Jacques Rozier, *Adieu Philippine,* est la plus évidente réussite de ce nouveau cinéma dont la spontanéité est d'autant plus forte quand elle est l'aboutissement d'un très long et minutieux travail. Il y a même quelque chose de génial dans l'équilibre entre l'insignifiance des événements filmés et la densité de réalité qui leur confère une importance suffisante à nous passionner.

Il s'agit, sur le thème de la marrade, du temps passé à draguer, à se poiler, à glander, de broder sur un canevas archi-simple, nourri par une improvisation parfaitement dominée et l'on trouve, à l'arrivée, une justesse de ton stupéfiante, une gaieté méditerranéenne. Pourquoi méditerranéenne ? Nous autres, jeunes cinéastes français, comment ne pas nous sentir tristement nordiques quand nous voyons *Le Lit conjugal* de Marco Ferreri ou *Il Sorpasso* de Dino Risi, des films tellement vivants qu'ils nous donnent, en dépit de leur fin pessimiste, une irrésistible envie de chanter sous la pluie. Avec Jacques Rozier, le cinéma français tient, enfin, son tempérament italien. En effet, *Adieu Philippine* ne ressemble à rien de ce qui se tourne en France mais soutient la comparaison avec les meilleurs films de Renato Castellani, particulièrement l'inou-

bliable *Deux sous d'espoir* qui nous passionnait avec les riens de la
vie quotidienne.

Car telle est la loi du cinéma normal et du cinéma abusif.
Le cinéma normal, celui de Louis Lumière, a besoin du minimum
d'éléments pour provoquer des émotions. Le cinéma abusif, pour
palier le manque de talent, doit recourir aux bagarres truquées et
violentes, aux scènes érotiques et aux dialogues théâtraux.

Vous ne trouverez, dans *Adieu Philippine,* pas un seul cadrage
recherché, pas une seule astuce de caméra mais pas davantage une
seule maladresse ou une seule grossièreté. Vous ne trouverez aucun
« moment poétique » car le film entier n'est qu'un poème ininter-
rompu. La poésie, dans ce film, ne devait pas être lisible aux
projections de rushes car elle naît d'une somme d'accords parfaits
entre les images et les mots, les bruits et la musique.

Le traitement du son est exemplaire dans *Adieu Philippine*
qui est d'abord un film de sentiments et un film de personnages.
Ce n'est pas parce que ce sont des personnages « du peuple »
et des sentiments élémentaires que nous sommes touchés mais parce
que tout cela est filmé avec intelligence, avec amour, avec énormé-
ment de scrupules et de délicatesse.

Même dans un film totalement réussi, il y a toujours quelques
minutes qui, par leur perfection, dominent l'ensemble, alors disons
que le cinéaste qui a filmé la scène des guêpes sur la plage ira
très loin.

*(1963)*

# Vacances portugaises

## de PIERRE KAST

Les personnages de *Vacances Portugaises* de Pierre Kast sont des
intellectuels : on en voit peu au cinéma et peu souvent de
vraisemblables. Comme tout le monde, les intellectuels s'embrouillent

en amour, mais ils en parlent davantage que tout le monde et souvent de façon claire. Un tel film, sincère et sensible, fin et incisif,
d'une justesse de sentiments et de ton exceptionnelle, devrait avoir
comme premier public justement celui des intellectuels. Eh bien non,
il apparaît qu'ils préfèrent tous les westerns, même les mauvais !

*(1964)*

# Le feu follet

## *de LOUIS MALLE*

Le public est venu au rendez-vous fixé par Louis Malle avec
son *Feu Follet*. Ce film ressemble assez à ceux dont j'espérais la
venue, autrefois, dans les colonnes de « Arts » : simple, personnel,
sincère.

Tout de même, j'ai davantage d'arguments intelligents avancés
par les détracteurs que par les admirateurs, mais *Le Feu Follet*
est un de ces films dont tout ce qu'on en dit est vrai : oui
c'est sincère, oui c'est roublard, oui c'est très dépouillé, effectivement cela manque de rigueur, etc. Maintenant, s'il avait sombré
dans l'indifférence, les adversaires de Louis Malle auraient parlé
de balourdise ou de maladresse mais non d'imposture.

A ce moment-là, et comme chaque fois que l'on analyse minutieusement les intentions, critiquer un film revient à critiquer un
homme et cela je ne veux plus le faire.

Je crois fermement que toute l'œuvre d'un cinéaste est contenue
dans son premier film, non pas prévisible mais vérifiable après
coup. Tout Louis Malle, ses qualités et ses défauts, était dans
*Ascenseur pour l'Echafaud*. A partir de là, on peut dire que
*Vie Privée* était *Ascenseur* « en moins bien » et *Feu Follet, Ascenseur*
« en mieux ».

Le seul reproche important que je désire formuler à l'égard du

*Feu Follet,* c'est que le personnage principal est touchant depuis le départ au lieu de le devenir en cours de route. Dans *A Bout de souffle,* et généralement dans tous les films de Jean-Luc Godard, l'émotion est à la fois plus forte et plus pure car obtenue *malgré* quelque chose. Si Ronet avait été, de temps en temps, agressif ou odieux, notre adhésion eût été plus totale et le film, au lieu d'être simplement émouvant, serait réellement déchirant.

Il n'empêche que le principe du film me paraît bon et logique. Nous suivons un personnage désespéré à travers tout le film, les minutes s'ajoutent aux minutes et une émotion se crée presque uniquement par l'accumulation de gros plans neutres. Tous les comiques connaissent le rire par répétition, il existe aussi un pathétique par répétition, c'est le plus intéressant. Grâce à cela, Louis Malle a réussi son meilleur film.

*(1964)*

# Muriel

## *d'ALAIN RESNAIS*

Alfred Hitchcock a été très heureux de savoir qu'il faisait une silhouette dans *L'Année Dernière à Marienbad* (sous forme d'une photo grandeur nature sur contreplaqué, placée devant un ascenseur de l'hôtel). En apprenant que le nouveau film de Resnais s'intitule *Muriel,* Hitch m'a demandé de raconter à Resnais la véritable histoire de Muriel :

« *Deux types marchent dans la rue et là, dans le caniveau, ils aperçoivent un bras.* « Mais c'est Muriel ! », *s'écrie le premier, alors que l'autre hausse les épaules en disant :* « Qu'en sais-tu ? ». *Un peu plus loin, ils tombent sur une jambe et le premier reconnaît de nouveau Muriel, alors que le deuxième reste sceptique. Une deuxième jambe, à quelques mètres de là, ne le convainc pas davantage. Ils tournent le coin et là, près du caniveau, il y a une tête.* « Là, qu'est-ce que je t'avais dit », *s'écrie le premier :* « Tu vois bien que c'est Muriel ! » *Le deuxième, se rendant à l'évidence, court, ramasse la tête, la serre dans ses bras et s'écrie :* « Mais qu'est-ce qu'il y a, Muriel ? Y'a quelque chose qui ne va pas ? ».

Echange de bons procédés : la présence hitchcockienne est beaucoup plus importante dans *Muriel ;* non seulement par son effigie (agrémentée d'un gag du même esprit) et par de multiples allusions et références, mais aussi, peut-on ajouter, par une influence « en profondeur » et à multiples niveaux qui font de *Muriel* (entre autres choses passionnantes) un des plus justes hommages rendus au « maître du suspense ».

La critique s'est montrée fort sévère, à la fois désarmée et injuste, à l'égard de *Muriel.* Alain Resnais est le cinéaste français le plus professionnel et aussi l'un des rares qui soit sûrement un artiste. Il y a plusieurs façons de construire un scénario, plusieurs façons de le filmer. Il est évident que Resnais les envisage toutes, fait son choix et domine son entreprise jusqu'au bout alors que tant d'autres vont à la pêche aux hasards, construisent n'importe comment et filment confusément des choses confuses.

J'ai déjà vu trois fois *Muriel* sans l'aimer complètement et peut-être même sans aimer les mêmes choses à chaque fois et je sais que j'irai le revoir souvent. Evidemment, on peut penser que la critique a raison de se montrer exigeante avec un homme de l'importance de Resnais, estimé et reconnu dans le monde entier mais les rafales tirées contre *Muriel* étaient rarement dirigées vers le cœur du sujet, plus souvent dans les jambes.

J'avais projeté d'analyser avec sévérité les scénarios de deux films français récents et de faire apparaître la négligence de leur construction, mais j'ai commencé il y a huit jours un nouveau film et me voilà rempli d'humilité. On arrive avec dix idées par jour, on en filme trois, on renonce aux autres et l'on estime avoir « sauvé les meubles ». On espérait tourner un film et l'on s'aperçoit que l'on rafistole, qu'on bricole, qu'on tripatouille. On espérait que le film serait un train en marche, non, c'est un navire à la dérive et sans cesse il faut redresser la barre.

La critique de cinéma, comme le cinéma lui-même, traverse une crise. Il est normal que la critique ne s'accorde pas sur l'appréciation du produit mais il l'est moins qu'elle ne parvienne plus à décrire ce produit.

Comment Georges Charensol à la page six des « Nouvelles Littéraires » peut-il rendre compte d'une thèse sur Mallarmé et à la page douze avouer qu'il n'a rien compris à *Muriel* ?

*Muriel* est archisimple. C'est l'histoire de cinq à sept personnages qui commencent toutes leurs phrases par « *Moi je...* » Avec *Muriel,* Resnais traite exactement le même sujet que Renoir dans *La Règle du Jeu* et que Chabrol dans *Les Bonnes Femmes* : nous faisons les guignols en attendant la mort.

*(1964)*

# Les vierges

## de JEAN-PIERRE MOCKY

Lorsqu'on aime le cinéma, on attend simplement d'un film qu'il soit *filmé* par quelqu'un et l'on abandonne le ronflant « *écrit et réalisé* » aux transfuges du roman, à plus fortes raisons, lorsqu'il s'agit comme dans *Les Vierges* d'un générique encombré de quatre noms de scénaristes-dialoguistes et que l'essentiel du travail littéraire — c'est un secret de polichinelle — a été effectué anonymement par un cinquième écrivain, Jean Anouilh.

Il y a deux sortes de films à sketches : ceux qui s'avouent comme tels et ceux qui visent à donner l'impression d'une intrigue unanimiste grâce à quelques crochets de scénario.

Ici le crochetage est très faible, les sketches se succèdent, débutent et se terminent très visiblement, assez inégaux d'esprit, d'inspiration et de bonheur. La première partie est la meilleure, lourdement mais fortement démystificatrice selon la volonté de Mocky. En réalité, il s'agit d'un film d'homme, d'un film sur les filles vues par un homme à la fois obsédé sexuel et puritain, ce qui n'est pas incompatible.

Dans le premier des quatre sketches, le meilleur, Mocky démystifie non une vierge mais un puceau, un jeune marié vertueux qui deviendra manifestement un époux désastreux. Le reste est moins réussi mais toujours intéressant, malgré des concessions sentimentales ahurissantes. Pourquoi ahurissantes ? Parce qu'elles contredisent formellement l'esprit de l'entreprise, l'esprit de Mocky que nous connaissons assez bien après *Un Couple et Les Snobs*.

Mocky n'est pas le seul cinéaste français à avoir pris récemment conscience de cette brutale vérité : plus mon film me ressemblera, moins il plaira au public. Cette constatation provoque une réaction qui peut osciller du reniement honteux à une évolution forcée. A changer son fusil d'épaule, on peut y laisser des plumes ou au contraire devenir un type dans le genre du Sergent York.

Je n'ai pas répondu à la question que personne du reste ne m'a posée : *Les Vierges* est-il le meilleur film de Mocky ? Aucune importance, l'essentiel étant que ce n'est pas un film indifférent. La particularité de cette entreprise est dans son curieux dosage de fausseté et de vérité, de sincérité et de simulation.

Et les qualités ? Comme souvent chez Mocky, on voit ici des comédiens inconnus admirablement choisis et utilisés. Enfin, une netteté d'exécution très appréciable ; il n'y a, dans l'image, que ce que Mocky veut y mettre et veut qu'on y voie. C'est net, dénudé, précis, direct.

Sur un scénario bien construit, Mocky aurait tourné un film totalement rigoureux car il a compris qu'au cinéma il faut toujours enlever et non ajouter. Son originalité faisant le reste et si le sens de l'auto-critique s'en mêle, il sera amené à faire des progrès et il deviendra une personnalité forte.

*(1965)*

# Le vieil homme et l'enfant

## de CLAUDE BERRI

« *Mon cher Maréchal,*
*En ce beau jour de la Fête de Jeanne d'Arc je prends la plume pour te dire, etc.*

*Mon cher Maréchal,*
*C'est aujourd'hui la Saint-Philippe et je t'envoie...*

*Mon cher Maréchal,*
*Pour ton anniversaire, je t'adresse...*

*Mon cher Maréchal,*
*Je te souhaite une bonne année et une bonne santé... »*

Comme tous les Français de ma génération j'ai passé tout au long des quatre années d'occupation allemande le plus clair de mon temps scolaire à écrire des lettres au Maréchal Pétain. C'était obligatoire, c'était amusant, c'était récompensé... généralement par un biscuit vitaminé supplémentaire.

Je crois me rappeler que la meilleure lettre de la classe était seule expédiée au Maréchal, les autres étant notées comme devoir de français.

D'octobre à juillet, notre tube était « Maréchal, nous voilà » régulièrement classé à la première place de notre Hit-Parade :

*« Maréchal, nous voilà !*
*Devant toi le Sauveur de la France,*
*Nous jurons, nous tes gars*
*D'obéir et de suivre tes pas.*
*Maréchal, nous voilà !*
*Tu nous as redonné l'espérance,*
*La Patrie renaîtra,*
*Maréchal, Maréchal, nous voilà ! »*

Depuis vingt ans j'attendais le film *réel* de la France *réelle* de l'occupation *réelle,* le film des Français de la majorité, c'est-à-dire de ceux qui ne se sont frottés ni à la collaboration ni à la Résistance, ceux qui n'ont rien fait, ni en bien ni en mal, ceux qui ont attendu en survivant, comme des personnages de Beckett. A comparer notre hexagone à un jeu d'échecs, le cinéma nous donnait toujours le point de la vue de la Tour ou du Fou, jamais celui des pions. Récemment, *Paris brûle-t-il* tentait de nous faire prendre des minets pour des badernes et le film n'amusa que quelques veuves de généraux. Aujourd'hui voilà le premier film de Claude Berri, *Le Vieil Homme et l'Enfant* et nous comprenons que nous ne perdions rien pour attendre.

Je ne suis plus critique cinématographique et je sais bien qu'il est présomptueux d'écrire sur un film qu'on a vu seulement trois fois mais il s'agit d'une avant-première, d'une impression, d'un plaisir à partager.

Au moment de l'occupation de la « Zone Libre » un petit garçon juif est placé sous un faux nom chez un ouvrier retraité (Michel Simon) aux environs de Grenoble, farouchement, obstinément et imperturbablement antisémite.

Le film est une chronique du séjour de ce jeune Langmann devenu le jeune Longuet, dans ce village, à l'école (« *Parisien tête de chien, parigot tête de veau* ») et chez le vieux qui le prend comme confident : « *Les ennemis de la France, tu peux pas te tromper, ils sont quatre : les Anglais, les Juifs, les francs-maçons et les bolchéviques.* »

Il y avait plusieurs façons de conduire le film, il pouvait devenir plaintif à la De Sica, démonstratif à la Cayatte, pseudo-poétique à la Bourguignon — dans les trois cas c'eût été odieux — au lieu de quoi il est devenu vivant et rigolard, filmé dans un esprit dégagé d'a-priorismes, le film d'une intelligence libre, constamment méfiant à l'égard de tous les humanismes, c'est-à-dire un film abhumaniste comme l'aurait déclaré Jacques Audiberti qui nous manque chaque jour davantage.

Je ne pense pas que Claude Berri ait été conscient d'éviter les pièges que lui tendaient les différents conformismes, je crois que son instinct qui est très fort lui a indiqué naturellement la marche à suivre, marche en zigzag, la seule qui ressemble à la vie. Michel Simon adore les animaux mais tout de même il prend le petit garçon en affection, ne serait-ce que parce qu'enfin il a trouvé un auditeur, il déteste les Juifs mais admet qu'ils ne lui ont rien fait à lui personnellement. (« *Il ne manquerait plus que ça !* »)

Le petit garçon s'amuse follement de la situation, il ne gémit pas, ne pleure pas dans son lit et il adore de plus en plus son Pépé.

La situation, alimentée par de petits événements tous liés à la
période de l'occupation : têtes tondues à cause des totos, les restric-
tions, Maréchal-nous-voilà obligatoire, tête d'une jeune maman
tondue à la Libération, se dénoue naturellement par le départ de
l'enfant que ses parents sont venus rechercher. Claude Berri a eu
le tact, l'intelligence, la sensibilité et l'intuition de ne pas dissiper
le malentendu, Michel Simon regarde avec tristesse partir l'enfant
mais il ne saura jamais qu'il en était « un ».

Si l'on prend un plaisir intense en regardant ce film, c'est qu'il
nous mène de surprise en surprise, nous ne pouvons jamais antici-
per la scène à venir et, lorsqu'elle arrive, nous l'approuvons et la
reconnaissons comme vraie tout en nous émerveillant de la folie
qu'elle recèle. Observons à ce propos que les films qui ne brassent
que du mensonge, c'est-à-dire des personnages exceptionnels dans
des situations exceptionnelles sont finalement raisonnables et ennuyeux
alors que ceux qui partent à la conquête de la vérité — des
personnages vrais dans des situations vraies — nous donnent une
sensation de folie et cela se vérifie de Jean Vigo à Claude Berri en
passant par Sacha Guitry et Jean Renoir. Evidemment, tous ces
noms vraiment propres n'arrivent pas ici par hasard : trente-cinq ans
après *Boudu sauvé des Eaux*, trente-deux ans après *L'Atalante*,
trente ans après *Drôle de Drame* et *Quai des Brumes*, quinze ans
après *La Poison,* tous ceux qui voient en Michel Simon l'un des
plus grands acteurs du monde applaudiront ici au retour du Père
Jules, le marinier de *L'Atalante*.

Michel Simon joue donc Pépé, le vieil homme ; « *Et l'enfant* ? »
me direz-vous. Il va bien, merci. Les enfants qui jouent la comédie
sont quelquefois considérés comme des monstres, des comédiens
abusifs dont il faut se méfier et Claude Berri a très bien senti qu'il
équilibrerait harmonieusement son tandem explosif en opposant au
côté enfantin de Michel Simon la gravité précoce et tranquille de
l'enfant. Grâce à cela, nous avons sur l'écran une de ces histoires
passionnelles plus infaillibles et fortes que n'importe quelle histoire
d'amour comme chaque fois que l'on réussit à créer une situation
entre deux personnages du même sexe sans tomber dans le double
piège de l'antagonisme systématique ou de l'amitié sans nuages.

La gloire attend Claude Berri mais aussi quelques emmerdements
car on ne livre pas impunément un film aussi explosif, même si

l'emballage est moelleux, sans éveiller la vigilance des empêcheurs de marcher en zigzag. Un antisémite délicieux, une charmante maîtresse d'école double-jeu, une T.S.F. authentique, des F.F.I. conformes, un petit village comme les autres, un petit Juif qui adore son Edouard Drummont de bistroquet, voilà qui suffira à expédier Claude Berri devant le même poteau où l'on exécutait Ernst Lubitsch il y a vingt ans, coupable de faire se tordre de rire les spectateurs pendant toute une bobine de *To be or not to be,* simplement en faisant répéter vingt fois l'expression : *Camp de concentration :* « *Ah oui, ils m'appellent* camp de concentration ? *Ah Ah Ah...* — *Oui, on vous appelle* camp de concentration... *Ah Ah Ah...* »

Si Claude Berri devait avoir à faire front aux juges qui condamnaient Lubitsch et que l'occasion me soit offerte d'être son avocat, je dirais que son film blagueur et antiprécautionneux m'a ému du début à la fin en montrant que les hommes valent mieux que les idées auxquelles ils s'accrochent, que le cinéma attendait ces nouvelles *Réflexions sur la Question Juive* et qu'enfin je suis bouillant d'impatience à l'idée que Jean Renoir, lorsqu'il va revenir en France, regardera *Le Vieil Homme et l'Enfant* et sera heureux comme chaque fois qu'il voit naître un enfant de *Toni.*

*(1967)*

# Le cinéma de papa

## de *CLAUDE BERRI*

Depuis *Le Vieil Homme et l'Enfant* que j'ai tant aimé, *Le Cinéma de papa* est probablement le meilleur film de Claude Berri. Si son titre donne l'impression qu'il s'agit d'un film sur le cinema, en réalité *Le Cinéma de papa* prend pour sujet la vie elle-même dans ses aspects les plus fondamentaux, ceux justement que la production courante ignore si souvent : la lutte pour la vie, les problèmes d'argent, le pain quotidien, la recherche d'un métier, la naissance d'une vocation, l'alternance de la chance et de la malchance.

Le matériel humain des films de Charlie Chaplin est bien le même : la nécessité de manger deux fois par jour, celle de trouver du travail, celle d'être heureux en amour. Ce sont les meilleurs thèmes car les plus simples, les plus universels et, curieusement, au fur et à mesure que le cinéma devient plus intellectuel, les plus délaissés.

Les films de Claude Berri ne sont jamais plaintifs ; ses personnages n'accusent jamais autrui de leurs malheurs, ils croient à la chance, au hasard mais plus encore à l'énergie. Cette énergie, je la retrouve en Claude Berri lui-même, dans son travail, dans sa personnalité, dans sa propre vie. Le cinéma a besoin de poésie, de sensibilité, d'intelligence et de tout ce qu'on voudra mais il a encore plus impérieusement besoin de *vitalité*.

Claude Berri n'est pas un metteur en scène cinéphile, il ne se réfère pas aux films existants mais à la vie elle-même, il puise à la source. Comme Marcel Pagnol ou Sacha Guitry qui furent en leur temps gravement sous-estimés, Claude Berri a d'abord des histoires à raconter et il les ressent si fortement qu'il invente et trouve avec naturel la meilleure forme pour les transmettre.

Losqu'il me parlait de son projet de tourner *Le Cinéma de papa,* je lui disais : « Vous devriez vous faire projeter *Le Roman d'un tricheur et Le Schpountz.* » Comme il préfère les bons repas et les discussions entre amis, il n'a pas eu le temps de regarder ces films et il a eu raison puisque son instinct de conteur lui a fait adopter les mêmes solutions en face des mêmes problèmes.

Je désire enfin attirer l'attention sur un aspect particulièrement original du *Cinéma de papa.* On sait que par définition les artistes sont, sinon anti-sociaux, généralement asociaux. Avant de critiquer la société, ils se sont bien souvent opposés à leur famille qui ne les comprenait pas ou les oppressait. C'est donc souvent d'une blessure qu'est née leur vocation. Dans *Le Cinéma de papa,* comme dans tous les films de Claude Berri, c'est le contraire et la base de son credo pourrait être : « Famille, je vous aime. » En sortant

du *Cinéma de papa,* on a la certitude que Claude Berri a échappé
à ce drame de l'artiste coupé de sa famille, voilà donc un cinéaste
qui aime ses parents, cela rend son film encore plus rare.

*(1971)*

# Les amis

## *de GERARD BLAIN*

En tant que comédien, Gérard Blain avait la réputation d'être
ce qu'on appelle une tête de lard, réputation certainement justifiée ;
son malheur était qu'on tourne en France peu de films d'aventures,
aucun western, ni films de motos et, imaginons-le gosse de Paris,
l'Américain John Garfield se serait heurté aux mêmes problèmes
de carrière et d'emplois que notre ami Gérard.

Le film *Les Amis,* dans lequel il ne joue pas mais qu'il a
écrit et mis en scène, prouve que Gérard Blain avait de bonnes
raisons de se montrer difficile ou exigeant dans le travail, car ce
cinéaste en puissance se révèle un cinéaste puissant, c'est-à-dire
logique. La logique — logique du propos, du style, logique de
l'exécution par rapport aux intentions — constitue, à mon avis,
le seul point commun entre les bons cinéastes.

*Les Amis* raconte, logiquement donc, l'histoire d'une liaison
affectueuse entre un homme marié et riche et un jeune homme pauvre
et beau ; les deux protagonistes sont admirablement choisis et
*aiguillés* (je n'aime pas le mot « *dirigés* » quand on l'applique
à des artistes ou à des civils), et leur retenue laconique met bien
en évidence la quotidienneté de situations que nous pourrions croire
exceptionnelles.

Le scénario des *Amis* a la franchise non d'une confession, mais
d'un récit vécu, il ne comporte rien de honteux, rien de cynique
non plus et vous verrez sur l'écran le naturel régner, de la

première image jusqu'au mot Fin. Gérard Blain a eu le courage de
se priver de toutes précautions oratoires, il n'a fourni aucun « alibi »
à ses personnages ; par exemple, ce n'est pas à cause de la guerre
d'Indochine que son jeune héros — qui apprécie et idéalise les
jeunes filles blondes — vit une aventure homosexuelle, mais simplement parce que son aîné lui apporte la sécurité, le confort, l'attention tendre dont il a besoin.

Quand son « parrain » lui demande pourquoi il veut devenir
acteur de cinéma, le jeune homme pourrait dire : c'est pour
apporter de la joie et du rêve à ceux qui souffrent, eh bien non,
il répond très doucement qu'il a envie de « *devenir célèbre et de
gagner de l'argent* ».

Tout le film se déroule ainsi sous le signe de la simplicité et de
la logique : pas d'enjolivures, rien de décoratif, pas un plan
inutile et, à ce propos, j'attire votre attention sur l'accident de
voiture, selon moi, le meilleur jamais filmé.

Grâce à sa justesse de ton, son ironie affectueuse et la précision
de son tir, *Les Amis* vient s'ajouter à la liste des « *premiers* »
films qui furent en même temps des révélations : *Adieu Philippine*
de Jacques Rozier, *Le Signe du Lion* d'Eric Rohmer, *Le Vieil
Homme et l'Enfant* de Claude Berri, *More* de Barbet Schroeder,
*L'Enfance nue* de Maurice Pialat.

*(1972)*

# Les gants blancs du diable

## de *LASZLO SZABO*

Les films sont fragiles comme des bébés, il ne suffit pas de les
mettre au monde. Par exemple connaissez-vous, avez-vous vu, verrez-
vous un jour les films de Philippe Garrel : *Marie pour Mémoire,
La Concentration, Le Lit de la Vierge, La Cicatrice Intérieure*
ou *L'Athanor* ? Ils sont beaux et inspirés, leur titre donne à

rêver mais, financés par le mécénat, ces chefs-d'œuvre ont été abandonnés à leur naissance et sont passés directement de la clinique-laboratoire de tirage au Paradis de la Cinémathèque.

J'espère que Laszlo Szabo aura davantage de chance et que son premier long métrage *Les Gants Blancs du Diable* vivra sa vie publique normale, je l'espère et je le crois car son film parvient à nous restituer le charme violent des films les plus commerciaux du monde, les productions de série des compagnies américaines de 1940 à 1955, ce qui est son ambition exacte.

Ce pari, car c'en est un, n'est pas des plus faciles et Laszlo Szabo n'est pas le premier cinéaste européen à lorgner du côté de Stuart Heisler ou de *Kiss me Deadly* ; on a vu et on sait que la « Série Noire » ne rend presque jamais l'amour que les cinéastes français lui portent. La vérité est que l'action des romans de la « Série Noire » se déroule dans un pays imaginaire et si l'on accepte cette idée, on admettra peut-être que *La Belle et la Bête* de Jean Cocteau reste à ce jour le meilleur équivalent français à l'univers de William Irish ou de David Goodis.

Il faut aller voir *Les Gants Blancs du Diable* qui établit justement le pont entre Cocteau et Goodis, ou entre Godard (celui de *Made in U.S.A.*) et Hawks (celui de *The Big Sleep*). Réalisé en 16 mm couleur pour un budget certainement inférieur au coût d'une seule journée de tournage du *Casse* (tiré du roman de Goodis : « The Burglar ») ou de *La Course du Lièvre à travers les Champs* (tiré du roman de Goodis « Vendredi 13 »), le film de Laszlo Szabo réussit à nous emmener dans le pays imaginaire de la « Série Noire », dans ce monde clos qui doit rester clos à tout prix, par exemple en ne laissant entrer sur l'image ni le ciel ni le soleil qui foutent par terre la plupart des films en couleurs actuels. Il faut dire que Laszlo Szabo était déjà dans le coup au départ en tant qu'acteur étrange et poétique, utilisé principalement par Godard depuis *Le Petit Soldat*. Si Jean-Christophe Averty, à l'aide de ses machines à truquages, injectait électroniquement la silhouette de Laszlo Szabo sur les images de *The Maltese Falcon*, personne ne décèlerait le collage.

Comme souvent les acteurs-metteurs en scène, Laszlo Szabo a recruté la distribution idéale, de Bernadette Lafont à Georgette Anys et du même coup il a donné leur meilleur rôle à Jean-Pierre

Kalfon, Yves Alfonso, Serge Marquand, Jean-Pierre Moulin. La
musique de Karl-Heinz Schaefer est la meilleure que j'aie entendue
récemment au cinéma, elle marche la main dans la main avec la
couleur très *Johnny Guitar* de ce film qui sait réellement faire peur
avec du jaune, du vert ou du rouge. La place me manque et
j'ai trop parlé de la « Série Noire » à propos de ce film d'humour
blême.

L'avenir de Laszlo Szabo dépend à présent du public, celui qui
regarde les photos punaisées devant la salle et qui dit : « *Tiens,
ça a l'air pas mal comme film, on y va ?* »

*(1973)*

# Vincent, François, Paul et les autres

## de CLAUDE SAUTET

J'ai été amené à travailler une fois avec Claude Sautet à l'époque
où il semblait avoir renoncé à la mise en scène pour devenir « res-
semeleur de scénarios ». Après plusieurs ressemelages successfull —
Dieu quel jargon — Sautet pût augmenter le tarif de ses *ressemelages*
qui devinrent alors des *consultations* ; à partir de ce moment c'est
le *Docteur Sautet* qu'on appelait à la rescousse lorsqu'un scénario
était en panne. Parmi les solutions que proposait Claude il en est
une qui revenait souvent : la gifle. Le metteur en scène en panne
disait à Sautet : « *Alors elle lui dit qu'elle ne le reverra plus, lui,
il a répondu qu'il s'en fout et puis après... je ne sais pas...* ». Alors
Sautet intervenait : « *Eh bien, il revient du fond de la pièce, il
avance sur elle et vlan, il lui fout une baffe.* »

C'est à cette époque que j'ai été amené à travailler trois ou quatre
jours avec Claude Sautet sur un scénario en panne (le nom du
metteur en scène n'importe pas ici). Nous nous étions à peine rencontrés auparavant et ces quelques jours de collaboration nous don-

nèrent l'occasion de faire mieux connaissance et, comme nous tombions souvent d'accord sur les solutions à apporter, nous nous sommes aperçus que nous avions les mêmes idées. De là à nous trouver réciproquement très intelligents et très sympathiques il n'y avait qu'un pas, nous l'avons franchi en continuant nos échanges de vues de temps à autre au restaurant, pour notre plaisir.

Plus tard, grâce à l'affectueuse insistance de Jean-Loup Dabadie qui avait adapté *Les Choses de la Vie* sans qu'aucun réalisateur ne fût encore désigné, Claude Sautet finit par admettre qu'il devait revenir à la mise en scène et il fut bien inspiré : *Les Choses de la Vie, Max et les Ferrailleurs, César et Rosalie* et aujourd'hui *Vincent, François, Paul et les autres,* le point commun entre ces quatre films étant justement Jean-Loup Dabadie, véritable écrivain de cinéma, excellent écrivain tout court, musicien de l'onomatopée, modeste et malicieux, scrupuleux et inspiré, audacieux jeune homme au clavier volant, formé à l'école Sautet.

Revenons à Claude Sautet, l'homme le moins frivole que je connaisse et dont la gravité farouche me fait le rapprocher de Charles Vanel, tous deux étant, dans mon esprit, des sortes de chefs-bûcherons capables d'arracher la hache des mains d'un nonchalant pour lui montrer comment on peut abattre cinq arbres en une heure. Claude Sautet est têtu, Claude Sautet est sauvage, Claude Sautet est sincère, Claude Sautet est puissant, Claude Sautet est français, français, français. « L'Avant-Scène » m'a demandé de présenter *Vincent, François, Paul et les autres* mais, en traçant le portrait de Claude Sautet, je tiens ma promesse car, si faire la description des films revient à parler de ceux qui les ont tournés, l'inverse n'est pas moins vrai.

Français, français, français, c'est *Vincent, François, Paul et les autres* et pourtant Claude Sautet fait partie de ces metteurs en scène qui ont appris leur métier en regardant les metteurs en scène américains, principalement Raoul Walsh et Howard Hawks. La première fois que nous avons déjeûné ensemble, Claude Sautet m'a dit son admiration pour cette définition de Raoul Walsh : « *Le cinéma c'est action, action, action, mais attention : toujours dans le même sens !* » Je repensais à cette conversation lorsque le vieux metteur en scène de *Son Homme*, Tay Garnett, me disait le mois dernier : « *J'ai l'impression que les jeunes metteurs en scène français ont bien compris ce que nous avons nous-mêmes appris il y a cinquante ans, qu'un film c'est : run, run, run.* »

Aimer le cinéma américain est une bonne chose, chercher à faire des films français comme s'ils étaient américains en est une autre, discutable, et je ne cherche ici à attaquer personne insidieusement étant moi-même tombé dans ce piège deux ou trois fois. De même que Jean Renoir a tiré la leçon de Stroheim et de Chaplin en tournant *Nana* et *Tire au flanc* c'est-à-dire en renforçant le côté français de ses films tout en s'imprégnant des maîtres hollywoodiens, de même Claude Sautet a compris, après l'inévitable détour du côté de la Série Noire, qu'il devait être, selon l'expression de Jean Cocteau, « *un oiseau qui chante dans son arbre généalogique* ».

*Vincent, François, Paul et les autres* m'apparaît comme le meilleur film de Claude Sautet et, du même coup, le meilleur film du tandem Dabadie-Sautet parce que l'on pourrait en résumer, dans *Pariscop* ou ailleurs, le sujet en deux mots : *la vie*. En effet, c'est un film sur la vie en général et sur ce que nous sommes. Pascal aimerait ce film, lui qui disait : « *Ce qui intéresse l'homme, c'est l'homme.* » Certains spectateurs, bouleversés, m'ont dit : « *C'est très beau mais terrible, on reçoit un grand coup sur la tête.* » Je n'ai pas vu le film ainsi, je l'ai trouvé optimiste, exaltant et j'ai cru entendre — je me suis peut-être trompé — Claude Sautet me dire à l'oreille : « *La vie est dure dans les détails mais elle est bonne, en gros.* » Voilà le message que j'ai cru percevoir et je l'apprécie car il correspond à la vérité. Nous pestons contre les problèmes quotidiens, familiaux, matériels, sentimentaux, affectifs mais lorsqu'un Docteur vient nous dire : « *Eh bien, voilà : la carcasse tient encore mais elle est fêlée et il va falloir la ménager* », alors, subitement, notre pauvre vie se met à valoir son pesant d'or, les choses prennent leur place exacte, la vie se déroulant, comme tout le reste, sous le signe du *relatif*.

D'habitude dans les films, dans la plupart des films, on embauche des acteurs pour leur faire jouer des rôles dont toute ressemblance avec des personnages ayant existé serait pure coïncidence. Ce qui m'a frappé dans *Vincent, François, Paul et les autres,* c'est l'extraordinaire adéquation entre les gens qu'on voit sur l'écran et les paroles qu'ils prononcent, comme si le vrai sujet du film était leur visage.

Montand, Piccoli, Reggiani, Depardieu : ce film est l'histoire de votre front, de votre nez, de vos yeux, de vos cheveux et, à présent, je sais tout de vous car vous venez de tourner un grand film documentaire avant de retourner à vos fictions c'est-à-dire à votre métier d'acteur que je respecte et ne cherche pas à déprécier le moins du monde. Mesdemoiselles Stéphane, Ludmilla, Antonella, Marie, Catherine et les autres j'en ai autant à votre service, à ceci près que j'aurais souhaité que le film fût de cinquante minutes plus long afin d'en apprendre davantage sur vous, mais, les choses étant ce qu'elles sont, je suis certain que vous êtes fières de ce film et vous avez raison de l'être. Chacune de vous mériterait d'être la femme de la vie de n'importe lequel de ces hommes mais aujourd'hui l'amour — et même la passion — se divise en tranches, et l'on se retrouve en face du *provisoire* alors que tout en vous — et en nous — appelle le *définitif*.

Tout beau film est souterrainement dédié à quelqu'un et il me semble que *Vincent, François, Paul et les autres* pourrait l'être à Jacques Becker car il l'aurait profondément touché comme il touche tous ceux qui privilégient les personnages par rapport aux situations, tous ceux qui pensent que les hommes sont plus importants que les choses qu'ils font.

*Vincent, François, Paul et les autres* c'est la vie, Claude Sautet c'est la vitalité.

(1974)

# Les doigts dans la tête

## de JACQUES DOILLON

Ma réponse hâtive à une enquête du « Figaro » sur la « Nouvelle Vague quinze ans après » peut donner l'impression que je suis, par principe, hostile au cinéma politique. La réalité est différente mais il est exact qu'en regardant certains films, je suis choqué par une sorte de saupoudrage politique artificiel qui semble devenir aussi

obligatoire que la vignette automobile sur les pare-brise. Le fayotage
de gauche est *quand même* du fayotage et, lorsque l'injection politique dans un scénario est complaisante, pas nécessaire, tirée par
les cheveux et visiblement pratiquée pour se « couvrir », l'authenticité du film s'en ressent terriblement ; les acteurs se mettent à
parler comme les journaux de la semaine et le metteur en scène
glisse sans s'en rendre compte vers un néo-cayattisme : personnages
téléguidés, situations prévisibles car cousues de fil blanc, film de
computeur, exactement ce qu'André Bazin appelait du cinéma cyber-
nétique.

Les *Doigts dans la tête* donne l'exemple du contraire, le sentiment
et le social s'y imbriquent aussi harmonieusement que dans *Toni*
auquel j'ai souvent pensé pendant la projection ; il peut sembler
curieux de comparer le fait divers tragique de Jean Renoir, filmé
en plein soleil, avec la comédie de Jacques Doillon tournée entre
les quatre murs d'une chambre de bonne, mais les deux films sont
animés du même esprit ; ils sont vivants, chaleureux et pourtant la
critique sociale y est présente, absolument intégrée, logique et exacte.

Parce qu'il a rencontré une petite Suédoise qui circule dans la
vie moderne et les idées d'aujourd'hui comme un poisson dans l'eau,
un jeune mitron va perdre, en quelques jours, son boulot et sa
petite amie. Pas besoin de se prendre la tête dans les mains pour
comprendre *Les Doigts dans la tête,* c'est un film drôle et vrai, un
film qui chante juste, un film simple comme bonjour.

Pendant la projection, j'étais intéressé, surpris et amusé comme
mes voisins et cependant je ne pouvais m'empêcher de penser que
cette comédie allait virer au fait divers sanglant, j'attendais un cadavre
avant le mot Fin. Vous verrez que si je m'étais trompé, je n'étais
pas tombé si loin, mais *Les Doigts dans la tête* appartient à ce
genre de films qui, sans jamais tomber dans la fantaisie arbitraire,
nous surprennent tout au long de leur déroulement et dont, cependant, on salue finalement la logique. Tous les beaux films sont
logiques.

J'ai apprécié également que *Les Doigts dans la tête,* manifestement conçu pour filmer des morceaux de la vie réelle, soit vraiment
*mis en scène* et tourne le dos aux techniques de reportage. Trente ans
après le néo-réalisme, quinze ans après la nouvelle vague, nous
commençons à pouvoir différencier les films qui ont vieilli et ceux

qui ont tenu le coup ; nous pouvons constater que tout ce qui possède un style résiste aux années. En 1938, on pouvait jouer le Renoir de *La Marseillaise* et de *La Grande Illusion* contre le Gance de *Napoléon* et *J'Accuse* (ou inversement), mais nous voyons bien aujourd'hui qu'il s'agissait de grands films et de grands metteurs en scène et que c'est tout ce qui se situait entre les deux qui a vieilli. Dans une interview récente, André S. Labarthe et Janine Bazin disaient que de tous les genres de cinéma qu'ils avaient analysés à travers leur émission « Cinéastes de notre temps », c'est le « cinéma-vérité » qui apparaissait le plus daté et démodé. Je crois que le même sort guette certains films actuels qui — sous prétexte de ne rien masquer de la réalité — se tournent dans les rues avec la caméra instable sur l'épaule, le zoom qui tue les proportions et les rythmes, et les bruits de la circulation couvrant la parole des acteurs ; si l'on ajoute à cela la couleur qui, lorsqu'elle n'est pas dominée, tire les films vers le documentaire, on obtient un cinéma que nous pourrions appeler de « pur enregistrement », qui amène sur l'écran la fadeur pseudo-informative de la télévision et, finalement, ne réussit qu'à nous donner la nostalgie du studio, du star-system et de tous les artifices qui rendent indémodables *Sunrise, Big Sleep, Rear Window, Singin'in the Rain,* etc.

*Les Doigts dans la tête* est filmé en noir et blanc, sans zoom, aussi sérieusement cadré que *La Maman et la Putain*, mis en scène sans effets, mais mis en scène.

Le point fort c'est le jeu des acteurs, tranquille et feutré, si juste qu'on ne peut s'empêcher, après la projection, de mener sa petite enquête : dialogue écrit ou improvisé ? Je crois savoir qu'il fut écrit à quatre-vingt-dix pour cent et les acteurs, Christophe Soto, Olivier Bousquet, Gabriel Bernard, Roselyne Villaume et Ann Zacharias (la prodigieuse petite suédoise) n'en ont que plus de mérite de nous donner l'impression qu'ils ont dit ce qui leur passait par la tête.

*Les Doigts dans la tête* montre aussi que l'influence bressonnienne peut devenir bénéfique et commence à l'être. A condition de ne pas les mener dans une direction sentencieuse, des acteurs, amateurs ou non, se laissent parfaitement conduire sur la voie anti-théâtrale que l'auteur de *Lancelot* proclame la seule juste. A ce propos, il est intéressant d'observer que, tous les trois ans, un film arrive : *Adieu Philippine, Jeanne d'Arc, Bande à Part, Ma Nuit chez Maud, Les*

*Doigts dans la tête,* qui nous donne l'impression d'avoir atteint le plus haut degré de justesse dans le jeu ; heureusement, il ne s'agit que d'une impression, car la recherche de la vérité en art est comme l'escalade d'une échelle sans fin.

*(Décembre 1974)*

Pour l'illustration de cet ouvrage, je tiens à remercier : André Bernard, Claude Beylie, René Chateau, Michel Ciment, Pierre Lherminier, Cyril Morange.

ACHEVÉ D'IMPRIMER
LE 20 FÉVRIER 1975
SUR LES PRESSES DE
L'IMPRIMERIE HÉRISSEY
A ÉVREUX (EURE)

Dépôt légal : 1ᵉʳ trimestre 1975
Nᵒ d'Imprimeur : 15662
Nᵒ d'Éditeur : 8252